U0833757

部级领导干部历史文化讲座十周年纪念

（2002—2012）

为政箴言

国家图书馆 编

国家图书馆出版社

图书在版编目(CIP)数据

为政箴言／国家图书馆编. — 北京：国家图书馆出版社,2011.12
ISBN 978-7-5013-4711-7

Ⅰ.①为… Ⅱ.①国… Ⅲ.①领导学-中国 Ⅳ.①C933

中国版本图书馆CIP数据核字(2011)第262017号

书名 为政箴言
著者 国家图书馆 编
责任编辑 孙 彦
编辑助理 林 荣
封面设计 九雅工作室

出版 国家图书馆出版社 (100034 北京西城区文津街7号)
(原北京图书馆出版社)
发行 010-66139745 66175620 66126153
66174391(传真) 66126156(门市部)
E-mail btsfxb@nlc.gov.cn(邮购)
Website www.nlcpress.com → 投稿中心
经销 新华书店
印刷 河北三河弘瀚印务有限公司

开本 850×1168毫米 1/16
印张 26.25
版次 2011年12月第1版 2011年12月第1次印刷

书号 ISBN 978-7-5013-4711-7
定价 75.00元

编委会

主　编　周和平

编　委（按姓氏笔画排序）

马　超　王　琳　王　蝉　卢海燕　田贺龙　朱宇凡
乔　菲　阴政宏　孙一钢　孙　丽　李　凡　李东屹
张曙光　郑晓雯　赵　爽　徐　燕　梁　婧　霍　迎

前　言

中华民族拥有五千年的文明史，绵延不绝、生生不息，是当代中国文化进步发展的深厚根基。中国历史为我们留下了极其宝贵的思想文化遗产，其中蕴涵着十分丰富的治国理政的历史经验。领导干部学习中国历史，可以了解中华民族优秀的传统文化和高尚的精神追求，继承中华民族在漫长历史发展进程中形成的优良传统，借鉴历史上治理国家和社会的各种有益经验，从中汲取思想精华，结合新的实践不断发扬光大。

有鉴于此，在由中央国家机关工委、文化部、中国社会科学院主办，国家图书馆承办的“部级领导干部历史文化讲座”举办十周年之际，国家图书馆依托馆藏宏富文献资源，从211种历史文化典籍中，精选了经典论述727条，编辑成《为政箴言》，供领导同志日常学习之用。

“为政”是指领导干部处理政务，“箴言”则是汇集了先人智慧、善举与生活常识的格言、警句及谚语。本书中所收录的“安而不忘危，存而不忘亡”；“为官，应匡君于正”；“敏于事而慎于言”；“天道盈而不溢，盛而不骄，劳而不矜其功”；“君子不以言举人，不以人废言”；“澹泊明志，宁静致远”等等先哲语录无不对现实生活中领导干部为政修身具有借鉴价值。

《为政箴言》所收内容汲取了我国先秦到近代各个历史时期的思想精髓。全书分为民族精神、治国理政、为官之道、道德修养和哲理规律五个部分。每部分选取内容切题、长短适宜的论述作为条目，各条目相对独立。编者为每个条目增加了小标题，以题点睛，并标注其原始出处及作者，所收条目以文献或所涉及人物年代先后为序编排。编者在收录条目选择上尽量注重实用性、典型性、代表性、全面性，内容精练、朗朗上口。为助于理解，在必要的地方加以注释，介绍有关背景知识，并在注释之后加上了白话译文。注释、译文尽量采用国学大师或名家的、为大家所公认的版本，编者一般不对这些注释、译文加以改动。在此，一并对这些译文、注释的作者和出版单位表示感谢。

希冀这些先秦诸子在百家争鸣中产生的鸿篇巨制、历代王朝官吏的史传策论、皓首穷经文人雅士的真知灼见、戎马倥偬威武将军的豪言壮语所蕴含着的深刻哲理和智慧光芒，能够不断丰富、提高领导同志们的道德内涵和思想境界，起到“温故而知新”、“彰往而察来”的作用，为治国理政提供重要借鉴。这正是我们编辑《为政箴言》的初衷与期待所在。

编　者

2011 年 12 月

目　　录

民族精神

治国理政

为官之道

道德修养

哲理规律

民族精神

1. 自强不息

天行健，君子以自强不息。

——《周易·乾卦》[①]

注释：

①《周易》：亦称《易经》、《易》。周代的占卜书，后成为儒家经典之一。内容包括《经》和《传》两部分。《经》亦名《易经》，主要是六十四卦和三百八十四爻。《传》亦名《易传》，是对《经》的解释，共七种十篇。《周易》以八卦象征天、地、雷、风、水、火、山、泽等自然现象，推测自然和社会的变化，认为阴阳两种势力的相互作用形成万事万物。包含朴素辩证法的观点。

译文：

天道刚健，君子以天为法，所以自强不息。

2. 厚德载物

地势坤，君子以厚德载物。

——《周易·坤卦》

译文：

地势是顺（着天的），君子（效法地），用深厚的德泽来化育人物。

3. 保合太和

乾道变化，各正性命。保合太和，乃利贞。首出庶物，万国咸宁。

——《周易·乾卦》

译文：

天道的变化，使万物各自端正它的性命。保持住冲和之气，是有利于正道。天开始生出众物，使万国都安宁。

4. 动静不失其时

《象》曰：《艮》，止也。时止则止，时行则行，动静不失其时，其道光明。

——《周易·艮卦》

译文：

《象传》说：《艮》卦，静止。有时要静止就静止，有时要行动就行动，行动或静止不失去它的时机，它的道光明。

5. 二人同心，其利断金

二人同心，其利断金。同心之言，其臭如兰。

——《周易·系辞上》

译文：

两人同心，像刀那样锋利，可以切断金属。同心的话，像兰花那样幽香。

6. 安而不忘危，存而不忘亡

子曰："危者，安其位者也。亡者，保其存者也。乱者，有其治者也。是故君子安而不忘危，存而不忘亡，治而不忘乱，是以身安而国家可保也。《易》曰：'其亡其亡，系于苞桑。'"

——《周易·系辞下》

译文：

夫子说："危险的，由于过去平安地处在他的位子（忘记危险）。灭亡的，由于过去保持他的存在（忘记灭亡）。变乱的，由于过去有他的治理（忘掉变乱）。因此君子平安时不忘掉危险，存在时不忘掉灭亡，治理时不忘掉变乱，因此身体平安而国家可以保存。《易经》说：'将亡！将亡！寄托于茂盛的桑树。'"

7. 协和万邦

曰若稽古，帝尧曰放勋，钦明文思安安，允恭克让，光被四表，格于上下。克明俊德，以亲九族。九族既睦，平章百姓。百姓昭明，协和万邦，黎民于变时雍。

——《尚书·尧典》[①]

注释：

①《尚书》：亦称《书》、《书经》。儒家经典之一。中国古代的一部历史文献汇编。书中保存了商周特别是西周初期的一些重要史料。

译文：

考察古代的历史，帝尧名叫放勋，他治理天下政务严谨节用，谋虑明达，仪态文雅温和，诚信恭谨职守，推贤尚善，他的光辉普照四方，达于天地。他能够明扬才智美德，使自己的氏族亲善。当自己的氏族亲善以后，又辨明百官的优劣。百官的优劣辨明了，天下和谐安定，百姓和睦相处。

8. 功崇惟志，业广惟勤

戒尔卿士，功崇惟志，业广惟勤。惟克果断，乃罔后艰。

——《尚书·周官》

译文：

告诫你们诸位卿士大臣，功高在于立志，业广在于勤勉。遇事能够果断，就不会有后来的艰难。

9. 兄弟阋于墙，外御其侮

兄弟阋于墙，外御其务。

——《诗经·小雅·常棣》①

注释：

①《诗经》：中国第一部诗歌总集。原称《诗》。包括自西周至春秋中期约五百年间的作品三百零五篇，分为《风》、《雅》、《颂》三大类。《风》又称《国风》，绝大部分是各地的民歌。《雅》又分为《大雅》和《小雅》，《大雅》都是贵族作品，《小雅》中有贵族作品，也有民歌。《颂》分为《周颂》、《鲁颂》和《商颂》，都是贵族祭神祭祖的诗歌。

译文：

兄弟在家内相争，对外抗御他们的欺侮。

10. 周虽旧邦，其命维新

文王在上，於昭于天。周虽旧邦，其命维新。

——《诗经·大雅·文王》

译文：

文王的神在民上，赞美它明显在天上。周虽然是旧邦，它的天命是新上。

11. 溥天之下，莫非王土

溥天之下，莫非王土。率土之滨，莫非王臣。

——《诗经·小雅·北山》

译文：

广大的天下，没有不是王的疆土。沿着土地到海滨，没有不是王的臣。

12. 岂曰无衣？与子同袍

岂曰无衣？与子同袍。
王于兴师，修我戈矛，与子同仇。
岂曰无衣？与子同泽。
王于兴师，修我矛戟，与子偕作。
岂曰无衣？与子同裳。
王于兴师，修我甲兵，与子偕行。

——《诗经·秦风·无衣》

译文：

怎能说没有衣服？同穿战袍多威武。
君王起兵要打仗，整治戈矛勿耽误，同仇敌忾保国土。
怎能说没有衣服？同穿汗衫多威武。
君王起兵要打仗，整治长枪勿耽误，一块行动擂战鼓。
怎能说没有衣服？同穿下装多威武。
君王起兵要打仗，整治铠甲勿耽误，一同行军迈大步。

13. 和合故能谐

畜之以道，则民和；养之以德，则民合。和合故能谐，谐故能辑，谐辑以悉，莫之能伤。

——《管子·兵法》①

注释：

①《管子》：战国时齐稷下学者托名管仲所作。其中也有汉代附益部分。原本八十六篇，今存七十六篇。内容丰富而宏博，包括政治、法律、经济、军事、哲学、伦理、历史及自然科学等方面。它以齐国法家政治思想为主导，兼容道家、儒家、兵家、阴阳家、农家、轻重家的学说。其中《牧民》、《权修》、《乘马》、《立政》等篇，存有管仲遗说。管仲（？—前645），春秋时期齐国的政治家、思想家。名夷吾，字仲，谥敬，故又称管敬仲，颍上（今安徽省颍县）人，姬姓之后。由鲍叔牙推荐，被齐桓公任命为卿，尊称仲父。

译文：

养兵以道，则人民和睦；养兵以德，则人民团结。和睦团结就行动协调，协调就能一致，普遍地协调一致，那就谁也不能伤害了。

14. 政如农功，日夜思之

政如农功，日夜思之，思其始而成其终，朝夕而行之。行无越思，如农之有畔，其过鲜矣。

——《左传·襄公二十五年》

注释：

①《左传》：亦称《左氏春秋》、《春秋左氏传》、《春秋内传》。旧传春秋时左丘明所撰，旧说与《公羊传》、《穀梁传》同为解释《春秋》的三传之一，实为记载春秋历史的重要史学名著。

译文：

政事好像农活，白天黑夜想着它，想着它的开始又想着要取得好结果，早晨晚上都按照想着的去做。所作的不超过所想的，好像农田里有田埂，他的过错就少了。

15. 临患不忘国

临患不忘国，忠也；思难不越官，信也；图国忘死，贞也；谋主三者，义也。

——《左传·昭公元年》

译文：

面临祸患而不忘记国家，这是忠心；想到危难而不放弃职守，这是诚意；为国家打算而不惜一死，这是坚定；计谋以上述三点作为主体，这是道义。

16. 辞不忘国

忠信，礼之器也；卑让，礼之宗也。辞不忘国，忠信也；先国后己，卑让也。

——《左传·昭公二年》

译文：

忠信，是礼的容器；卑让，是礼的根本。言辞不忘记国家，这是忠信；先国家后自己，这是卑让。

17. 亲仁善邻

亲仁、善邻，国之宝也。

——《左传·隐公六年》

译文：

亲近仁义而结交邻国，这是国家的重要措施。

18. 任重而道远

曾子曰："士不可以不弘毅，任重而道远。仁以为己任，不亦重乎？死而后已，不亦远乎？"

——《论语·泰伯》①

注释：

①《论语》：孔子弟子及后学记述孔子言行的语录体著作。成书时代当在战国初期。共二十篇。宋代把它与《大学》、《中庸》、《孟子》合为四书。

译文：

曾子说："读书人不可以不刚强而有毅力，因为他负担沉重，路途遥远。以实现仁德于天下作为自己的责任，不也很沉重吗？到死方休，不也很遥远吗？"

19. 匹夫不可夺志

子曰："三军可夺帅也，匹夫不可夺志也。"

——《论语·子罕》

译文：

孔子说："一国军队，可以使它丧失主帅；一个男子汉，却不能强迫他放弃自己的主张。"

20. 发愤忘食，乐以忘忧

叶公问孔子于子路，子路不对。子曰："女奚不曰，其为人也，发愤忘食，乐以忘忧，不知老之将至云尔。"

——《论语·述而》

译文：

叶公向子路问孔子为人怎么样，子路不回答。孔子对子路说道："你为什么不这样说：他的为人，用功便忘记了吃饭，快乐便忘记了忧愁，不晓得衰老会要到来，如此罢了。"

21. 杀身以成仁

子曰："志士仁人，无求生以害仁，有杀身以成仁。"

——《论语·卫灵公》

译文：

孔子说："志士仁人，不因贪生怕死而损害仁德，只勇于牺牲来成全仁德。"

22. 四海之内，皆兄弟也

君子敬而无失，与人恭而有礼，四海之内，皆兄弟也。君子何患乎无兄弟也？

——《论语·颜渊》

译文：

君子只要恭敬严肃，不犯错误，对待别人辞色恭谨，合乎礼节，天下之大，到处都是好兄弟。君子又何必担心没有兄弟呢？

23. 君子喻于义，小人喻于利

子曰："君子喻于义，小人喻于利。"

——《论语·里仁》

译文：

孔子说："君子懂得的是义，小人懂得的是利。"

24．和而不同

子曰："君子和而不同，小人同而不和。"

——《论语·子路》

译文：

孔子说："君子用自己的正确意见来纠正别人的错误意见，使一切都做到恰到好处，却不肯盲从附和。小人只是盲从附和，却不肯表示自己的不同意见。"

25．远人不服，则修文德以来之

故远人不服，则修文德以来之。既来之，则安之。

——《论语·季氏》

译文：

远方的人不归服，便要修仁义礼乐的政教来招致他们。他们来了，就要使得他们安心。

26．近者悦，远者来

叶公问政。子曰："近者悦，远者来。"

——《论语·子路》

译文：

叶公问为政之道。孔子道："境内的人使他们高兴，境外的人使他们来投奔。"

27. 自胜者强

胜人者有力，自胜者强。

——《老子·第三十三章》①

注释：

①《老子》：相传春秋末老聃著。可能编定于战国中期，基本上保留了老子的主要思想。书分为八十一章，上下两篇，即《道篇》和《德篇》。因其后来被尊为道教经典，故又称《道德经》。

译文：

战胜别人的是有力，克服自己的才算刚强。

28. 大一统

元年者何？君之始年也。春者何？岁之始也。王者孰谓？谓文王也。曷为先言王而后言正月？王正月也。何言乎王正月？大一统也。

——《春秋公羊传·隐公元年》①

注释：

①《春秋公羊传》：汉代今文经学派的主要经典之一。又称《公羊春秋》，简称《公羊传》。旧题战国时齐人公羊高撰。该书着重阐释《春秋》的"微言大义"，多牵强附会之处，因董仲舒的宣扬而较流行，是研究战国至秦汉间儒家思想的重要资料。

译文：

元年是什么？国君即位开始的年份。春是什么意思？一年的开始。王指谁？指的是周文王。为什么要先说王而后说正月呢？因为是周文王正朔的正月。为什么要说王正月呢？强调天下总系于周之一统。

29. 壹同天下之义

察天下之所以治者何也？天子唯能壹同天下之义，是以天下治也。

——《墨子·尚同上》①

注释：

①《墨子》：战国时期墨家学派的著作总集。原有七十一篇，而流传至今的仅十五卷五十三篇，佚失十八篇。学术界一般认为是由墨子的弟子及其后学在不同时期记述编纂而成，反映了前期墨家和后期墨家的思想。

译文：

天下之所以治理得好的原因是什么呢？只有天子能够和天下人同心同德，天下就能治理得好了。

30. 兴天下之利，除天下之害

仁人之所以为事者，必兴天下之利，除天下之害，以此为事者也。

——《墨子·兼爱中》

译文：

仁人要做的事，必定是振兴天下的利，除掉天下的祸害，并把这个做为自己的目标。

31. 兼相爱，交相利

今天下之士君子，忠实欲天下之富，而恶其贫；欲天下之治，而恶其乱，当兼相爱，交相利。

——《墨子·兼爱中》

译文：

现在天下的士君子，心中果然想使天下富庶，而且厌恶贫穷；想要天下大治，而且厌恶混乱，就应当既爱自己也爱别人，与人交往时要对彼此都有利。

32. 一天下之和，总四海之内

是故古之仁人有天下者，必反大国之说，一天下之和，总四海之内。

——《墨子·非攻下》

译文：

所以古代那些有天下的仁人，必定要一反大国攻占之说，主张敦睦邦交，总领四海之内。

33. 大道之行也，天下为公

大道之行也，天下为公，选贤与能，讲信修睦。故人不独亲其亲，不独子其子，使老有所终，壮有所用，幼有所长，矜寡孤独废疾者皆有所养；男有分，女有归。货恶其弃于地也，不必藏于己；力恶其不出于身也，不必为己。是故谋闭而不兴，盗窃乱贼而不作，故外户而不闭。是谓大同。

——《礼记·礼运》①

注释：

①《礼记》：古代儒家经典之一。西汉宣帝在位（前 73—前 49）时，

戴德、戴圣从秦汉以前各种礼仪论著中辑录了两个选本，分别被后人称为《大戴礼记》和《小戴礼记》，后者一般即简称《礼记》。有四十九篇。

译文：

大道通行的时代，天下为全体人民所公有。选举有贤能和有才能的人来管事，讲求诚信，致力友爱，所以人们不只是敬爱自己的双亲，不只是疼爱自己的子女，更能博爱世人，使老人们都能安度终生，壮年们都能发挥自己的才用，儿童们都能健康成长，鳏寡孤独残疾病人都能得到赡养。男人都有自己的职务，女人都有自己的归宿。那些物质资料，就担心它丢弃在地上得不到合理利用，倒不一定非要收藏到自己家里；智力体力，只是担心它不能从自己身上发挥出来，倒不是为了个人利益。珍惜物资，热爱劳动，都出自公心，因此为非作歹的念头就自然闭塞而不能兴起，盗窃掠夺的活动都自然不会发生，所以关上外门只是为了挡风寒，无须上栓紧闭。这就叫做大同世界。

34. 苟日新，日日新，又日新

汤之《盘铭》曰："苟日新，日日新，又日新。"

——《礼记·大学》

译文：

商汤浴盘上刻的铭辞说："假如今天洗净污垢更新自身，那么就要天天清洗更新，每日不间断地清洗更新。"

35. 可杀而不可辱也

儒有可亲而不可劫也，可近而不可迫也，可杀而不可辱也。

——《礼记·儒行》

译文：

儒者可以亲近而不可以劫持，可以接近而不可以强迫，可以杀掉而不可以侮辱。

36. 和者，天下之达道

中也者，天下之大本也；和也者，天下之达道也。致中和，天地位焉，万物育焉。

——《礼记·中庸》

译文：

中是天下的根本，和是天下的通道。达到中和，天地就正其位，万物就发育成长。

37. 笃行信道，自强不息

笃行信道，自强不息。油然若将可越，而终不可及者，此则君子也。

——《孔子家语·五仪解》①

注释：

①《孔子家语》：简称《家语》。《汉书·艺文志》著录二十七卷，为孔子门人所撰，至唐代已亡佚。今本《孔子家语》是三国魏经学家王肃托名孔安国所作的伪书。共十卷，四十四篇。

译文：

遵循仁义之道努力实现自己的理想，自强不息。他那从容的样子好像很容易超越，但终不能达到他那样的境界。这样的人就是君子。

38. 富贵不能淫，贫贱不能移，威武不能屈

富贵不能淫，贫贱不能移，威武不能屈，此之谓大

丈夫。

——《孟子·滕文公下》[①]

注释：

①《孟子》：战国时代孟子的言论汇编。体裁与《论语》大致相似。司马迁认为《孟子》是孟子和他的学生共同编纂而成的。《汉书·艺文志》著录十一篇，现存七篇，宋代把它与《大学》、《中庸》、《论语》合为“四书”。

译文：

富贵不能乱我之心，贫贱不能变我之志，威武不能屈我之节，这样才叫做大丈夫。

39. 舍生而取义

生，亦我所欲也；义，亦我所欲也。二者不可得兼，舍生而取义者也。

——《孟子·告子上》

译文：

生命是我所想要的，道义也是我所想要的。如果两者不能同时得到，宁可舍弃生命而追求道义。

40. 生于忧患，死于安乐

孟子曰：“舜发于畎亩之中，傅说举于版筑之间，胶鬲举于鱼盐之中，管夷吾举于士，孙叔敖举于海，百里奚举于市。故天将降大任于是人也，必先苦其心志，劳其筋骨，饿其体肤，空乏其身，行拂乱其所为，所以动心忍性，曾益其所不能。人恒过，然后能改；困于心，衡于虑，而后作；征于色，发于声，而后喻。入则无法家拂士，出则无敌国外患者，国恒亡。然后知生于忧患而死于安乐也。”

——《孟子·告子下》

译文：

孟子说：“舜从田野之中被选拔起来，傅说从筑墙的工作中被提举出来，胶鬲从贩卖鱼盐的工作中被提举出来，管夷吾从狱官的手里被释放从而提举出来，孙叔敖从海边被提举出来，百里奚从买卖场所被提举出来。所以上天将要把重大任务落到某人身上，一定先要苦恼他的心意，劳动他的筋骨，饥饿他的肠胃，穷困他的身子，让他的每一行为总是不能如意，这样，便可以震动他的心意，坚韧他的性情，增加他的能力。一个人，常常犯了错误以后，才能改正；心意困苦，思虑阻塞，才能有所奋发而创造；表现在面色上，吐发在言语中，才能被人了解。一个国家，如果国内没有有法度的大臣和足为辅弼的士子，国外没有相与抗衡的邻国和外患的忧惧，经常容易被灭亡。这样一来，就可以知道忧愁祸患足以使人生存，而安逸快乐足以使人死亡的道理了。”

41. 我善养吾浩然之气

“敢问夫子恶乎长？”曰：“我知言，我善养吾浩然之气。”

——《孟子·公孙丑上》

译文：

（公孙丑问道：）“请问，老师善长于哪一方面？”（孟子）说：“我善于分析别人的言辞，也善于培养自己的浩然之气。”

42. 与天和者，谓之天乐

夫明白于天地之德者，此之谓大本大宗，与天和者也；

所以均调天下，与人和者也。与人和者，谓之人乐；与天和者，谓之天乐。

——《庄子·天道》[1]

注释：

①《庄子》：亦称《南华经》，道家经典之一。战国时哲学家庄子（约前369—前286）及其后学著，是庄周学派的著作总集。《庄子》曾经汉朝刘向编定，为五十二篇。今本《庄子》仅三十三篇，分三部分，其中内篇七，外篇十五，杂篇十一，是晋人郭象的定本。

译文：

明了天地常德的，便是大根本大宗原，便是与天冥合；用来均调天下，便是与人冥合。与人冥合的，称为人乐；与天冥合的，称为天乐。

43. 锲而不舍，金石可镂

骐骥一跃，不能十步；驽马十驾，功在不舍。锲而舍之，朽木不折；锲而不舍，金石可镂。

——《荀子·劝学》[1]

注释：

①《荀子》：战国末期思想家荀况的著作。共三十二篇。分别阐述了荀况的自然观、逻辑思想、伦理政治思想等内容。

译文：

骏马一跃，也不会达到十步；劣马跑十天，也能跑得很远，它的成功在于不停脚。雕刻东西，如果刻一下就把它放在一边，那就是腐烂的木头也不能刻断；如果不停地刻下去，那么金属和石头都能雕空。

44. 施德四方，远迩来服

近者亲其善，远方慕其义；兵不血刃，远迩来服；德盛于此，施及四极。

——《荀子·议兵》

译文：

所以近处喜爱他们的善良，远方仰慕他们的道义；兵器的刀口上还没有沾上鲜血，远近的人就来归附了；德行伟大到这种地步，就会影响到四方极远的地方。

45. 天下为一，四方归服

世俗之为说者曰："汤、武不能禁令。"是何也？曰："楚、越不受制。"是不然。

汤、武者，至天下之善禁令者也。汤居亳，武王居鄗，皆百里之地也，天下为一，诸侯为臣，通达之属，莫不振动从服以化顺之，曷为楚、越独不受制也？

——《荀子·正论》

译文：

社会上那些庸俗的创立学说的人说："商汤、周武王不能实施禁令。"这种说法的根据是什么呢？他们说："因为楚国、越国不受他们的制约。"这种说法不对。

商汤、周武王，是普天下最善于实施禁令的人。商汤居住在亳邑，周武王居住在鄗京，都不过是方圆百里的地方，但天下被他们统一了，诸侯做了他们的臣子，凡交通能到达的地方，人们无不惊恐颤动听从归服以至于被感化而依顺他们，为什么楚国、越国偏偏不受他们的制约呢？

46. 岂余身之惮殃兮，恐皇舆之败绩

惟夫党人之偷乐兮，路幽昧以险隘。

岂余身之惮殃兮，恐皇舆之败绩。
忽奔走以先后兮，及前王之踵武。

——《离骚》[1]

注释：

①《离骚》：《楚辞》篇名。战国楚人屈原作。三百七十多句，二千四百多字，为中国古代最长的抒情诗。

译文：

想那些党人的苟且偷安啊，前途充满了黑暗和危险。
难道我担心自身会遭殃？我是害怕国家倾危将难免。
急匆匆地先后奔走啊，想追踪前王使国运绵延。

47. 身既死兮神以灵，魂魄毅兮为鬼雄

出不入兮往不反，平原忽兮路超远。
带长剑兮挟秦弓，首身离兮心不惩。
诚既勇兮又以武，终刚强兮不可凌。
身既死兮神以灵，子魂魄兮为鬼雄。

——《九歌·国殇》[1]

注释：

①《九歌》：《楚辞》篇名，是战国楚人屈原依据楚国民间祀神的情节和乐曲创作而成的共有十一篇的组诗。

译文：

壮士既已出征呀，生还的事就无幻想；
平原辽阔渺茫呀，风尘滚滚路漫长。
没有哪一个放下长剑呀，还挟持着秦弓宁死不降；
头颅和身躯分两处呀，依然同仇敌忾无悲怆。
实在是英勇无双呀，武艺精湛孚众望；

自始至终无比刚强呀，不可凌辱的气概轩昂。
身躯虽死在战场呀，精神犹存世代永颂扬，
连魂魄也与众不同呀，做鬼中英雄也含芬吐芳。

48. 欲富而家，先富而国

欲富而家，先富而国。

——《韩非子·外储说右下》[1]

注释：

①《韩非子》：战国时期韩非的著作总集。该书在韩非生前即已流传。韩非是先秦法家思想的集大成者，他总结了商鞅、申不害和慎到三家的思想，提出了一套法、术、势相结合的法治理论。共五十五篇，二十卷。

译文：

要想家庭富有，先要国家富有。

49. 风萧萧兮易水寒，壮士一去兮不复还

风萧萧兮易水寒，
壮士一去兮不复还。

——《战国策·燕策三》[1]

注释：

①《战国策》：又称《国策》、《国事》、《短长》、《事语》、《长书》及《修书》等。战国时期游说之士的策谋和辞说的汇编。纵横家代表著作，三十三卷。西汉末年，刘向校录宫廷藏书时，发现几种不同写本，为其删除重复、取长补短，合编而成。

译文：

风萧瑟地吹着，易水又是那样地寒冷，壮士这一去再也不回来了！

50. 先国家之急而后私仇也

顾吾念之，强秦之所以不敢加兵于赵者，徒以吾两人在也。今两虎共斗，其势不俱生。吾所以为此者，以先国家之急而后私仇也。

——（西汉）司马迁《史记·廉颇蔺相如列传》

译文：

但是我想到，强暴的秦国所以不敢出兵侵略我们赵国，就因为有我和廉将军在的缘故。现在两虎相斗，一定要拼个你死我活，不能共存；那时秦国必定再来侵略，国家大事就不堪设想了。我对廉将军忍辱退让，原是先顾到国家的事情，后考虑私人的仇怨啊！

51. 国丑忘家，公丑忘私

故化成俗定，则为臣者，主丑亡身，国丑忘家，公丑忘私。利不苟就，害不苟去，唯义所在，主上之化也。

——（西汉）贾谊①《新书·阶级》②

注释：

①贾谊（前200—前168）：西汉初期政论家、文学家。洛阳人（今河南洛阳东）。②《新书》：又称《贾子》。西汉初年贾谊的政治哲学著作。《汉书·艺文志》著录五十八篇，今本有十卷五十八篇。其中《问孝》、《礼容语上》两篇有录无书，实际是五十六篇。《新书》总结了秦王朝灭亡的历史教训，提出“民为邦本”的思想。

译文：

因而教化成功风俗已定，那么作为臣下的人，君主如果蒙受羞辱自己拼命也要去救助，国家如果面临危险自己就完全忘却自家利益去为国奔忙，公共利益如果受到危害自己就完全忘却私利去维护公益。对于利益不苟且获得，对于危难不苟且逃避，以道义作为唯一标准，这就是君主对臣下实行廉耻礼义教化的结果。

52. 结兄弟之义

俱弃细过，偕之大道，结兄弟之义，以全天下元元之民。

——（东汉）班固《汉书·文帝纪》

译文：

双方都不再计较对方小的过失，共同从统一团结的大处着眼，（汉朝与匈奴）以兄弟之义结交，为天下百姓造福。

53. 自强而功成

自人君公卿至于庶人，不自强而功成者，天下未之有也。《诗》云：“日就月将，学有缉熙于光明。”此之谓也。

——（西汉）刘安①《淮南子·修务训》②

注释：

①刘安（约前179—前122）：西汉思想家。沛郡丰（今江苏丰县）人，西汉淮南厉王长之子。②《淮南子》：西汉初淮南王刘安集门客编撰的一部哲学著作。又称《淮南鸿烈》。据《汉书·艺文志》记载，《淮南子》内二十一篇，外三十三篇。现只流传内二十一篇。内篇论道，外篇杂说。全书体系比较庞杂，混有阴阳家、儒家、法家等各家思想，但中心是发挥老子思想。

译文：

从君主、公卿直到普通百姓，不自强就能取得事业成功的，天下从没有过。《诗经》说：“一天天奋进，一月月前行，持续学习直至到达光明之境。”说的就是这种情形了。

54. 伐国不问仁人

鲁君问柳下惠：“吾欲伐齐，何如？”柳下惠曰：“不可。”归而有忧色，曰：“吾闻伐国不问仁人，此言何为至于我哉！”

——（东汉）班固《汉书·董仲舒传》

译文：

鲁君问柳下惠：“我想要攻打齐国，你以为怎样？”柳下惠道：“不可以的”。（柳下惠）回家之后面有忧色，自言自语道：“我听说从前有人讲，攻打别的国家不去问仁人的。这些言语为什么问到我身上来呢！”

55. 春秋大一统

《春秋》大一统者，天地之常经，古今之通谊也。今师异道，人异论，百家殊方，指意不同，是以上亡以持一统；法制数变，下不知所守。臣愚以为诸不在六艺之科孔子之术者，皆绝其道，勿使并进。邪辟之说灭息，然后统纪可一而法度可明，民知所从矣。

——（东汉）班固《汉书·董仲舒传》

译文：

《春秋》推重统一，这是天地永恒的原则，是古今共通的道理。如今老师们所讲述的道理彼此不同，人们的议论也彼此各异，诸子百家研究的方向不同，意旨也不一样，所以处在上位的人君不能掌握统一的标准，法令制度多次改变，在下的百姓不知道应当怎样遵守。臣认为凡是不属于六艺的科目和孔子的学术学说都一律禁止，不许它们同样发展。邪僻的学说消失，然后学术的系统可以统一，法令制度就可以明白，人民也知道服从的对象了。

56. 圣贤发愤之所为作

古者富贵而名磨灭，不可胜记，唯倜傥非常之人称焉。盖文王拘而演《周易》；仲尼厄而作《春秋》；屈原放逐，乃赋《离骚》；左丘失明，厥有《国语》；孙子膑脚，《兵法》修列；不韦迁蜀，世传《吕览》；韩非囚秦，《说难》、《孤愤》；《诗》三百篇，大底圣贤发愤之所为作也。此人皆意有所郁结，不得通其道，故述往事，思来者。

——（西汉）司马迁《报任少卿书》①

注释：

①《报任少卿书》：散文篇名。西汉司马迁作。是作者写给朋友任安（字少卿）的信。信中剖白了自己殚尽毕生精力去完成《史记》著述的伟大事业，而无视“刑不上大夫”的封建礼法的约束，不“早自裁于绳墨之外”，甘心接受最大的耻辱——腐刑。情挚辞愤，内容深切。是研究作者生平及其《史记》的重要文献。

译文：

古时候富足尊贵而声名磨灭不传的人，多得无法记述，唯有卓越特出的人能受到后人的称道。周文王被拘禁而推演出《周易》；孔子受困厄而著作《春秋》；屈原被放逐才写作《离骚》；左丘明双目失明，写出《国语》；孙膑被剜去膝盖骨而《兵法》得以编写出来；吕不韦迁居蜀地，《吕览》流传于后世；韩非在秦国被捕下狱，写出了《说难》、《孤愤》；《诗》三百篇，大都是圣人、贤人抒发他们内心的愤懑而作出来的。这些人都是心意有抑郁闷结之处，理想不得实现，所以才追述过去的事，而寄希望于未来的人。

57. 奋不顾身以殉国家之急

夫仆与李陵俱居门下，素非能相善也，趋舍异路，未尝衔杯酒、接殷勤之余欢。然仆观其为人自守奇士，事亲孝，与士信，临财廉，取与义，分别有让，恭俭下人，常思奋不顾身以殉国家之急。其素所蓄积也，仆以为有国士之风。夫人臣出万死不顾一生之计，赴公家之难，斯已奇矣。

——（西汉）司马迁《报任少卿书》

译文：

我和李陵都在宫中任职，平素并非相要好，各人走各人的路。不曾在一起饮过一杯酒来表示互相殷勤的情谊。但是，我看他的为人，是个能自守节操的出众人物。他侍奉双亲很孝敬，结交士人讲信用，对待财货廉洁奉公，索取或给予都讲仁义，能分别尊卑长幼而有礼让，谦恭自约，礼贤下士，常常想着奋不顾身，为国家的急难而献身。他平素所蕴含的品德，我以为具有国家杰出人才的风度。作为臣子，出于宁肯万死、不求一生的考虑，奔赴国家的危难，这已经是很出众了！

58. 死或重于泰山，或轻于鸿毛

人固有一死，或重于泰山，或轻于鸿毛，用之所趣异也。

——（西汉）司马迁《报任少卿书》

译文：

人总有一死，有的人死得比泰山还重，有的人死得比鸿毛还轻，这是因为他们在为什么而死上有区别。

59. 六合同风，九州共贯

《春秋》所以大一统者，六合同风，九州共贯也。

——（东汉）班固《汉书·王吉传》

译文：

《春秋》所推崇的以天子为中心的大一统政治，是全国各地风俗教化相同，九州方圆政令贯通划一。

60. 忧国如饥渴

朝臣亡有大儒骨鲠、白首耆艾、魁垒之士；论议通古今，喟然动众心，忧国如饥渴者，臣未见也。

——（东汉）班固《汉书·鲍宣传》

译文：

朝臣中缺少博学鸿儒、直言敢谏、年高德劭、雄壮伟烈的人；议论能博古通今，言辞能打动人心，忧国之心如饥如渴的大臣，我还没有见到过。

61. 苟利社稷，则不顾其身

苟利社稷，则不顾其身。上下用成，故昭君德。

——（东汉）马融①《忠经·百工章》②

注释：

①马融（79—166）：东汉经学家。字季长，右扶风茂陵（今陕西兴平东北）人。②《忠经》：相传东汉马融著，郑玄注，凡十八章。忠是为君为国、至公无私的最高德行，包括尽忠和行谏；认为只要人人尽忠、君子尽心、小人尽力，就会政教美、礼乐兴、仁惠布、四海平。

译文：

凡是有利于国家的事情，就会一往直前，连自己的身体都不会顾惜。君臣互相配合，成就事业，这样，就能使君王的美德得以昭明。

62. 大丈夫处世，当扫除天下

大丈夫处世，当扫除天下，安事一室乎！

——（南朝宋）范晔《后汉书·陈蕃列传》

译文：

大丈夫活在世上，应当清扫天下，哪能只做清扫一间屋的事呢！

63. 为国立功，可以永年

将军本无尺土，孤立一隅，宜推诚奉顺，与朝并力，上应天心，下酬人望，为国立功，可以永年。

——（南朝宋）范晔《后汉书·申屠刚列传》

译文：

将军您本来没有一块土地，独处一方。应当诚心诚意地顺从皇帝，与朝廷同心协力，既符合上天的意志，也符合人民的愿望，为国立功，名垂青史。

64. 投死为国，以义灭身

但计投死为国，以义灭身，足垂于后。

——（三国魏）曹操《让县自明本志令》[①]

注释：

①《让县自明本志令》：散文篇名。三国魏曹操作。作于建安十五年(210)。文辞清峻通脱，为曹操散文代表作。

译文：

但是我想为国家而死，为大义而牺牲自己，可以留名后世。

65. 老骥伏枥，志在千里

神龟虽寿，犹有竟时。
腾蛇乘雾，终为土灰。
老骥伏枥，志在千里；
烈士暮年，壮心不已。
盈缩之期，不但在天；
养怡之福，可得永年。
幸甚至哉，歌以咏志。

——（三国魏）曹操《龟虽寿》

译文：

神龟虽然长寿，还有死的时候；
腾蛇虽能驾雾飞行，终究还要化为尘土。
千里马老了伏在槽旁，它的志向仍是驰骋千里；
志向远大的人到了晚年，雄心壮志仍不会消沉委靡。
人的寿命的长短，不只完全决定在上天；
靠着养身怡性的保健，就可以益寿延年。
十分庆幸啊，用诗歌唱我的心愿。

66. 捐躯赴国难，视死忽如归

名编壮士籍，不得中顾私。
捐躯赴国难，视死忽如归。

——（三国魏）曹植《白马篇》[①]

注释：

①《白马篇》：又称《游侠篇》，是曹植自制的乐府新题。这首诗，借描写一位北方少年侠士的形象，抒发自己为解救国家危急、为祖国的统一大业不惜抛弃性命的豪迈之情。

译文：

英名编入壮士名册，心中没有一点自私。

为国捐躯理直气壮，视死如归义不容辞。

67. 闲居非吾志，甘心赴国忧

愿欲一轻济，惜哉无方舟。

闲居非吾志，甘心赴国忧。

——（三国魏）曹植《杂诗·仆夫早严驾篇》

译文：

我想轻而易举地来渡河，可惜没有一只小舟！

赋闲生活不是我的志向，我愿为国家分忧解愁。

68. 鞠躬尽瘁，死而后已

凡事如是，难可逆料。臣鞠躬尽瘁，死而后已。至于成败利钝，非臣之明所能逆睹也。

——（三国蜀汉）诸葛亮《后出师表》①

注释：

①《后出师表》：《前出师表》的姊妹篇，写于蜀汉建兴六年（228）。当时正是第一次北伐失败之后，大臣们对再次北出征伐颇有异议。为了排除这些异议，坚定朝野北伐的决心，诸葛亮写下了此表。

译文：

一切事情就像这样，难以预料。我只有勤谨地为国尽力，到死为止，至于成功或失败，顺利或遭挫折，绝不是我的聪明所能够预见的了。

69. 志存高远

夫志当存高远，慕先贤，绝情欲，弃凝滞，使庶几之志，揭然有所存，恻然有所感；忍屈伸，去细碎，广咨问，除嫌吝，虽有淹留，何损于美趣，何患于不济。若志不强毅，意不慷慨，徒碌碌滞于俗，默默束于情，永窜优于凡庸，不免于下流矣！

——（三国蜀汉）诸葛亮《诫外甥书》

译文：

一个人的志向应有远大的目标，仰慕先人圣贤，断绝欲念，抛弃郁结在心中的俗念，使自己做高尚人的志向明确地树立起来，诚恳地让人感受到。能忍耐委屈，抛弃琐屑小事，博学好问，除绝嫌憎吝啬之心，这样，即使个人境遇不顺，又有什么能损于自己的美德和志趣，何用担心不会成功。如果意志不坚强，意向又不正气爽达，只庸庸碌碌地流于凡俗，日常沉寂而被束缚于自己的情感之中，长期藏伏，无所作为，这样下去，难免要成为低贱之辈。

70. 死国，忠义之大者

人谁不死？死国，忠义之大者。

——（西晋）陈寿《三国志·魏书·杨阜传》注引《列女传》

译文：

人终有一死，但最大的忠义是为国而死。

71. 烈士之爱国也如家

抱朴子曰："烈士之爱国也如家，奉君也如亲，则不忠之事，不为其罪矣。仁人之视人也如己，待疏也犹密，则不恕之怨，不为其责矣。”

——（东晋）葛洪[1]《抱朴子·广譬》[2]

注释：

①葛洪（约281—341）：字稚川，丹阳句容（今属江苏）人。东晋道教理论家、医学家、炼丹术家。早期道教理论的系统整理者和集大成者。②《抱朴子》：东晋葛洪撰著的一部杂家著作。葛洪自号抱朴子，因以名其书。全书共七十卷，其中内篇二十卷，外篇五十卷。

译文：

抱朴子说：“有壮志的人热爱祖国就像爱自己的家一样，侍奉君主就像侍奉自己的双亲一样，那么他们待人不能尽心竭力，不算是他们的罪过。仁德的人看待别人就像看自己一样，对待疏远的人就像亲人一样，那么他们不原谅并批评别人，不算是他们的不足。”

72. 以身许国

公曰：“……若其克济，则臣主同休；苟厄运必至，我当以死卫社稷，横尸庙门，遂其由来以身许国之志，不能远窜于草间求活也。我计决矣，卿勿复言！”

——（南朝梁）沈约《宋书·武帝本纪上》

译文：

豫章郡公罗颖说：“……如果能取胜，则君臣同庆；如果失败，我将以死报国，陈尸于宗庙之前，实现以身报国的夙愿，不能逃到民间苟活。我的主意定了，你不要再说了！”

73. 投躯报明主，身死为国殇

时危见臣节，世乱识忠良。

投躯报明主，身死为国殇。

——（南朝宋）鲍照[①]《代出自蓟北门行》

注释：

①鲍照（约414—466）：南朝宋重要辞赋家、诗人。字明远，东海（今江苏连云港市）人。长于乐府，尤擅七言之作，风格俊逸，对唐诗人李白、岑参等颇有影响。

译文：

时局危难才看出臣子的气节，时逢乱世才能看出谁是忠良。

舍弃生命报答明主，虽然死去，也是为国捐躯。

74. 四海既清，与一家无异

帝曰："往者与突厥递相侵扰，不得安居。今四海既清，与一家无异，朕皆欲存养，使遂性灵。譬如上天，止有一个日照临，莫不宁帖；若有两个三个日，万物何以得安？"

——（唐）李延寿《北史·突厥传》

译文：

隋炀帝说："过去与突厥互相侵扰，不能安居。现在四海已清净，如同一家人，我愿都加以关照养育，使生灵祥和。譬如天上，只有一个太阳照临，就都安宁；如果有两个、三个太阳，万物可以安宁吗？"

75. 生以救时，死以明道

或问荀彧、荀攸。子曰："皆贤者也。"曰："生死何如？"子曰："生以救时，死以明道。荀氏有二仁焉。"

——（隋）王通[①]《中说·周公》[②]

注释：

①王通（584—617）：隋代思想家。字仲淹，绛州龙门（今山西稷山）人。主张儒、佛、道三教合一，其基本立足点则为儒学。②《中说》：又名《文中子》。隋代王通著，十卷。文体仿《论语》。

译文：

有人问荀彧、荀攸（为人如何），文中子说："都是贤臣。"问："死、生怎样？"文中子说："生时救时世之危，死为彰明正道于后。荀氏二人都是仁人啊。"

76. 膺天育物，无隔华夷

皇上膺天育物，无隔华夷，率土黔黎，莫不慕化。风行所及，日入以来，职贡皆通，无远不至。

——（唐）魏徵等《隋书·裴矩传》

译文：

皇上承受天命，养育万物，不分汉族和少数民族，整片国土的老百姓，没有不向慕归化的。风能吹到的地方，太阳能照到的地方，少数民族对朝廷的进贡都畅通无阻，没有什么远地方不来的。

77. 圣人不利己，忧济在元元

圣人不利己，忧济在元元。
黄屋非尧意，瑶台安可论？

——（唐）陈子昂[①]《感遇诗三十八首其十九》

注释：

①陈子昂（659—700）：唐文学家。字伯玉，梓州射洪（今属四川）人。唐代诗歌革新的先驱，对唐诗发展颇有影响。

译文：

圣人不替自己打算，只关心帮助老百姓。

坐黄幄车不是尧帝的本意，筑瑶台更不相应。

78. 感时思报国，拔剑起蒿莱

本为贵公子，平生实爱才。
感时思报国，拔剑起蒿莱。
西驰丁零塞，北上单于台。
登山见千里，怀古心悠哉。
谁言未忘祸，磨灭成尘埃。

——（唐）陈子昂《感遇诗三十八首其三十五》

译文：

我本是富贵人家子弟，平素确实是赏爱才干。

感慨时势想报效国家，拔剑奋起在草野之间。

向西驰奔到丁零古塞，往北将单于之台登攀。

登山极目见千里辽阔，怀想古昔任思绪悠远。

谁说还没有忘却战祸，历史已磨灭成了灰烟。

79. 欲安其家，必先安于国

欲尊其亲，必先尊于君；欲安其家，必先安于国。故古之忠臣，先其君而后其亲，先其国而后其家。何则？君者，亲之本也，亲非君而不存；国者，家之基也，家非国而不立。

——（唐）武则天《臣轨·至忠章》[1]

注释：

①《臣轨》：唐武则天撰。一作《臣范》。二卷十篇。篇目有同体、至忠、守道、公正、匡谏、诚信、慎密、廉洁、良将、利人。

译文：

要尊敬自己的父母，必须先尊敬自己的君上；要使自己的家庭平安，必须先使国家得到安定。所以古代的忠臣，先忠于自己的君上，然后才是父母；先安定自己的国家，然后才是自己的家室。为什么呢？君上是父母生存的基础，没有君上父母也不存在；国家是家室的基础，没有国家，家室也无法建立。

80. 德义所加，远夷来服

远夷来服，应由德义所加。

——（唐）吴兢[①]《贞观政要·纳谏》[②]

注释：

①吴兢（670—749）：唐代史学家。汴洲浚化（今河南开封）人。贯知经史。武后长安年间被召入史馆，撰修国史。撰有《贞观政要》等。②《贞观政要》：十卷四十篇，分类记载了唐太宗同大臣魏徵、房玄龄、杜如晦等人的问答、大臣的争议和劝谏的奏疏及诤议等。

译文：

远夷宾服，应该是施行德义的结果。

81. 男儿立身须自强

小来托身攀贵游，倾财破产无所忧。
暮拟经过石渠署，朝将出入铜龙栖。
结交杜陵轻薄子，谓言可生复可死。
一沈一浮会有时，弃我翻然如脱屣。
男儿立身须自强，十年闭户颍水阳。

业就功成见明主，击钟鼎食坐华堂。
二八娥眉梳堕马，美酒清歌曲房下。
文昌宫中赐锦衣，长安陌上退朝归。
五陵宾从莫敢视，三省官僚揖者稀。
早知今日读书是，悔作从前任侠非。

——（唐）李颀[①]《缓歌行》

注释：

①李颀（？—约753）：唐代诗人。祖籍赵郡（今河北赵县），长期居于颍阳（今河南登封西）。开元二十三年（735）进士，官新乡尉。以久不升迁，弃官归东川别业隐居。与高适、王维、王昌龄等相唱和，是开元、天宝间重要诗人。

译文：

从小就托身豪门攀附权贵，为此倾家荡产也在所不惜。
晚上一心梦想经过秘书省，早上盼着能够出入皇宫里。
结交的都是那些轻狂少年，都说是为朋友将万死不辞。
浮沉不定终有冷落的一天，背弃我就像蹬掉一双鞋子。
男子汉大丈夫做人当自强，颍水北闭门十年苦读文章。
功业成就拜见圣明的君主，终盼来钟鸣鼎食高坐华堂。
二八佳人堕马髻妖娆无比，内室里清歌悦耳酒香四溢。
文昌宫中赐我显贵的朝服，长安道驶过我退朝的车舆。
京城的权贵哪个还敢漠视，三省的高官见了无须拜揖。
早知今日读书是如此荣耀，后悔以前任侠太不合时宜。

82. 报国行赴难，古来皆共然

三十羽林将，出身常事边。
春风吹浅草，猎骑何翩翩。
插羽两相顾，鸣弓新上弦。

射麋入深谷，饮马投寒泉。
马上共倾酒，野中聊割鲜。
相看未及饮，杂虏寇幽燕。
烽火去不息，胡尘高际天。
长驱救东北，战解城亦全。
报国行赴难，古来皆共然。

——（唐）崔颢[1]《赠王威古呈军中诸将》

注释：

①崔颢（？—754）：唐代诗人。汴州（治今河南开封）人。唐玄宗开元年间登进士第，开元后期出使河东军幕，天宝时历任太仆寺卿、司勋员外郎等职。早期诗为写闺情，流于纤艳。后历边塞，诗风变为雄浑奔放。

译文：

你三十岁就做了羽林将军，为国效力常年转战在边关。
春风吹拂刚刚泛绿的小草，草原上纵情驰骋马蹄翩翩。
身佩着箭囊彼此会心相视，全神贯注把响箭搭上弓弦。
追逐麋鹿深入到高山深谷，饮马休息在清冽的泉水边。
就在马上一起用杯子斟酒，旷野里以捕获的猎物为餐。
举杯相看还没来得及开饮，忽听胡兵正大举侵犯幽燕。
冲天的烽火久久燃烧不息，胡人兵马的扬尘直上云天。
快马加鞭长途驱驰赴东北，平息敌寇使城池得以保全。
怀抱着一腔热血急赴国难，志士从古到今就都是这般。

83. 黄沙百战穿金甲，不破楼兰终不还

青海长云暗雪山，孤城遥望玉门关。
黄沙百战穿金甲，不破楼兰终不还。

——（唐）王昌龄[1]《从军行七首其四》

注释：

①王昌龄（？—约756）：唐代著名诗人。字少伯，京兆长安（今陕西西安）人。尤擅长七绝，多写当时边塞军旅生活，气势雄浑，格调高昂。

译文：

青海湖畔的浓云遮暗了雪山，遥望大漠间那座孤城玉门关。

黄沙万里，久经征战已磨穿金甲，不击破楼兰，我誓不回还！

84. 但使龙城飞将在，不教胡马度阴山

秦时明月汉时关，
万里长征人未还。
但使龙城飞将在，
不教胡马度阴山。

——（唐）王昌龄《出塞二首其一》

译文：

想必秦卒像我也曾将明月痴看，想必汉兵像我也曾对边关嗟叹。

家山一别啊已经是迢迢万里，团圆无望啊都只为连年苦战。

要是飞将军李广今天还立马阵前，手执干戈的军士们又能个个争先。

上下齐心就成了一座真正的长城，怎么会让敌人的铁蹄来踏过阴山。

85. 国耻未雪，何由成名？

雄剑挂壁，时时龙鸣。
不断犀象，锈涩苔生。
国耻未雪，何由成名？
神鹰梦泽，不顾鸱鸢。
为君一击，鹏抟九天。

——（唐）李白《独漉篇》

译文：

雄剑悬挂于厅壁，时时发出龙吟之声。

不用它来斩断犀牛和大象，将会锈蚀滞钝如苍苔丛生。

国家的耻辱未得洗雪，凭什么成就功名？

神鹰飞猎于云梦大泽，不把鹞鹰之类凡鸟放在眼中。

我要为君一试锋芒，搏击大鹏于九天之上。

86. 安得广厦千万间，大庇天下寒士俱欢颜

自经丧乱少睡眠，
长夜沾湿何由彻！
安得广厦千万间，
大庇天下寒士俱欢颜，风雨不动安如山。
呜呼！
何时眼前突兀见此屋，
吾庐独破受冻死亦足！

——（唐）杜甫《茅屋为秋风所破歌》

译文：

多年丧乱，不得安睡，

这么冷的天，这么寒的夜，这么湿的床，这一夜怎么熬过！

怎么能有大屋大厦千万间，能使天下贫士不再受冷挨饿，愁脸换成欢颜，任它风狂雨急，也能安居度日稳如山。

啊！

什么时候眼前一亮看到了这座大屋，

即使我的房子破了，我冻死了，我也心满意足！

87. 华夷山不断，吴蜀水相通

日临公馆静，画满地图雄。

剑阁星桥北，松州雪岭东。
华夷山不断，吴蜀水相通。
兴与烟霞会，清樽幸不空。

——（唐）杜甫《严公厅宴同咏蜀道画图》

译文：

白天去到幽静的严公馆，厅堂挂着雄伟的蜀道地图。
剑阁位于星桥北面，松州则有雪岭居其东边。
西蜀华夷所居，山峰绵亘不断，吴蜀相距甚远，而江水却能相通。
我高兴地参与了欣赏蜀道图的宴会，而且还不断乘兴而饮！

88. 小来思报国，不是爱封侯

上马带胡钩，翩翩度陇头。
小来思报国，不是爱封侯。
万里乡为梦，三边月作愁。
早须清黠虏，无事莫经秋。

——（唐）岑参[①]《送人赴安西》

注释：

①岑参（约715—770）：盛唐著名诗人。荆州江陵（今属湖北）人。长于七言歌行。其诗与高适齐名，并称“高岑”。

译文：

跨上英俊的战马宝刀佩在身边，策马翩翩地飞驰翻越陇山之巅。
自小衷心地希望献身国家危难，哪把高官与厚禄耿耿挂于心间。
置身于万里之外乡情化为梦境，眼望那边地明月激起阵阵怀恋。
祝愿亲爱的战友早早扫清顽敌，边庭无事早归来切莫再经秋天。

89. 愿得此身长报国，何须生入玉门关

汉家旗帜满阴山，不遣胡儿匹马还。

愿得此身长报国，何须生入玉门关。

——（唐）戴叔伦[①]《塞上曲》

注释：

①戴叔伦（732—789）：唐代诗人。字次公，一作幼公，或云名融，字叔伦，润州金坛（今属江苏）人。诗以表现隐逸生活和闲适情调为主，但也时有反映社会现实的作品。

译文：

大汉家的旌旗布满了千里阴山，不能让一个胡儿骑着他南侵的战马逃还。

但愿我这一生能够永远报效祖国，如果真能这样，又何须像班超那样，在晚年以后上书朝廷要活着进入那玉门关？！

90. 丈夫当为国，破敌如摧山

寇贼起东山，英俊方未闲。
闻君新应募，籍籍动京关。
出身文翰场，高步不可攀。
青袍未及解，白羽插腰间。
昔为琼树姿，今有风霜颜。
秋郊细柳道，走马一夕还。
丈夫当为国，破敌如摧山。
何必事州府，坐使鬓毛斑。

——（唐）韦应物[①]《寄畅当》

注释：

①韦应物（约731—约791）：唐代著名诗人。京兆长安（陕西西安）人。其诗以写田园风物著名。涉及时政和民生疾苦之作，亦颇有佳篇。与柳宗元并称“韦柳”。

译文：

寇贼在东边作乱，英雄豪杰正是报国的时候了。

听说你毅然应募从军，在京城之中，使大家惊叹不已。

你生活于诗书门第之间，才识高超，别人不易攀及的。

还没来得及脱下文士的青衣，弓箭就佩在腰间了。

过去，你有挺秀的风姿，而今从戎征战，风霜满面。

在郊野漫长的羊肠小道上，你一天就骑马赶回来了。

大丈夫应当为国尽力，杀敌如摧山倒海，勇不可当。

人生立身行事，不一定要居官享禄的；否则，只会徒然增长了白发。

91. 功名耻计擒生数，直斩楼兰报国恩

朔风飘飘开雁门，
平沙历乱卷蓬根。
功名耻计擒生数，
直斩楼兰报国恩。

——（唐）张仲素[①]《塞下曲五首之三》

注释：

①张仲素（769？—819）：唐代诗人。字绘之，宿州符离（今安徽宿县）人。其诗以闺怨、边塞之作最有特色。

译文：

北风强劲，袭击雁门，

力卷黄沙，连草根都拔除了；

作战的目的是为了精忠报国、消灭敌人，

所以反而以计算活捉俘虏的数目取得小小的功劳荣誉为可耻了。

92. 刚健纯粹之气

夫天之贵斯人也，则付刚健纯粹于其躬，倬为至灵，大

者圣神，其次贤能，所谓贵也。

刚健之气，钟于人也为志，得之者，运行而可大，悠久而不息，拳拳于得善，孜孜于嗜学，则志者其一端耳；纯粹之气，注于人也为明，得之者，爽达而先觉，鉴照而无隐，盹盹于独见，渊渊于默识，则明者又其一端耳。

——（唐）柳宗元[1]《天爵论》

注释：

①柳宗元（773—819）：唐代文学家、思想家。字子厚，河东（今山西省永济县）人，故又称柳河东。因曾贬职广西柳州，又称柳柳州。与韩愈倡导古文运动，并称“韩柳”同列唐宋八大家。

译文：

上天珍爱人类，就把刚健纯粹之气付与人体，卓然而为人们的灵魂，其最大者为圣神，其次为贤能，这就是所谓的贵。

刚健之气汇聚于人体而为志向，得到它的话，运行中可以变大，历久而不息，勤勉于为善，执著于治学，所以志向是它的一个方面；纯粹之气凝聚于人体而为智慧，得到它的话，爽利通达而能先知先觉，像照镜子那样没有一点隐藏，诚恳地坚持独到见解，深邃地默默记诵，所以智慧是它的另一个方面。

93. 忧国如家

愈来京师，于今十五年，所见公卿大臣，不可胜数，皆能守官奉职，无过失而已；未见有赤心事上，忧国如家，如阁下者。

——（唐）韩愈[1]《上李尚书书》

注释：

①韩愈（768—824）：唐代著名的文学家、古文理论家。字退之，河南

河阳（今河南孟县）人，祖籍昌黎，后人称为韩昌黎。与柳宗元同为古文运动倡导者，位列“唐宋八大家”之首。

译文：

韩愈来京城，到现在已经十五年，见过的公卿大臣，不可计数，都能坚守官位完成职责，只是没有过失罢了；但没见过像您这样，一心一意侍奉皇上，操心国家的事就像自己家里的事一样的人。

94．以国家之务为己任

于公身居方伯之尊，蓄不世之材，而能与卑鄙庸陋相应答如影响，是非忠乎君而乐乎善，以国家之务为己任者乎？

——（唐）韩愈《送许郢州序》

译文：

于公身居一方诸侯之长的尊贵地位，有旷世之才，而能这么快就给我这地位低下、庸俗浅陋的人回信，这不正说明他是忠于国君、乐听善言，以国家大事为自己职责的人吗？

95．丈夫清万里，谁能扫一室

丈夫清万里，谁能扫一室。

——（唐）刘希夷①《从军行》

注释：

①刘希夷（651—约679）：唐代诗人。字延之，一作庭芝，汝州（今河南临汝县）人。其诗以歌行见长，多写闺情、从军。

译文：

大丈夫志在为国家清除万里边疆之危难，怎能满足于经营自己的小乐园。

96. 代为婚姻，因结邻好

唐有天下，恢奄禹迹，舟车所至，莫不率俾。以累圣重光，卜年惟永，恢王者之丕业，被四海以声教。与吐蕃赞普，代为婚姻，因结邻好，安危同体，甥舅之国，将二百年。

——（后晋）刘昫等《旧唐书·张镒传》

译文：

唐有天下，广有禹迹，车船所到之处，无不归服。因历代圣王功业相承，享年久长，扩展帝王的大业，用声威教化传播天下。与吐蕃赞普，世代结为姻亲，因结邻好，安危相共，甥舅之国，将近二百年。

97. 先天下之忧而忧，后天下之乐而乐

嗟夫！予尝求古仁人之心，或异二者之为。何哉？不以物喜，不以己悲。居庙堂之高，则忧其民；处江湖之远，则忧其君。是进亦忧，退亦忧。然则何时而乐耶？其必曰“先天下之忧而忧，后天下之乐而乐”欤！噫！微斯人，吾谁与归！

——（北宋）范仲淹[①]《范文正公集·岳阳楼记》[②]

注释：

①范仲淹（989—1052）：北宋政治家、文学家。字希文，苏州吴县（今江苏苏州）人。工于诗词散文，所作文章富于政治内容。②《范文正公集》：北宋范仲淹（谥文正）作。诗文别集。二十卷，《别集》四卷，后有补编。

译文：

唉！我曾经探索过古代仁人的想法，却往往并不和那两种人一样。为什么呢？原来他们既不因自然景物之美好而喜悦，也不因个人遭遇的坎坷而悲伤。在朝廷任职，就为百姓生活不富裕而担忧；在民间闲居，就为皇帝政治不清明而担忧。这样，做官发愁，不做官同样发愁。那么，什么时候才会高高兴兴呢？他们一定会回答说："世上所有的人没发愁之前，自己先已担忧；在世上所有的人都欢乐以后，自己才会高兴啊！"唉！除了这样的人，我还能去追随谁呢！

98. 贤者不悲其身之死，而忧其国之衰

夫国以一人兴，以一人亡。贤者不悲其身之死，而忧其国之衰，故必复有贤者，而后可以死。

——（北宋）苏洵[①]《管仲论》

注释：

①苏洵（1009—1066）：北宋散文家。字明允，号老泉，世称"苏文公"，眉州眉山（今四川眉山县）人。与其子苏轼、苏辙合称"三苏"，俱被列入"唐宋八大家"。

译文：

一个国家往往由于一个贤者执政而兴盛，由于一个贤者去位而灭亡。贤能的大臣并不悲伤自己个人的生命终结，而是忧虑他的国家在自己死后将日趋衰败。所以一定要再有个贤者接替，然后才可以心安理得地告别人世。

99. 君子大居正，王者大一统

《传》曰"君子大居正"，又曰"王者大一统"。正者，所以正天下之不正也；统者，所以合天下之不一也。由不正与不一，然后正统之论作。

——（北宋）欧阳修[①]《正统论》

注释：

①欧阳修（1007—1073）：北宋著名文学家、史学家。字永叔，号醉翁，又号六一居士，吉安永丰（今属江西）人。谥号文忠，世称欧阳文忠公。北宋古文运动领袖，“唐宋八大家”之一。

译文：

《公羊传》说：“君子非常重视遵循君位传给儿子的正道。”又说：“帝王非常重视统一天下的事业。”正，是用来纠正天下的不正的；统，是用来统一天下的分裂的。由于有不合正道和天下分裂的现象，关于正统的讨论便产生了。

100. 专利国家，而不为身谋

古者谏无官，自公、卿、大夫至于工、商，无不得谏者。汉兴以来始置官。夫以天下之政，四海之众，得失利病，萃于一官使言之，其为任亦重矣。居是官者，当志其大，舍其细，先其急，后其缓；专利国家，而不为身谋。彼汲汲于名者，犹汲汲于利也。其间相去何远哉！

——（北宋）司马光①《谏院题名记》

注释：

①司马光（1019—1086）：北宋政治家、文学家、史学家。初字公实，更字君实，号迂夫，晚号迂叟，司马池之子，世称涑水先生。历仕仁宗、英宗、神宗、哲宗四朝，卒赠太师、温国公，谥文正。他主持编纂了中国历史上第一部编年体通史《资治通鉴》。

译文：

古代没有专司谏诤的官员，上自朝廷公、卿、大夫，下至工匠、商贩，没有谁不可论谏。汉王朝建立后，才设置起谏官。以天下政事之繁杂，四海人口之众多，得失利敝，都集中到一个官职使之建言，它的任务也太重大了。担任这一官职的人，应专注大事而略去小节；先论急切之事而缓置不急之务；只图利于国家而不为一己打算。那些热衷于敢谏之名的人，也与热衷于私利的人一样，与上面的原则相距是多么遥远啊！

101. 会挽雕弓如满月，西北望，射天狼

老夫聊发少年狂，左牵黄，右擎苍，锦帽貂裘，千骑卷平冈。为报倾城随太守，亲射虎，看孙郎。

酒酣胸胆尚开张，鬓微霜，又何妨！持节云中，何日遣冯唐？会挽雕弓如满月，西北望，射天狼。

——（北宋）苏轼[①]《江城子·密州出猎》

注释：

①苏轼（1037—1101）：北宋文学家、书画家。字子瞻，又字和仲，号东坡居士，眉州眉山（今属四川）人。与父苏洵、弟苏辙合称“三苏”。他在文学艺术方面堪称全才。“唐宋八大家”之一。

译文：

老夫我突发少年狂兴，左手牵黄狗，右臂托苍鹰，头戴锦蒙帽，身穿貂鼠裘，率领马队驰上平坦的山冈。为报答倾城相随观猎的民众，我要亲射猛虎，像当年孙权一样。

开怀畅饮胆气依然豪壮，哪管鬓如霜，年老又何妨！朝廷何时派冯唐，前来云中赦魏尚。我一定要拉满雕弓如圆月，遥望西北，怒射天狼！

102. 立大事者必有坚忍不拔之志

古之立大事者，不惟有超世之才，亦必有坚忍不拔之志。

——（北宋）苏轼《晁错论》

译文：

古代建立大功业的人，不仅有超越当世的杰出才能，而且一定要有坚忍

不拔的意志。

103. 壮志饥餐胡虏肉，笑谈渴饮匈奴血

怒发冲冠，凭阑处、潇潇雨歇。抬望眼，仰天长啸，壮怀激烈。三十功名尘与土，八千里路云和月。莫等闲、白了少年头，空悲切。

靖康耻，犹未雪；臣子恨，何时灭！驾长车，踏破贺兰山缺。壮志饥餐胡虏肉，笑谈渴饮匈奴血。待从头、收拾旧山河，朝天阙。

——（南宋）岳飞[①]《满江红·写怀》

注释：

①岳飞（1103—1142）：南宋抗金名将，也是中国历史上杰出的民族英雄之一。字鹏举，相州汤阴（今属河南）人。

译文：

心中愤怒使头发直竖上冲冠帽，倚栏四顾，急风骤雨刚刚停歇。抬头远望，对青天发出大声呼啸，壮烈的情怀激昂热烈。三十岁功名微薄如尘土，八千里征战路披云戴月。且莫让少年光阴虚度过，满头白发时空自悲切。

靖康二年的国耻，至今还未洗雪；我心头的仇恨，何时才能泯灭？我要驾着战车，直把贺兰山踏为平地。壮志凌云，要用胡虏的肉充饥，笑谈之间，痛饮匈奴的血。待到完全收复大好河山，再去朝见君王奏凯报捷！

104. 谋利天下，谋利万世

一身之利无谋也，而利天下者则谋之；一时之利无谋也，而利万世者则谋之。

——（南宋）胡宏[①]《胡子知言·纷华》

注释：

①胡宏（1106—1162）：南宋哲学家，程颢、程颐再传弟子。字仁仲，号五峰，学者称五峰先生，建宁崇安（今属福建）人。

译文：

对个人有利的事情不要谋求，而应当谋求对天下有利的事情；对一时有利的事情不要谋求，而应当谋求造福千秋万代的事情。

105. 自强不息则至一

盖人性虽无不善，而气禀有不同者，故闻道有蚤莫，行道有难易，然能自强不息，则其至一也。

——（南宋）朱熹[①]《四书集注·中庸章句》[②]

注释：

①朱熹（1130—1200）：南宋哲学家、教育家。字元晦，一字仲晦，号晦庵、晦翁、考亭先生、云谷老人等，徽州婺源（今江西婺源）人。是孔子、孟子以来最杰出的弘扬儒学的大师。②《四书集注》：南宋朱熹著。是对《大学》、《中庸》、《论语》、《孟子》的分章注释，全名《四书章句集注》。

译文：

因为虽然人性没有不善，而人的气禀有所不同，所以闻道有早晚，行道有难易。不过若能自强不息，能够到达则是一样的。

106. 天下事无不可为，但在人自强如何耳

天下事无不可为，但在人自强如何耳。

——（南宋）朱熹《朱子文集·答许顺之》[①]

注释：

①《朱子文集》：南宋朱熹的诗、奏章、书信、论文汇编。又名《晦庵

朱文公文集》、《朱子大全集》等。一百卷，《续集》十一卷，《别集》十卷。

译文：

天下的事情没有一件是不能做成功的，只是取决于做事人努力的程度罢了。

107. 华夷无猜，爱之如一

自古皆贵中华，贱夷狄，朕独爱之如一，故其种落皆依朕如父母。

——（南宋）袁枢《通鉴纪事本末·贞观群臣论治》[1]

注释：

①《通鉴纪事本末》：我国古代第一部纪事本末体史书。南宋袁枢撰，成书于1174年。因《资治通鉴》之文，总括为二百三十九事，一事一篇，始于“三家分晋”，终于“世宗征淮南”。

译文：

自古以来，都是看重中华，轻视夷狄，我独不取这种偏见，爱护他们像一家人一样，所以他们的部族都来亲附，对待我像对待父母一样。

108. 金戈铁马，气吞万里如虎

千古江山，英雄无觅、孙仲谋处。舞榭歌台，风流总被、雨打风吹去。斜阳草树，寻常巷陌，人道寄奴曾住。想当年，金戈铁马，气吞万里如虎。

元嘉草草，封狼居胥，赢得仓皇北顾。四十三年，望中犹记，烽火扬州路。可堪回首，佛狸祠下，一片神鸦社鼓。凭谁问：廉颇老矣，尚能饭否？

——（南宋）辛弃疾[1]《永遇乐·京口北固亭怀古》

注释：

①辛弃疾（1140—1207）：南宋爱国词人。初字坦夫，后改字幼安，别号稼轩居士，齐州历城（今山东济南）人。艺术风格多样，而以豪放为主。热情洋溢，慷慨悲壮，笔力雄厚，与苏轼并称为“苏辛”。

译文：

千年的山河壮丽依旧，却无处寻找孙权那样的英雄。昔日的歌馆楼台、风流余韵，都已被风风雨雨荡净。夕阳斜照荒草枯树，普普通通的街巷道路，人们说刘裕当年就在这里居住。回想他当年兴兵北伐，戈矛闪闪，铁骑奔驰，长驱万里气势如猛虎。

元嘉年间宋文帝草率出兵，原想像霍去病一样在狼居胥山筑坛庆功，却落得大败而回，仓皇逃命。我渡江南来已四十三年，遥望扬州，还记得当年那里战火熊熊。怎忍心北望沦陷的国土，佛狸祠前社鼓声声，争食的乌鸦飞舞。有谁来问候廉颇老将，如今饭量怎样，还能否驰骋疆场？

109. 心在天山，身老沧洲

当年万里觅封侯，匹马戍梁州。关河梦断何处，尘暗旧貂裘。

胡未灭，鬓先秋，泪空流。此生谁料，心在天山，身老沧洲！

——（南宋）陆游《诉衷情》

译文：

当年出征万里想得封侯，跨着战马戍守梁州。边塞生涯已像梦一般消逝，旧时征衣上灰尘已积得很厚。

敌寇还未消灭，两鬓已如秋霜，悲伤的泪水空流不休。这一生谁会料到，雄心终日在天山飞驰，人却在镜湖边衰老消瘦！

110. 僵卧孤村不自哀，尚思为国戍轮台

僵卧孤村不自哀，
尚思为国戍轮台。
夜阑卧听风吹雨，
铁马冰河入梦来！

——（南宋）陆游《十一月四日风雨大作》

译文：

虽然是困居在孤寂的山村里，但并不觉得有什么可哀，
为了报效国家还向往着去防守那边城轮台！
当三更半夜间躺在床上默听着呼啸的狂风在吹着暴雨，
这一晚上，披着铁甲的战马呀、千里冰封的北地的河流啊，都一齐涌到——我的梦里来！

111. 一身报国有万死，双鬓向人无再青

腰间羽箭久凋零，太息燕然未勒铭。
老子犹堪绝大漠，诸君何至泣新亭？
一身报国有万死，双鬓向人无再青。
记取江湖泊船处，卧闻新雁落寒汀。

——（南宋）陆游《夜泊水村》

译文：

腰上佩带的羽箭已长期凋零，只叹未到燕然山刻石记功名。
想我老夫尚能横越那大沙漠，诸位何至于新亭落泪空悲鸣。
我虽有万死不辞的报国之志，却无奈双鬓已白不能再转青。
应牢牢记住常年江湖泊船处，卧闻寒州上新雁到来的叫声。

112. 位卑未敢忘忧国

病骨支离纱帽宽，孤臣万里客江干。
位卑未敢忘忧国，事定犹须待阖棺。
天地神灵扶庙社，京华父老望和銮。
出师一表通今古，夜半挑灯更细看。

——（南宋）陆游《病起书怀》

译文：

病好啦瘦骨支离，连头上的纱帽也像比以前松宽，孤独的老臣哪，万里他乡作客在这岷江之边。

我今天的地位虽说是卑微的，却未敢忘记忧国，一生的事业还未到盖棺定论的时候。

那天地神灵全都辅佑着大宋家的社稷、宗庙，汴京的父老也盼望着早日听到君王车驾的鸣銮。

诸葛武侯的“出师”一表真可以说是忠贯今古，三更半夜里，想到“北定中原”那些话，我不禁又挑起昏灯把它更加仔细地观看！

113. 王师北定中原日，家祭无忘告乃翁

死去元知万事空，
但悲不见九州同；
王师北定中原日，
家祭无忘告乃翁。

——（南宋）陆游《示儿》

译文：

原知道死去了以后一切的事情都已成空，

但只悲伤看不到这九州的河山重归一统；
当朝廷的军队北伐平定了中原之日，
你们举行家祭不要忘记了把这喜讯告诉你们的父亲！

114. 人生自古谁无死，留取丹心照汗青

辛苦遭逢起一经，干戈寥落四周星。
山河破碎风飘絮，身世浮沉雨打萍。
惶恐滩头说惶恐，零丁洋里叹零丁。
人生自古谁无死，留取丹心照汗青！

——（南宋）文天祥[①]《过零丁洋》

注释：

①文天祥（1236—1283）：南宋大臣，文学家。初名云孙，字天祥，以字行，改字履善，又字宋瑞，号文山，吉州吉水（今属江西）人。南宋时期坚持抗元斗争的著名代表人物。

译文：

辛勤刻苦、遭逢际遇，都是起于一经的精通，奔走国事，在战争当中寥寥落落地，竟度过了四年光阴。

山河破碎，就像那在风里飘飞着的散乱的柳絮，动荡不宁，个人的身世浮沉，就如被冷雨淋打着的水上浮萍。

回想当日，在惶恐滩头曾讲说过险流恶浪的惶恐，到而今，路过零丁洋畔不禁叹息着自己的孤苦伶仃。

人生不过百年，自古以来又谁能没有个死？即使如此，还是要留得一片爱国忠心，永远照耀在史册之中！

115. 臣心一片磁针石，不指南方不肯休

几日随风北海游，回从扬子大江头。

臣心一片磁针石，不指南方不肯休。

——（南宋）文天祥《扬子江》

译文：

几日来在海上辗转漂流，现在又回到了扬子江头。

我的心啊，是一片磁针石，不指向南方，誓不罢休。

116. 时穷节乃现，一一垂丹青

天地有正气，杂然赋流形。

下则为河岳，上则为日星。

于人曰浩然，沛乎塞苍冥。

皇路当清夷，含和吐明庭。

时穷节乃见，一一垂丹青。

——（南宋）文天祥《正气歌》

译文：

天地之间存在着正气，纷繁多样，它赋予各种事物以不同形态。

在下为河流山岳，在上为日月星辰。

赋予人的叫浩然之气，它充盈在天地之间。

当国家太平的时候，正气和谐地表露在政事修明的朝廷里。

在时局危难的关头，人们的气节就会显露出，他们一个个崇高的形象就在史册上永垂英名，传于后世。

117. 不安于小成，然后足以成大器

不安于小成，然后足以成大器；不诱于小利，然后可以成远功。

——（明）方孝孺①《逊志斋集·赠林公辅序》②

注释：

①方孝孺（1357—1402）：明代大臣，学者。字希直，一字希古，人称正学先生，浙江宁海（今浙江宁海）人。明惠帝时任诗讲学士、《太祖实录》总裁。②《逊志斋集》：明方孝孺撰，诗文别集。二十四卷，其中诗二卷。

译文：

不满足于小的成绩而安于现状、裹足不前，才能造就大才；不贪图小利，不为眼前利益诱惑，才能做出大的事业。

118. 粉骨碎身浑不怕，要留清白在人间

千锤万凿出深山，烈火焚烧若等闲。
粉骨碎身浑不怕，要留清白在人间。

——（明）于谦[1]《石灰吟》

注释：

①于谦（1398—1457），明政治家、诗人。字廷益，浙江钱塘（今浙江杭州）人。永乐十九年（1421）进士。

译文：

它来自深山，经受过千万次锤的打击，它从容自若，接受过熊熊烈火的洗礼。

它无所畏惧，纵使粉身碎骨也不在意，它自有情志，要把清白留给人间大地。

119. 立得志定，操得心定，不至移易，则学自进

立得志定，操得心定，不至移易，则学自进。志不可放倒，身不可放弱。程子曰：“懈意一生，便是自暴自

弃。”朱子曰：“才有悠悠，便是志不立。”

——（明）胡居仁[①]《居业录·学问》[②]

注释：

①胡居仁（1434—1484）：明代学者。字叔心，号敬斋，余干（今属江西）人。一生以讲学为业。曾主白鹿书院。明代程朱学派主要代表人物之一。②《居业录》：明胡居仁撰。讲学语录。由其婿余祐整理刊行。为崇仁学派重要著作之一。

译文：

志向立得坚定，心气、节操稳定，从不变换改易，那么学业自然会精进。志向不可放弃，对自己的要求也不能减弱。程子说：“意志松懈一生，就是自暴自弃。”朱子说：“才一立志，便立即松了劲，就不能树立远大的志向。”

120. 志不立，天下无可成之事

志不立，天下无可成之事，虽百工技艺，未有不本于志者。今学者旷废隳隋，玩岁愒时，而百无所成，皆由于志之未立耳。故立志而圣则圣矣，立志而贤则贤矣。志不立，如无舵之舟，无衔之马，漂荡奔逸，终亦可所底乎。

——（明）王守仁[①]《王文成公全书·立志》[②]

注释：

①王守仁（1472—1528）：明代哲学家、教育家。字伯安，号阳明子，世称阳明先生，余姚（今浙江余姚）人。弘治进士。陆王心学集大成者，其“知行合一”和“知行并进”说，在明代中期以后影响很大。②《王文成公全书》：明王守仁全部著作的汇编。

译文：

如果不立下志向，天下间就没有可以成功的事，即使是百工技艺，也没有不从立志开始的。如今的学者耽搁荒废毁坏学业，随心所欲地浪费时光，却百事无成，都是因为志向没立的缘故。所以立下成为圣人的志向，就能成为圣人，立志成为贤人，就能成为贤人。志向不立，就如同没有舵的船，没有马嚼子的马，随波逐流信马由缰，最终能到什么地方呢？

121. 以身许国，鞠躬尽瘁

大丈夫既以身许国，许知己，惟鞠躬尽瘁而已，他复何言。

——（明）张居正[①]《答上师相徐存斋之一》

注释：

①张居正（1525—1582），明代政治家。字叔大，号太岳，湖广江陵（今属湖北）人。

译文：

大丈夫既然已经把自己献给了国家、献给了知己，那么只有勤勤恳恳忘我奋战而已，还有什么别的可计较的！

122. 繁霜尽是心头血，洒向千峰秋叶丹

十年驱驰海色寒，孤臣于此望宸銮。
繁霜尽是心头血，洒向千峰秋叶丹。

——（明）戚继光[①]《望阙台》

注释：

①戚继光（1528—1587）：明朝杰出的军事家、抗倭名将。字元敬，号南塘，晚年改号孟诸。山东登州（今山东蓬莱）人。

译文：

十年征战厮杀海色生寒，孤臣遥望朝廷渴盼支援。
一片心血已似秋后繁霜，洒向千峰染得秋叶如丹。

123. 国亡家破欲何之，西子湖头有我师

国亡家破欲何之？西子湖头有我师。
日月双悬于氏墓，乾坤半壁岳家祠。
惭将素手分三席，拟为丹心借一枝。
他日素车东浙路，怒涛岂必属鸱夷！

——（明）张煌言[1]《甲辰八月辞故里》

注释：

①张煌言（1620—1664）：南明大臣、文学家。字玄著，号苍水，鄞县县城（今浙江宁波海曙区苍水街）人。

译文：

国家破亡，我要去什么地方？西子湖畔有我的榜样！

于谦墓地的上空日月高悬，岳家祠堂曾支撑着半壁江山。

我两手空空，愧与于谦、岳飞分占三个席位；忠心赤胆，只求借一个理想的栖身地方。

他日若赴国难，我也要化为怒涛奔腾在钱塘江上。

难道怒涛只属于伍子胥的精魂吗？

124. 天下兴亡，匹夫有责

有亡国，有亡天下。亡国与亡天下奚辨？曰：易姓改号谓之亡国，仁义充塞而至于率兽食人，人将相食，谓之亡天下。

……是故知保天下，然后知保其国。保国者，其君其臣肉食者谋之；保天下者，匹夫之贱，与有责焉耳。

——（明）顾炎武[1]《日知录·正始》

注释：

①顾炎武（1613—1682）：明清之际思想家、学者。字宁人，号亭林，学者称“亭林先生”，南直隶苏州府昆山（今属江苏）人。

译文：

有亡国，有亡天下。亡国和亡天下如何辨别？那就是：易姓改号叫做亡国；仁义的道路被阻塞，以至于达到率领禽兽来吃人，人与人之间也将你吃我我吃你，这叫做亡天下。

……因此，首先要知道保天下，然后才知道保国家。保国家，是为君为臣那些统治者所要考虑的；保天下，就是地位低贱的普通百姓都有责任。

125．我愿平东海，身沉心不改

万事有不平，尔何空自苦；
长将一寸身，衔木到中古？
我愿平东海，身沉心不改！
大海无平期，我心无绝时。
呜呼！君不见西山衔木众鸟多，
鹊来燕去自成窠。

——（明）顾炎武《精卫》

译文：

“万事都有不平，你为何空自找苦吃；
凭自己小小的身躯，不停衔木填东海？”
“我决心填平那东海，即使身沉大海心也不改；
大海没有填平时，我的辛勤也绝不停止。”
唉！你没有看见吗？西山上各种鸟儿实在多，
鹊来燕去只顾筑自窠！

126．不以一己之利为利，而使天下受其利

有生之初，人各自私也，人各自利也，天下有公利而莫

或兴之，有公害而莫或除之。有人者出，不以一己之利为利，而使天下受其利；不以一己之害为害，而使天下释其害。此其人之勤劳必千万于天下之人。夫以千万倍之勤劳而己又不享其利，必非天下之人情所欲居也。故古之人君，量而不欲入者，许由、务光是也；入而又去之者，尧、舜是也；初不欲入而不得去者，禹是也。岂古之人有所异哉？好逸恶劳，亦犹夫人之情也。

——（明末清初）黄宗羲[1]《明夷待访录·原君》

注释：

①黄宗羲（1610—1695）：明清之际思想家、史学家。字太冲，号南雷，人称梨洲先生，浙江余姚人。与孙奇逢、李颙并称“三大儒”。

译文：

人类社会初期，人们都是各顾自己的；社会上有公众的利益却没有人来兴办它，有公众的灾害却没有人来消除它。（这时候）有人出来，不把个人的利益当做利益，却要使天下的人受到那种利益；不把个人的祸患当做祸患，却要使天下的人免除那种祸患。（要做到这样），那么这个人付出的辛勤劳累，必定比天下普通人多千万倍。付出（比天下普通人多）千万倍的辛勤劳累，而自己又不享受这些利益，（那么）必然不是天下普通人从内心愿意做到的。所以古人对于君主，经过考虑而不想就位的，许由、务光就是；就了君位而又离开的，尧、舜就是；当初不想就位而（终于）不能离开的，禹就是。难道说这些古人（与普通人相比）有什么两样吗？（其实，他们）贪图安逸厌恶劳累，也好像普通人的心情一样啊。

127. 君子之为君子也，一人劳而万人逸

君子之为君子也，一人死而万人寿，一人痛而万人愈，一人忧而万人乐，一人劳而万人逸。

——（明）庄元臣[1]《叔苴子·内篇》[2]卷五

注释：

①庄元臣（1560—1609）：字忠甫，自号鹏池主人。生平事迹不详。②《叔苴子》：明庄元臣著，收在《庄忠甫杂著》中，三十八卷，一千二百六十五条。

译文：

君子之所以是君子，是因为他希求的是自己死以使千万人民长寿，自己生病以使千万人民痊愈，自己忧愁以使千万人民快乐，自己劳顿而使千万人民安逸。

128. 士人有百折不回之真心

士人有百折不回之真心，才有万变不穷之妙用。立业建功，事事要从实地著脚，若少慕声闻，便成伪果；讲道修德，念念要从虚处立基，若稍计功效，便落尘情。

——（明）洪应明《菜根谭·修省》[①]

注释：

①《菜根谭》：明代洪应明撰。书约成于万历年间。全书由上下两卷和《菜根谭续遗》三部分组成，共五百三十六条。作者从文献中和口头流行的语言里搜集了大量的古籍名句、民间谚语、先哲格言、佛家警语，在字句上进行整理加工，使之成为音节和谐、字句整齐的短语，便于诵读与流传。

译文：

读书人有百折不回的毅力和决心，才会有万变不穷的奇妙用处。建功立业，每一件事，都要从脚踏实地做起，如果稍微地羡慕名声的闻达，便会造成虚伪的结果；讲求道理、修养道德，每一个念头都要从虚处立定基本，如果有一点算计功利和实效，便会落入尘俗世情。

129. 千磨万击还坚劲，任尔东南西北风

咬定青山不放松，立根原在破岩中。

千磨万击还坚劲，任尔东南西北风。

——（清）郑燮[①]《题画·竹石》

注释：

①郑燮（1693—1765）：清代书画家、文学家。字克柔，号板桥，为“扬州八怪”之一。工诗词，描写民间疾苦颇为深切。江苏兴化人。

译文：

紧紧地依着青山毫不放松，深深地扎根在岩石中。

经受了折磨和袭击却更加刚劲，挺直不屈，任凭你刮什么样的风。

130. 我劝天公重抖擞，不拘一格降人才

九州生气恃风雷，万马齐喑究可哀。
我劝天公重抖擞，不拘一格降人才。

——（清）龚自珍[①]《己亥杂诗》

注释：

①龚自珍（1792—1841）：清代思想家、文学家。又名巩祚，字璱人，号定庵，又号羽琌山民，浙江仁和（今浙江杭州）人。学务博览，为嘉道间提倡“通经致用”的今文经学派重要人物。

译文：

九州大地要有活力，全靠狂风迅雷，这万马齐喑的情景，究竟十分可悲。

神通广大的玉皇啊，请您重新振作，大可不必拘泥一格，造就各种人才。

131. 苟利国家生死以，岂因祸福避趋之

力微任重久神疲，再竭衰庸定不支。

苟利国家生死以，岂因祸福避趋之！
谪居正是君恩厚，养拙刚于戍卒宜。
戏与山妻谈故事，试吟“断送老头皮”。

——（清）林则徐《赴戍登程口占示家人》

译文：

久担重任我早觉神衰力疲，再竭力承受老弱平庸不能支。
若对国家有利我可把生命付与，岂能有祸就避有福就迎！
遣戍正是皇上厚恩，无大德雄才当名戍卒也正相宜。
半开玩笑我给老妻讲杨朴故事，“你可试赠我一首‘断送老头皮’”！

132. 不忧一家寒，所忧四海饥

不忧一家寒，所忧四海饥。
痌瘝苟不瘳，尧禹亦何为！

——（清）魏源[①]《偶然吟》

注释：

①魏源（1794—1857），清代思想家、史学家、文学家。原名远达，字默深，湖南邵阳人。受林则徐嘱托，据《四洲志》和中外文献资料，编成《海国图志》。主张“师夷之长技以制夷”，对后来思想界有相当影响。

译文：

不担忧能否度过饥寒的一家老小，只担忧五湖四海内的骨肉同胞。
老百姓的疾苦如果得不到解除，就算是尧和禹又有啥值得骄傲的！

133. 悲天命而悯人穷，君子之所忧也

六弟自怨数奇，余亦深以为然。然屈于小试辄发牢骚，吾窃笑其志之小，而所忧之不大也。君子之立志也，

有民胞物与之量，有内圣外王之业，而后不忝于父母之生，不愧为天地之完人。故其为忧也，以不如舜不如周公为忧也，以德不修学不讲为忧也。是故顽民梗化则忧之，蛮夷猾夏则忧之，小人在位贤才否闭则忧之，匹夫匹妇不被己泽则忧之，所谓悲天命而悯人穷。此君子之所忧也。若夫一身之屈伸，一家之饥饱，世俗之荣辱得失、贵贱毁誉，君子固不暇忧及此也。六弟屈于小试，自称数奇，余窃笑其所忧之不大也。

——（清）曾国藩《致澄弟温弟沅弟季弟（道光二十五年十月二十六日）》

译文：

六弟埋怨自己命不好，我也十分理解。不过就因为一场考试没考好就大发牢骚，我倒有点觉得可笑：你志向太小，忧虑之事也不大了。君子立志，应该有泛爱一切人和物的宏大度量，具有内修圣人之德外施王者之政的功业，这样才不愧为父母所生，不愧为挺立天地之间的完人。他所忧虑的是自己比不上舜和周公，忧虑道德修养不深、学识浅薄。所以愚顽之人不接受教化他忧虑，周边民族扰乱中原王朝的统治秩序他忧虑，奸佞小人当权贤才被埋没他忧虑，老百姓得不到自己的恩惠他忧虑，也就是说感叹天命不达而怜悯百姓的不幸。这才是君子所忧虑的。至于个人的事业成败，自家的饥寒饱暖，常人的荣辱得失、贵贱毁誉，君子根本就无暇考虑。六弟就因一次小考失败就埋怨自个儿命不好，为兄的暗笑你忧虑得太小。

134. 身无半亩，心忧天下

身无半亩，心忧天下；
读破万卷，神交古人。

——（清）左宗棠《左文襄公文集·联语》

译文：

自己虽然家无半亩土地，收入难以解决温饱，心里却时刻关心着国家民族的前途和命运。

读书万卷，就是向古代贤哲仁人请教和做精神上的交往。

135. 我自横刀向天笑，去留肝胆两昆仑

望门投止思张俭，忍死须臾待杜根。
我自横刀向天笑，去留肝胆两昆仑。

——（清）谭嗣同《狱中题壁》

译文：

出逃在外的如张俭定能望门投宿，暂时忍死求生的杜根必将重振维新。屠刀架在脖颈我也只是仰天大笑，去留都有义胆忠肝宛如两座昆仑。

136. 寸寸山河寸寸金

寸寸山河寸寸金，佤离分裂力谁任？
杜鹃再拜忧天泪，精卫无穷填海心！

——（清）黄遵宪《赠梁任父同年》

译文：

祖国富饶的山河不容侵夺，但有谁能为制止祖国被宰割而贡献力量？

愿像杜鹃啼血一样始终为国家命运而担忧，像精卫填海那样誓为挽救民族危亡而鞠躬尽瘁！

137. 只解沙场为国死，何须马革裹尸还

军歌应唱大刀环，誓灭胡奴出玉关。

只解沙场为国死，何须马革裹尸还！

——（清）徐锡麟[①]《出塞》

注释：

①徐锡麟（1873—1907）：近代资产阶级革命家。字伯荪，浙江绍兴县东浦人。

译文：

军歌应唱大刀凯旋还，消灭胡奴统治把它赶出山海关。

我只知报效祖国沙场鏖战死，何必马革裹尸把家还。

138. 一腔热血勤珍重，洒去犹能化碧涛

不惜千金买宝刀，貂裘换酒也堪豪。

一腔热血勤珍重，洒去犹能化碧涛。

——（清）秋瑾《对酒》

译文：

我不惜挥金如土，只为要买那杀敌的宝刀。拿来名贵的貂裘换一碗美酒，浇我胸中块垒，壮我肝胆激情，也赛过那古今英豪！

好好珍惜吧，这一腔热血，我在革命需要的时候，把它洒向人间，化作席卷九州的波涛！

139. 拼将十万头颅血，须把乾坤力挽回

万里乘风去复来，只身东渡挟春雷。

忍看图画移颜色，肯使江山付劫灰！

浊酒不销忧国泪，救时应仗出群才。

拼将十万头颅血，须把乾坤力挽回。

——（清）秋瑾《黄海舟中日人索句并见日俄战争地图》

译文：

万里乘风去了又回来，只身东渡为了带回振聋发聩的春雷。
怎忍看祖国地图变颜色？哪能使江山成为日俄劫掠的尘和灰！
浊酒不能消除忧国的愁和恨，挽救时局须靠出类拔萃的人才。
即使豁出十万颗带血的头颅，一定要把危亡的局势力挽回！

140. 四百万人同一哭，去年今日割台湾

春愁难遣强看山，往事惊心泪欲潸。
四百万人同一哭，去年今日割台湾。

——（清）丘逢甲[①]《春愁》

注释：

①丘逢甲（1864—1912）：清末台湾抗日义军首领，诗人、教育家。又名仓海、沧海，字仙根，号蛰仙，又号仲阏、蛰庵，台湾彰化人。其诗发扬爱国感情，风格上受杜甫、陆游诸家的影响。

译文：

春愁难以排遣啊，我强打精神观看绿野山原；往事惊心啊，明媚春光令我泪雨潸然……

台闽粤四百万同胞齐声痛哭啊，去年今日割去我台湾！

141. 五族弟兄同心同德

中华民国之成立，非一二人之力，乃五族同胞大家出力赞助而成。现在中国外患紧迫，我们五族弟兄同心同德，大家负起责任来，方能巩固共和，得享自由幸福。

——黄兴[①]《在北京回教俱进会欢迎会上》

注释：

①黄兴（1874—1916），湖南善化（今湖南长沙）人。是与伟大的民主革命先行者孙中山先生并称于世的革命党伟人。

142. 南北一家，兄弟一堂

至此次革命，系全国四百兆人之发于良心，应于时势，故能收此全功。但改革以后，建设甚难。现在全国秩序尚未恢复，吾人亦不能副全国人民之希望，最为惭愧。兄弟对于现在进行，以化除党见、统一精神为第一要义。谚有云：南北一家，兄弟一堂。虽二十二行省，虽蒙古、西藏，通是兄弟一堂也。此时虽在理想时代，将来必见之实行耳。

——黄兴《在天津国民党支部欢迎会上的演讲》

143. 国魂者，国家建立之大纲

灵魂之为物，其重矣。夫国亦犹是耳。苟丧厥魂，即陷灭亡，永堕地狱，沉沦苦海。犹太人之漂泊零丁，印度人之横遭摧残，职是之故而已。故欲建造军国民，必先陶铸国魂。国魂者，国家建立之大纲，国民自尊自立之种子。其于国民之关系也，如战阵中之司令官，如航海之指南针，如枪炮之照星，如星辰之北斗。夜光不足喻其珍，干将不足喻其锐，日月不足喻其光明，海岳不足喻其伟大，聚数千年之训诂家而不足以释其字义，聚凌云雕龙之词人骚客而不足以形容其状貌，聚千百之理化学士而不足以剖化其原质。孟子之所谓浩然之气，老子之所谓道，其殆与之相类似乎。

——蔡锷《军国民篇》

144. 国之不存，身将焉托？

先圣不云乎：乱贼之罪，尽人得而诛之。况乃受命于民，为国元首，叛国之事实既已昭然，卖国之阴谋行且暴露，此而不讨，则中国其为无人也已。呜呼！国之不存，身将焉托？而立国于今，抑何容易。人方合兆众为一体，日异月新，以改良其政治，稍一凝滞不进，已岌岌焉为人鱼肉是惧。况乃逆流回棹，乃更有帝制自为之举，譬犹熟视父母，宛转属纩而复引刀以诛之，别有肺肠，是孰可忍！

——蔡锷《讨袁通电》

145. 各出所学，各尽所知

各出所学，各尽所知，使国家富强不受外侮，足以自立于地球之上。

——詹天佑[①]《在武汉欧美同学恳亲会上的演说辞》

注释：

①詹天佑（1861—1919）：近代杰出的工程师，中国铁路工程的先驱。字眷诚，原籍安徽婺源县（今属江西），出生于广东南海（今广州）。

146. 奋发振强，励精不已

繄我祖国，以最大之民族，聪明强力，超绝等伦，而沉梦不起，万事堕坏；幸为风潮所激，醒其渴睡，旦夕之间，奋发振强，励精不已，则半事倍功，良非夸嫚。惟夫一群之中，有少数最良之心理能策其群而进之，使最宜之治法适应于吾群，吾群之进步适应于世界，此先知先觉之天职，而吾《民报》所为作也。抑非常革新之学说，其理想输灌于人心而化为常识，则其去实行也近。吾于《民报》之出世觇之。

——孙中山《民报发刊词》

147. 民族之统一

国家之本，在于人民。合汉、满、蒙、回、藏诸地为一国，即合汉、满、蒙、回、藏诸族为一人。是曰民族之统一。

——孙中山《临时大总统宣言书》

148. 论中华民族

我还将民族主义发挥一遍。有人说："清室推翻以后，民族主义可以不要。"这话实在错了。即如我们所住的租界，外国人就要把治外法权来压制中国人，这还是前清造的恶因。现在清室虽不能压制我们，但各国还是要压制的，所以我们还要积极的抵制。我看暹罗在国际上比中国地位还高，所以我们定要积极的将我四万万民族地位抬高起来，发扬光大。

现在说五族共和，实在这五族的名词很不切当。我们国内何止五族呢？我的意思，应该把我们中国所有各民族融成一个中华民族（如美国，本是欧洲许多民族合起来的，现在却只成下［了］美国一个民族，为世界上最有光荣的民族），并且要把中华民族造成很文明的民族，然后民族主义乃为完了。现在实还没有做到，所以我们还是三民主义缺一不可。这是确定不能改易的。所有章程，大家可以商量修改。

——孙中山《修改党章的说明》

149. 民族精神的至关重要

至于中国古时在世界中是处于什么地位呢？中国从前是很强盛很文明的国家，在世界中是头一个强国，所处的地位比现在的列强像英国、美国、法国、日本还要高得多。因为那个时候的中国，是世界中的独强。我们祖宗从前已经达到了那个地位，说到现在还不如殖民地，为什么从前的地位有那么高，到了现在便一落千丈呢？此中最大的原因，我从前已经讲过了，就是由于我们失去了民族的精神，所以国家便一天退步一天。

我们今天要恢复民族的地位，便先要恢复民族的精神。我们想要恢复民族的精神，要有两个条件：第一个条件，是要我们知道现在处于极危险的地位；第二个条件，是我们既然知道了处于很危险的地位，便要善用中国固有的团体，像家族团体和宗族团体，大家联合起来，成一个大国族团体。结成了国族团体，有了四万万人的大力量共同去奋斗，无论我们民族是处于什么地位，都可以恢复起来。所以，能知与合群，便是恢复民族主义的方法。

——孙中山《民族主义·第六讲》

150. 爱国心重者，其国必强

仁之种类，有救世、救人、救国三者，其性质则皆为博爱。

何谓救世？即宗教家之仁，如佛教、如耶稣教，皆以牺牲为主义，救济众生。当佛教初来中国时，辟佛教者颇多，而佛教教徒，乃能始终坚持，以宣传其主义，占有强大势力。耶教亦然，不独前在中国传教者，教堂被毁，教士被害，时有所闻；即在外国，新教亦迭遭反对。然其信徒，则皆置而不顾，仍复毅然为之，到处宣传，不稍退缩。盖其心以为感化众人，乃其本职，因此而死，乃至光荣。此所谓舍身以救世，宗教家之仁也。

何谓救人？即慈善家之仁。此乃以乐善好施为事，如寒者解衣衣之，饥者推食食之，抱定济众宗旨，无所吝惜。居于乡，而乡称仁；居于邑，而邑称仁。此谓舍财以救人，慈善家之仁也。

何谓救国？即志士爱国之仁，与宗教家、慈善家同其心术，而异其目的，专为国家出死力，牺牲生命，在所不计。故爱国心重者，其国必强，反是则弱。试以日本为例，初本弱小，自战胜俄后，乃一跃而与列强并峙，其故安在？即在于日本人之爱国心。爱国心于何见之？当旅顺之役，日本欲封锁海口，阻遏俄兵出路，须炸沉多少船艣，然此为九死一生之事，故日本之司令官，不欲以命令行之，而欲征求诸将士之志愿，有敢死之士数百人即可。而其结果报名者，竟达数千，乃用拈筹之法，以定取舍。传闻当时有筹数雷同之甲乙二人，互争前往，其不得往［者］，竟至蹈海而死，以表决心，由是军心大为感动，日终胜俄。此所谓舍生以救国，志士之仁也。

——孙中山《在桂林对滇赣粤军的演说》

151. 凡国家社会之事，即我分内事

惟鄙人今日对于我潮州诸父老昆弟深有希望者，即能有责任心，而不可生倚赖性。人人对于国家社会，当视为我个人与他人组织而成。凡国家社会之事，即我分内事。有时凡有益于国家社会之事，即牺牲一己之利益，为之而不惜，然后国家社会乃能日臻于进步。且国家之治，原因于地方，深望以后对于地方自治之组织，力为提倡赞助。地方自治之制既日发达，则一省之政治遂于此进步，推之国家亦然。如此做去，将来中国自能日臻强盛，与列强相抗衡于地球上，愿我父老昆弟勉之。

——孙中山《在潮州旅省同乡会欢迎会的演说》

152. 大同之道，治之至也

吾既生乱世，目击苦道，而思有以救之，昧昧我思，其惟行大同太平之道哉！遍观世法，舍大同之道而欲救生人之苦，求其大乐，殆无由也。大同之道，至平也，至公也，至仁也，治之至也，虽有善道，无以加此矣。

——康有为《大同书·甲部·入世界观众苦》

153. 人人平等，天下为公

去国而世界合一之体：削除邦国号域，各建自主州郡而统一于公政府者，若美国、瑞士之制是也。公政府既立，国界日除，君名日去。渐而大地合一，诸国改为州郡，而州郡

统于全地公政府，由公民公举议员及行政官以统之。各地设小政府，略如美、瑞。于是时，无邦国，无帝王，人人相亲，人人平等，天下为公，是谓大同，此联合之太平世之制也。

——康有为《大同书·乙部·去世界合大地》

154. 取日新以图自强，去因循以厉天下

臣闻制科之设，垂二千年，皆以求直言极谏，非校词章也。昔董仲舒、李寻之于汉，张九龄、刘蕡之于唐，苏轼、文天祥之于宋，皆指陈时政，直言得失，上以广人主聪听，下以系天下安危，凡练兵、理财之方，崇俭、课农之法，咸能发明，深有裨益。方今时事艰难，宜明报仇雪耻之风，共图蹈厉发扬之治。寻百度败坏，在于泄沓，有司以奉行故事为贤，对策以楷法颂祷塞责，若不亟变，不可振救。变之之道，在辨取舍，取日新以图自强，去因循以厉天下而已。

——康有为《殿试策》

155. 人人有亡天下之责，人人有救天下之权

故今日当如大败之余，人自为战，救亡之法无他，只有发愤而已。穷途单路，更无歧趋，韩信背水之军，项羽沉舟之战，人人怀此心，只此或有救法耳。然割地失权之事，既忌讳秘密，国家又无法人师丹之油画院，绘败图以激人心；薄海臣民，多有不知者。或依然太平歌舞，晏然无事，尚纷纷求富贵、求保举；或乃日暮途远，倒行而逆施之。孟子曰：国必自伐，然后人伐之。故割地失权之

事，非洋人之来割胁也，亦不敢责在上者之为也，实吾辈甘为之卖地，甘为之输权。若使吾四万万人皆发愤，洋人岂敢正视乎？而乃安然耽乐，从容谈笑，不自奋厉，非吾辈自卖地而何？故鄙人不责在上，而责在下，而责我辈士大夫，责我辈士大夫义愤不振之心。故今日人人有亡天下之责，人人有救天下之权者。

——康有为《京师保国会第一次集会演说》

156. 自强为天行之健，志刚为大君之德

自古非常之事，必待大有为之君。自强为天行之健，志刚为大君之德。《洪范》以弱为六极，大《易》以顺为阴德。《诗》曰："天之方脐，无为夸毗。"

——康有为《上清帝第二书》

157. 中国人的精神

我所指的中国人的精神，是中国人赖以生存之物，是本民族固有的心态、性情和情操。这种民族精神使之有别其他任何民族，特别是有别于现代的欧美人。将我们的论题定为中国式的人（Chinese type of humanity）。或简明扼要地称之为"真正的中国人"，这样或许能更准确地表达我所说的含义。

——辜鸿铭①《中国人的精神》

注释：

①辜鸿铭（1857—1928）：近代学者。号立诚，别署汉滨读易者、读易

老人，晚年自称东西南北老人，原籍福建同安（今属厦门），出生于马来亚槟榔屿。

158. 各国变法，无不从流血而成

君曰："各国变法，无不从流血而成。今中国未闻有因变法而流血者，此国之所以不昌也。有之，请自嗣同始。"

——梁启超《谭嗣同传》

译文：

谭嗣同说："各国变法，没有不经过流血而成功的。现在我国还没有过为变法而流血的，这就是国家不昌盛的原因。如果需要为变法牺牲的，请从我开始"。

159. 男儿志兮天下事，但有进兮不有止

志未酬，志未酬，问君之志几时酬？
志亦无尽量，酬亦无尽时。
世界进步靡有止期，吾之希望亦靡有止期。
众生苦恼不断如乱丝，吾之悲悯亦不断如乱丝。
登高山复有高山，出瀛海更有瀛海。
任龙腾虎跃以度此百年兮，所成就其能几许？
虽成少许，不敢自轻，
不有少许兮，多许奚自生？
但望前途之宏廓而寥远兮，其孰能无感于余情？
吁嗟乎！

男儿志兮天下事，但有进兮不有止，言志已酬便无志。

——梁启超《志未酬》

译文：

志未酬，志未酬，问君报国志向几时酬？
报国志向无尽头，实现志向也无尽时。
世界进步没有止境，我的希望也没有止境。
众生的苦难重叠像乱丝，我的悲愤也重叠像乱丝。
登高山更有高山，出大海更有大海。
若任凭这险恶纷争的社会百年不变呵，又能得到几许成就？
虽有成就少许，不敢飘飘然自轻。
若无少许成就呵，大的成就从何而取？
望前途何等宏廓而遥远啊，谁又能不为我的真诚而动情？
呜呼！
男儿的壮志呵是为天下事，只有前进没有停止，说志已酬便是无志。

160. 结我团体，振我精神

泱泱哉我中华！
最大洲中最大国，廿二行省为一家。
物产腴沃甲大地，天府雄国言非夸。
君不见，英日区区三岛尚崛起，况乃堂斋中华！
结我团体，振我精神，
二十世纪新世界，雄飞宇内畴与伦！
可爱哉我国民！可爱哉我国民！

——梁启超《爱国歌》

译文：

壮阔呵我中华，最大洲中最大国，二十二省为一家。
物产丰土地沃称甲大地，天府雄国绝非自夸。

君不见，英日区区三岛尚能崛起，更何况堂堂皇皇我中华！
结成团体，振奋精神，二十世纪新世界，必将雄飞天下有谁能匹敌。
可爱啊我国民！可爱啊我国民！

161. 凡一国之能立于世界，必有其国民独具之特质

凡一国之能立于世界，必有其国民独具之特质，上自道德法律，下至风俗习惯、文学美术，皆有一种独立之精神。祖父传之，子孙继之，然后群乃结，国乃成。斯实民族主义之根柢源泉也。我同胞能数千年立国于亚洲大陆，必其所具特质，有宏大高尚完美厘然异于群族者，吾人所当保存之而勿失坠也。

——梁启超《新民说》

162. 中国人观念

血缘、语言、信仰，皆为民族成立之有力条件，然断不能以此三者之分野，径指为民族之分野。民族成立之唯一的要素，在“民族意识”之发现与确立。何谓民族意识？谓对他而自觉为我。“彼，日本人；我，中国人。”凡遇一他族而立刻有“我中国人”之一观念浮于其脑际者，此人即中华民族之一员也。

——梁启超《中国历史上民族之研究》

163. 爱国必自兴民权始

国者何？积民而成也。国政者何？民自治其事也。爱国

者何？民自爱其身也。故民权兴则国权立，民权灭则国权亡。为君相者而务压民之权，是之谓自弃其国；为民者而不务各伸其权，是之谓自弃其身。故言爱国必自兴民权始。

——梁启超《爱国论》

164. 少年强则国强

使举国之少年而果为少年也，则吾中国为未来之国，其进步未可量也；使举国之少年而亦为老大也，则吾中国为过去之国，其澌亡可翘足而待也。故今日之责任，不在他人，而全在我少年。少年智则国智，少年富则国富，少年强则国强，少年独立则国独立，少年自由则国自由，少年进步则国进步，少年胜于欧洲，则国胜于欧洲，少年雄于地球，则国雄于地球。红日初升，其道大光；河出伏流，一泻汪洋。潜龙腾渊，鳞爪飞扬；乳虎啸谷，百兽震惶；鹰隼试翼，风尘吸张。奇花初胎，矞矞皇皇；干将发硎，有作其芒。天戴其苍，地履其黄，纵有千古，横有八荒，前途似海，来日方长。美哉我少年中国，与天不老；壮哉我中国少年，与国无疆。

——梁启超《少年中国说》

165. 中华之名词，乃为一文化之族名

中国云者，以中外别地域之远近也；中华云者，以华夷别文化之高下也。即此以言，则中华之名词，不仅非一地域之国名，亦且非一血统之种名，乃为一文化之族名。故《春秋》之义，无论同姓之鲁、卫，异姓之齐、宋，非

种之楚、越，中国可以退为夷狄，夷狄可以进为中国，专以礼教为标准，而无有亲疏之别。其后经数千年，混杂数千百人种，而其称中华如故。以此推之，华之所以为华，以文化言，可决知也。故欲知中华民族为何等民族，则于其民族命名之顷而已含定义于其中。

——章炳麟《中华民国解》

166. 中国的脊梁

我们从古以来，就有埋头苦干的人，有拼命硬干的人，有为民请命的人，有舍身求法的人……虽是等于为帝王将相作家谱的所谓“正史”，也往往掩不住他们的光耀，这就是中国的脊梁。

——鲁迅《中国人失掉自信力了吗》

167. 我以我血荐轩辕

灵台无计逃神矢，风雨如磐闇故园。
寄意寒星荃不察，我以我血荐轩辕。

——鲁迅《自题小像》

译文：

我的心啊，就像被爱神的利箭射中，祖国啊，我对你的爱是这样深沉！风雨如磐，笼罩着祖国大好河山，漫漫长夜，人民挣扎在水深火热之中。

寒星啊，请你把我的一片心意捎回祖国，可惜同胞们仍然不能体察我的衷情。为了拯救我们伟大的中华民族啊，我甘愿献出自己的全部热血和生命！

168. 横眉冷对千夫指，俯首甘为孺子牛

运交华盖欲何求，未敢翻身已碰头。
破帽遮颜过闹市，漏船载酒泛中流。
横眉冷对千夫指，俯首甘为孺子牛。
躲进小楼成一统，管他冬夏与春秋。

——鲁迅《自嘲》

译文：

既然交上了厄运，还能有什么要求？未敢翻身动一动，却已经碰到了头。

我只好把破帽压得低低的穿过闹市，就像漏船行驶急流中，还装载着酒。

我对敌人始终怒目而视，毫不宽宥，而对人民我却甘愿做一头勤劳的牛。

还是躲进小楼吧，那里有个小一统，管他外面寒来暑往是什么样的气候！

169. 度尽劫波兄弟在，相逢一笑泯恩仇

奔霆飞熛歼人子，败井颓垣剩饿鸠。
偶值大心离火宅，终遗高塔念瀛洲。
精禽梦觉仍衔石，斗士诚坚共抗流。
度尽劫波兄弟在，相逢一笑泯恩仇。

——鲁迅《题三义塔》

译文：

无辜的人民惨死在日寇飞机的狂轰滥炸下，井塌墙断废墟中幸存一只饥

饿欲死的信鸽。

偶值好心人将它从战火中救出带回日本，但它终于死去，人民筑起高塔表示哀悼思谒。

鸽子死中复苏必将会像精卫鸟衔石填海，深信中日两国人民同仇敌忾定将逆流阻遏。

总有一天中日兄弟度尽灾难取得最后胜利，到那时将会像兄弟般携手并进引吭高歌。

170. 爱国者的话是最有价值的

爱国者的话是最有价值的。

——鲁迅《论辩的魂灵》

171. 发扬民魂

惟有民魂是值得宝贵的，惟有他发扬起来，中国才有真进步。但是，当此连学界也倒走旧路的时候，怎能轻易地发挥得出来呢？在乌烟瘴气之中，有官之所谓“匪”和民之所谓匪；有官之所谓“民”和民之所谓民；有官以为“匪”而其实是真的国民，有官以为“民”而其实是衙役和马弁。所以貌似“民魂”的，有时仍不免为“官魂”，这是鉴别魂灵者所应该十分注意的。

——鲁迅《学界的三魂》

172. 君子自强，永无意必

夫激荡之会，利于乘时，劲风盘空，轻蓬振翮，故以豪杰称一时者多矣，而品节卓异之士，盖难得一。卢氏曹植甫先生名培元，幼承义方，长怀大愿，秉性宽厚，立行贞明。躬居山曲，设校授徒，专心一志，启迪后进，或有未谛，循循诱之，历久不渝，惠流遐迩。又不泥古，为学日新，作时世之前驱，与童冠而俱迈。爰使旧乡丕变，日见昭明，君子自强，永无意必。而韬光里巷，处之怡然。此岂轮才小慧之徒之所能至哉。中华民国二十有三年秋，年届七十，含和守素，笃行如初。门人敬仰，同心立表，冀彰潜德，亦报师恩云尔。

——鲁迅《河南卢氏曹先生教泽碑文》

173. 人民的爱国之心，实为一国之命脉

人民爱国心之消长，为国运之消长所关。有国于此，其所以组织国家之具，虽莫不备，而国民之爱国心，独无以副之，则一国之元气，不可得而振兴也。彼其国土同，民族同，言语同，习惯同，风俗同，非不足以使人民有休戚相关之感情，而且政府同，法律同，文献传说同，亦非不足以使人民有协同从事之兴会，然苟非有爱国心以为之中坚，则其民可与共安乐，而不可与共患难。事变猝起，不能保其之死而靡他也。故爱国之心，实为一国之命脉，有之，则一切国家之原质，皆可以陶冶于其炉锤之中；无之，则其余皆骈枝也。

——蔡元培《中学修身教科书·国家》

174. 国人无爱国心者，其国恒亡

今之中国，人心散乱，感情智识，两无可言。惟其无

情，故视公共之安危，不关己身之喜戚，是谓之无爱国心。惟其无智，既不知彼，复不知此，是谓之无自觉心。国人无爱国心者，其国恒亡。国人无自觉心者，其国亦殆。二者俱无，国必不国。呜呼！国人其已陷此境界否耶？

爱国心为立国之要素，此欧人之常谈，由日本传之中国者也。中国语言，亦有所谓忠君爱国之说。惟中国人之视国家也，与社稷齐观；斯其释爱国也，与忠君同义。盖以此国家，此社稷，乃吾若祖若宗艰难缔造之大业，传之子孙，所谓得天下是也。若夫人民，惟为缔造者供其牺牲，无丝毫自由权利与幸福焉。此欧洲各国宪政未兴以前之政体，而吾华自古讫［迄］今，未之或改者也。近世欧美人之视国家也，为国人共谋安宁幸福之团体。人民权利，载在宪章，犬马民众，以奉一人，虽有健者，莫敢出此。欧人之视国家，既与邦人大异，则其所谓爱国心者，与华语名同而实不同。欲以爱国诏国人者，不可不首明此义也。

——陈独秀《爱国心与自觉心》

175. 助天下人爱其所爱

吾至爱汝！即此爱汝一念，使吾勇于就死也！吾自遇汝以来，常愿天下有情人都成眷属，然遍地腥云，满街狼犬，称心快意，几家能够？司马青衫，吾不能学太上之忘情也。语云，仁者“老吾老以及人之老，幼吾幼以及人之幼”。吾充吾爱汝之心，助天下人爱其所爱，所以敢先汝而死，不顾汝也。汝体吾此心，于悲啼之余，亦以天下人为念，当亦乐牺牲吾身与汝身之福利，为天下人谋永福也。汝其勿悲！

——林觉民[1]《与妻书》

注释：

①林觉民（1887—1911）：近代民主革命者。字意洞，号抖飞，又号天外生，福建闽侯（今福州）人。

治国理政

1. 穷则变，变则通，通则久

神农氏没，黄帝、尧、舜氏作，通其变，使民不倦，神而化之，使民宜之。易穷则变，变则通，通则久。是以“自天佑之，吉无不利”。

——《周易·系辞下》

译文：

神农氏去世之后，黄帝、尧、舜又先后继之而兴起。他们变通前人的制度，使百姓劳作而不觉得疲倦；用神道设教而感化百姓，使百姓适应而有便利。易的法则，是穷尽了就马上改变，改变了就能够通畅，通畅了就能够长久。所以说“自天佑之，吉无不利”。

2. 无反无侧，王道正直

无偏无陂，遵王之义；无有作好，遵王之道；无有作恶，遵王之路。无偏无党，王道荡荡；无党无偏，王道平平；无反无侧，王道正直。

——《尚书·洪范》

译文：

不要偏私，不要倾邪，而要遵守圣王的法令；不要偏爱，而应遵循圣王的王道；不要为非作歹，而应遵循圣王的正路。没有偏私，没有朋党，圣王的道路是宽广的；没有朋党，没有偏私，圣王的道路是平坦的；不背逆，不倾邪，圣王的道路是正直的。

3. 克勤于邦，克俭于家

洚水儆予，成允成功，惟汝贤；克勤于邦，克俭于家，不自满假，惟汝贤。

——《尚书·大禹谟》

译文：

洪水向我们示警，你能信守诺言，取得治水的成功，只有你贤能；能辛勤地为国家操劳，能节俭于个人生活，不自满自大，只有你贤能。

4. 民惟邦本，本固邦宁

皇祖有训：民可近，不可下。民惟邦本，本固邦宁。

——《尚书·五子之歌》

译文：

伟大的祖先大禹有训诫：民众只可以亲近，不可以疏远。民众是国家的根本，根本坚固国家才安宁。

5. 宾于四门，四门穆穆

慎徽五典，五典克从，纳于百揆，百揆时叙。宾于四门，四门穆穆。

——《尚书·舜典》

译文：

舜真诚善意地履行父义、母慈、兄友、弟恭、子孝这五种伦理道德规范，使人们都能遵循这五种伦理道德规范。尧又命舜总理部落联盟一切政务，各种政务都处理得井井有条。又命舜在明堂门口欢迎觐见的四方部落首领，来朝的宾客都肃然起敬。

6. 德惟善政，政在养民

禹曰："於！帝念哉！德惟善政，政在养民。水、火、金、木、土、谷惟修，正德、利用、厚生惟和。九功惟叙，九叙惟歌。戒之用休，董之用威，劝之以九歌，俾勿坏。”

——《尚书·大禹谟》

译文：

大禹说：“唉！君主您要深思啊！德就是使政治美好，美好的政治在于使百姓生活得好。水、火、金、木、土、谷六府之事要经营好；端正父慈、子孝、兄友、弟恭、夫义、妇听这些德行，发展工作什器、商贸货财利民之用，给百姓衣帛食肉，使他们不饥不寒，这样正德、利用、厚生这三件事配合实行。六府三事这九功应当顺理有序，九功做到顺理有序，百姓就会歌颂君王。以美好的东西来劝诫民众，以威罚来督察民众，用九德之歌来劝勉民众，不要使他们败坏德政。”

7. 九式节财用

以九式均节财用。一曰祭祀之式，二曰宾客之式，三曰丧荒之式，四曰羞服之式，五曰工事之式，六曰币帛之式，七曰刍秣之式，八曰匪颁之式，九曰好用之式。

——《周礼·大宰》①

注释：

①周礼：古代关于政治经济制度的一部著作，是古代儒家主要经典之一。包括天官、地官、春官、夏官、秋官、冬官六篇，故本名《周官》，又称《周官经》。

译文：

用九种法式节约财政开支。第一祭祀按规则去办，所需费用不准超支。第二接待宾客按规定去办，不准铺张浪费。第三大臣办丧事、灾年的救济施与要注意节约。第四君王的膳食、衣服、车马等费用依照定例去办，不准超过。第五建筑殿宇，制造用品不要奢侈，以有用、耐用为好。立法要严，执行要坚决。第六赠送宾客财物要适量，严格按规定办理。第七饲养牛马的粮食要有规定，不准过量。第八分赐群臣钱、物要加以严格限制。第九燕饮所好要有严格规定，不能随便赠送施予。

8. 终身之计，莫如树人

一年之计，莫如树谷；十年之计，莫如树木；终身之计，莫如树人。一树一获者，谷也；一树十获者，木也；一树百获者，人也。我苟种之，如神用之，举事如神，唯王之门。

——《管子·权修》

译文：

一年之计，莫如种谷；十年之计，莫如种树；百年之计，莫如树人。种谷是种一获一之举，种树是种一获十之举，树人是树一获百之举。如果辛勤育才，其效用将十分神奇，而如此神奇的举措，只有王者才能做到。

9. 市者可以知治乱

市者货之准也，是故百货贱则百利不得，百利不得则百事治，百事治则百用节矣。是故事者生于虑，成于务，失于傲。不虑则不生，不务则不成，不傲则不失，故曰：市者可以知治乱，可以知多寡，而不能为多寡。为之有道。

——《管子·乘马》

译文：

市场是物资供求状况的反映，所以各种货物价格低，各行生意就不能获取过多利润；各行生意不能获取过多利润，（弃农经商的人少了，）各项生产事业就能发展；各项生产事业发展了，各方面的供求便会相应平衡。所以，生产事业的发展，开始于审慎的谋虑，成功于辛勤的努力，失败于骄傲和怠惰；没有谋虑就谈不上生产，不努力就不会成功，不骄傲怠惰才不至于失败。所以说，市场可以反映国家的安定或动乱，可以反映生产的产品是否丰富，但它不能决定产品的多少，（懂得上述道理，）就叫掌握了治理国家的原则。

10. 召远在修近，闭祸在除怨

法天合德，象地无亲，参于日月，伍于四时。悦众在爱施，有众在废私，召远在修近，闭祸在除怨。备长在乎任贤，安高在乎同利。

——《管子·版法》

译文：

君主应该效法天，对万物全体施德；模仿地，对万物没有私亲。要做到与日月同级，与四时并列。使众人喜悦决定于爱施俱行，得民众拥护决定于废除私心。要招徕远方的人们，决定于修好国内；要避免祸乱的发生，决定于消除人怨。准备长远大计，在于任用贤人；巩固尊高地位，在于与民同利。

11. 上之人明其道，下之人守其职

论材、量能、谋德而举之，上之道也；专意一心，守职而不劳，下之事也。为人君者，下及宫中之事，则有司不任；为人臣者，上共专于上，则人主失威。是故有道之君，正其德而莅民，而不言智能聪明。智能聪明者，下之职也；所以用智能聪明者，上之道也。上之人明其道，下之人守其职，上下之分不同任，而复合为一体。

——《管子·君臣上》

译文：

评价人才，衡量能力，考虑德行，然后推举任用，这是君主之“道”；专心致志，恪守职分却不自以为劳苦，这是臣下的事。君主向下干预官吏职责内的事务，那么主管官吏就无法负责。臣子向上和君主分享君权，那么君主就会丧失权威。所以，有“道”之君，总是端正自身的德行以统治臣民，而不讲求聪明能干。聪明能干，是对臣下而言的。如何去使用聪明能干的人，才是君主之“道”。君主明白统治之“道”，臣子恪守职分，上下的职分不同，而实际上目的是一致的。

12. 政之所行，在顺民心

政之所行，在顺民心；政之所废，在逆民心。民恶忧劳，我佚乐之；民恶贫贱，我富贵之；民恶危坠，我存安之；民恶灭绝，我生育之。能佚乐之，则民为之忧劳；能富贵之，则民为之贫贱；能存安之，则民为之危坠；能生育之，则民为之灭绝。故刑罚不足以畏其意，杀戮不足以服其心。

——《管子·牧民》

译文：

政令能够推行，是由于它符合老百姓的意愿；政令不能推行，是由于它违背百姓的意愿。百姓厌恶忧劳，君主就应使他们安乐。百姓厌恶贫贱，君主就应使他们富贵。百姓厌恶危患，君主就应使他们安全。百姓厌恶无后，君主就应使他们生育。能使百姓安乐，他们就会为君主承受忧劳。能使百姓富贵，他们就会为君主忍受贫贱。能使百姓安全，他们就会为君主分担危患。能使百姓生育，他们就会为君主尽忠效死。单靠刑罚不足以使百姓畏惧，单靠杀戮不足以使百姓心服。

13. 备长在乎任贤

凡人君所以尊安者，贤佐也。佐贤则君尊、国安、民治，无佐则君卑、国危、民乱。故曰："备长在乎任贤。"

——《管子·版法解》

译文：

一国之君，凡是能保持国家安定及自身尊严者，都是贤才辅佐的缘故。辅佐之臣贤，则国君受人尊敬，国家安定，百姓服从统治。没有贤能的辅佐之臣，则国君被人鄙视，国家有灭亡危险，百姓要起来造反。所以说："国家的长远大计在于任用贤能的人。"

14. 法者以治天下

版法者，法天地之位，像四时之行，以治天下。四时之行，有寒有暑，圣人法之，故有文有武。天地之位，有前有后，有左有右，圣人法之，以建经纪。春生于左，秋杀于右；夏长于前，冬藏于后。生长之事，文也；收藏之事，武也。是故文事在左，武事在右，圣人法之，以行法令，以治事理。凡法事者，操持不可以不正，操持不正则听治不公。听治不公则治不尽理，事不尽应。治不尽理，则疏远微贱者无所告诉；事不尽应，则功利不尽举。功利不尽举则国贫，疏远微贱者无所告诉则下饶。

——《管子·版法解》

译文：

法是按照天地的方位、模拟四季的运行用来治理天下的。四季交替，有寒有暑，圣人效法它，所以有文有武。天地的方位，有前有后，有左有右，圣人效法它，制定治国的方略和制度。春生在左，秋杀在右；夏长在前，冬藏在后。生长的事，属于文，收藏的事，属于武。因此，圣人模仿这些来实行法令，判断事理，文事在左，武事在右。有关法度执行必须公正，不公正则判断不公平，办理案件就不尽合理，这样，那些地位低下的人就无法申冤。办事不当，功利事业发展就不充分。功利不兴办，国家就贫穷，那些贫贱的人无处申冤，民间就会骚乱。

15. 明主度量人力之所能为，而后使焉

明主度量人力之所能为，而后使焉。故令于人之所能为，则令行；使于人之所能为，则事成。乱主不量人力，令于人之所不能为，故其令废；使于人之所不能为，故其事败。夫令出而废，举事而败，此强不能之罪也。故曰："毋强不能。"

——《管子·形势解》

译文：

圣明的君主使用人时，都是先衡量其力所能及，然后再使用。所以，命令人们做力所能及的事情，命令就能行得通；根据人们力所能及去使用人，事情就做得好。不明智的国君与此相反，不衡量人的能力，就命令人们做力所不及的事情，所以命令失效；役使人们做力所不能的事情，所以事业失败了。令出而失效，做事而失败，这都是强加于"力所不及"的过错。所以说："不能从主观愿望出发，强迫人们去做力所不能及的事。"

16. 节欲则民富，中听则民安

景公①问晏子②曰："富民安众难乎？"晏子对曰："易。节欲则民富，中听则民安，行此两者而已矣。"

——《晏子春秋·内篇·问下》③

注释：

①景公：齐景公（？—前490）。齐景公是春秋后期的齐国君主，前547—前490年在位。②晏子：晏婴（？—前500），春秋时齐国的思想家。字仲，谥平，亦称晏平仲，夷维（今山东省高密）人。前后从政56年，声名显于诸侯。③《晏子春秋》：记载晏婴言行的书。一说成书于战国时期，也有人认为是原籍为齐的秦代博士所写。该书采用史料和民间传说编纂而成，其中晏婴劝告君主不要贪于逸乐，要爱护百姓、任用贤能和虚心听取不同意见等统治经验，常为后世所取法。

译文：

（齐）景公问晏子说："使百姓富足，使民众安定，困难吗？"晏子回答说："容易。节制私欲百姓就富足，审判公正民众就安定，做到这两件就行了。"

17. 利于国者爱之，害于国者恶之

昔者三代之兴也，利于国者爱之，害于国者恶之，故明所爱而贤良众，明所恶而邪僻灭，是以天下治平，百姓和集。及其衰也，行安简易，身安逸乐，顺于己者爱之，逆于己者恶之，故明所爱而邪僻繁，明所恶而贤良灭，离散百姓，危覆社稷。

——《晏子春秋·内篇·谏上》

译文：

从前夏、商、周三代之所以兴盛，是因为对国家有利的人就爱他，对国家有害的人就厌恶他，所以明确什么样的人是被喜爱的，贤良的人就增多了，明确什么样的人是被厌恶的，奸邪的人就灭迹了，因此天下大治、政治清平，百姓和睦安定。等到了夏、商、周三代衰败的时候，君主的行为安于简慢轻忽，自身安于放纵享乐，顺从自己的人就喜爱他，违背自己的人就厌恶他，所以明确什么样的人是被喜爱的，奸邪的人就增多了，明确什么样的

人是被厌恶的，贤良的人就灭迹了，这就使百姓流离失散，国家面临灭亡的危险。

18. 居安思危

臣[1]愿君安其乐而思其终也……《书》曰："居安思危。"思则有备，有备无患。敢以此规。

——《左传·襄公十一年》

注释：

①臣：指魏绛。

译文：

身为臣，希望君王既安于这种快乐，而又想到它的终了。《尚书》说："处于安定要想到危险。"想到了就有防备，有了防备就没有祸患。谨以此向君王规劝。

19. 多难兴邦

邻国之难，不可虞也。或多难以固其国，启其疆土；或无难以丧其国，失其守宇。

——《左传·昭公四年》

译文：

邻国的祸难，我们不可以兴灾乐祸。或者是由于多有祸难而巩固了国家，开辟了疆土；或者是由于没有祸难而丧失了国家，失掉了疆土。

20. 君子之道

子谓子产有君子之道四焉：其行己也恭，其事上也敬，其养民也惠，其使民也义。

——《论语·公冶长》

译文：

孔子评论子产，说他有四种行为合于君子之道：他自己的容颜态度庄严恭敬，他对待君上负责认真，他教养人民有恩惠，他役使人民合于道理。

21. 政者，正也

季康子问政于孔子。孔子对曰："政者，正也。子帅以正，孰敢不正？"

——《论语·颜渊》

译文：

季康子向孔子问政治。孔子答道："政字的意思就是端正。您自己带头端正，谁敢不端正呢？"

22. 居之无倦，行之以忠

子张问政。子曰："居之无倦，行之以忠。"

——《论语·颜渊》

译文：

子张问政治。孔子道："在位不要疲倦懈怠，执行政令要忠心。"

23. 道之以德，齐之以礼，有耻且格

子曰："道之以政，齐之以刑，民免而无耻；道之以德，齐之以礼，有耻且格。"

——《论语·为政》

译文：

孔子说："用政令来治理百姓，用刑法来整顿他们，老百姓只求能免于犯罪受惩罚，却没有廉耻之心；用道德引导百姓，用礼制去同化他们，百姓不仅会有羞耻之心，而且有归服之心。"

24. 为政以德

子曰："为政以德，譬如北辰，居其所而众星共之。"

——《论语·为政》

译文：

孔子说："用仁德来施行统治的君主，就像北极星一样，在一定的位置有众多的星星围绕着它。"

25. 礼乐征伐自天子出

天下有道，则礼乐征伐自天子出；天下无道，则礼乐征伐自诸侯出。

——《论语·季氏》

译文：

天下太平，制礼作乐以及出兵都决定于天子。天下昏乱，制礼作乐以及出兵便决定于诸侯。

26. 君子不以言举人，不以人废言

子曰："君子不以言举人，不以人废言。"

——《论语·卫灵公》

译文：

孔子说："君子要全面看一个人，不能只看他的言论好就加以推荐，也不能看到一个人有某些不足，就鄙弃他的好意见。"

27. 不可昵于权，不可隐于私

阳毕曰："夫正国者，不可以昵于权，行权不可以隐于私。昵于权，则民不导；行权隐于私，则政不行。政不行，何以导民？民之不导，亦无君也，则其为昵与隐也，复害矣，且勤身。"

——《国语·晋语八》①

注释：

①《国语》：又称之为《春秋外传》，和作为《春秋内传》的《左传》并列，两书互为表里，互相参证。国别史。二十一篇。相传《国语》的作者为左丘明。

译文：

阳毕说："要想治理国家，不可只靠权柄，行使权力，不可违公偏私。只靠权柄不能引导百姓向善；违公偏私，政事就行不通。政事行不通，怎么引导百姓？百姓都引导不了，也就等于没有君主。所以，只靠权柄、违公偏私，既害国家又劳累君主自身。"

28. 以百姓之心为心

圣人无常心，以百姓之心为心：善者，吾善之；不善者，吾亦善之。德善矣！信者，吾信之；不信者，吾亦信之。德信矣！

圣人在天下，歙歙［焉］为天下浑其心，百姓皆注其耳目，圣人皆孩之。

——《老子·第四十九章》

译文：

有道的圣人没有自己固定的意志，他以老百姓的意志为自己的意志，充分体认百姓的疾苦与需求。善良的人，我就以善良对待他；不善良的人，我也以善良对待他，这样整个时代的品德就归于善良了。诚实的人，我以诚实对待他；不诚实的人，我也以诚实对待他，于是整个时代的品德就归于诚实了。

有道的圣人统治天下，收敛自己的意欲，使人心归于浑沌、纯朴。老百姓都专注于自己的耳目之欲，圣人使他们都回复到婴孩般无知无欲的真纯浑朴状态。

29. 以正治国

以正治国，以奇用兵，以无事取天下。吾何以知其然哉？以此：

夫天下多忌讳，而民弥贫，民多利器，而邦家滋昏；民多智慧，而邪事滋起；法令滋章，而盗贼多有。

是以圣人之言曰："我无为，而民自化；我好静，而民自正；我无事，而民自富；我无欲，而民自朴。"

——《老子·第五十七章》

译文：

用公正的态度治国，以奇巧的战术用兵，用不滋事搅扰的原则取信于天下。我怎么知道应该如此呢？是以如下事实为依据的：

天下的禁令戒律一多，百姓就会陷于贫穷；民间的利器一多，国家就陷于昏乱；百姓的智慧机巧越多，邪恶的事就接连不断，法令越详细明确，盗贼反而更多。

所以圣人说："我'无为'，百姓就会自我教化；我好静，百姓就自行端正；我不无端生事，百姓自会富足；我无所追求，百姓自然淳厚朴实。"

30. 不党父兄

昔者圣王甚尊尚贤而任使能，不党父兄，不偏富贵，不嬖颜色。贤者举而上之，富而贵之，以为官长。不肖者抑而废之，贫而贱之，以为徒役。是以民皆劝其赏，畏其罚，相率而为贤者，以贤者众而不肖者寡，此谓进贤。

——《墨子·尚贤中》

译文：

古代圣王很尊崇贤人，任用能人，对父兄不偏私，不偏袒富贵的人，不宠爱美色。贤能的人被推举出来，给予高位，使他富有而显贵，由他主持官府。对没有本事的人抑制、罢免，使他贫穷而低贱，去受人役使。因此，百姓都会受奖赏激励，并惧怕惩罚，争相做个贤能的人，因此，贤能的人增多而不肖的人减少，这就叫做"进贤"。

31. 治国之要，令民归心于农

圣人知治国之要，故令民归心于农。归心于农，则民朴而可正也，纷纷则易使也，信可以守战也。壹则少诈而重居，壹则可以赏罚进也，壹则可以外用也。

——《商君书·农战》①

注释：

①《商君书》：战国时期商鞅一派法家著作的汇编。又称《商子》。商鞅（约前390—前338），战国时期的政治家、思想家，法家代表人物之一。

译文：

圣人懂得治理国家的要领，所以使人民把心思集中到农业上来。把心思集中到农业上，人民就会朴实而走上正路；大家都纷纷归心于农，就容易管理了，也就确实可以用他们来防守和作战了。专心致力于农战，就会减少欺诈而重视定居；专心致力于农战，就可以用赏罚来促进；专心致力于农战，就可以用他们来对外作战。

32. 以战去战，虽战可也

神农之世，男耕而食，妇织而衣，刑政不用而治，甲兵不起而王。神农既没，以强胜弱，以众暴寡。故黄帝作为君臣上下之义，父子兄弟之礼，夫妇妃匹之合，内行刀锯，外用甲兵，故时变也。由此观之，神农非高于黄帝也，然其名尊者，以适于时也。故以战去战，虽战可也；以杀去杀，虽杀可也；以刑去刑，虽重刑可也。

《商君书·画策》

译文：

神农时期，靠男的耕种土地，靠女的织布穿衣，国家不用刑罚、政令也能治理得很好，不用战争也能为王。神农死后，出现了以强胜弱，以多欺少的情况。所以，黄帝规定了君臣上下之间的等级制度，父子、兄弟之间的礼节，男女之间的婚姻制度；对内使用刑罚，对外进行战争，因为时代变了。由此看来，神农并不比黄帝高明，而他的名望所以崇高，是因为他治理的方法适合当时的需要。所以用战争去制止战争，虽然是战争，也是可以的；用诛杀去制止诛杀，虽然是诛杀，也是可以的；用刑罚去制止刑罚，虽然用的是重刑，也是可以的。

33. 当时而立法，因事而制礼

及至文、武，各当时而立法，因事而制礼。礼、法以时而定；制、令各顺其宜；兵甲器备，各便其用。臣故曰：治世不一道，便国不必法古。

——《商君书·更法》

译文：

等到了周文王、周武王的时候，他们各自针对时势而建立法度，根据社会情况而制定礼制。礼制、法度要根据时势来确定；制度、命令要各自顺应它们的相关事宜；兵器、铠甲、器具、设备，都要有利于它们的使用。我之所以要说：治理社会不必采取同一种方法，为国家谋利益不必效法古代。

34. 圣人不法古，不修今

圣人不法古，不修今。法古则后于时，修今则塞于势。周不法商，夏不法虞，三代异势，而皆可以王。故兴王有道，而持之异理。武王逆取而贵顺。争天下而上让，其取之以力，持之以义。今世强国事兼并，弱国务力守，上不及虞、夏之时，而下不修汤、武，汤、武塞。故万乘莫不战，千乘莫不守。此道之塞久矣，而世主莫之能废也，故三代不四。

——《商君书·开塞》

译文：

圣人不效法古代，不拘守现状。效法古代，就要落后于时代，拘守现状就不能适应形势的发展。周代不效法商代，夏代不效法虞舜，夏商周三代的形势不同，而都可以成就王业。所以取得天下有一定的道理，保持统治却有另一套办法。周武王造反取得政权，却提倡顺从国君；他争得了天下，却崇尚谦让；他夺取政权用暴力，保持政权却用礼义。现在的强国都从事兼并战争，弱国都努力防守，上不如虞、夏，下又不学习汤、武，汤、武那条应时而致强的道路被堵塞了。所以万乘之国没有不在进行战争的，千乘之国没有不在进行守卫的。这条道路的堵塞已经很久了，而当代的国君都没能去打通它，所以没有出现像夏、商、周三代那样的第四个朝代。

35. 苟利国家，不求富贵

儒有内称不辟亲，外举不辟怨；程功积事，推贤而进达之，不望其报，君得其志；苟利国家，不求富贵。其举贤援能有如此者。

——《礼记·儒行》

译文：

儒者推荐人才，只要对方德才兼备能够胜任，对内不避称举亲属，对外不避推举怨家。儒者度量功绩，积累事实，推荐贤能而进达于上，不祈望他们的报答，从而也遂了国君用贤的心愿；只要有利于国家就行，儒者并不通过荐贤而企求富贵。儒者推荐贤能的风格就是这样。

36. 一张一弛，文武之道

张而不弛，文、武弗能也；弛而不张，文、武弗为也；一张一弛，文、武之道也。

——《礼记·杂记下》

译文：

只拉紧弓弦而不放松弓弦，即使是文王和武王也做不到；只放松弓弦而不拉紧，却是文王和武王不会做的；有时拉紧弓弦有时放松，这才是文王、武王治理民众的办法。

37. 七教者，治民之本也

曾子曰："敢问何谓七教？"孔子曰："上敬老，则下益孝；上顺齿，则下益悌；上乐施，则下益谅；上亲贤，则下择友；上好德，则下不隐；上恶贪，则下耻争；上强果，则下廉耻；民皆有别，则政不劳矣：此谓七教。七教者，治民之本也，教定则正矣。上者，民之表也，表正则何物不正。”

——《大戴礼记·主言》

译文：

曾子说：“请问何谓七种教化？”孔子说：“执政者尊敬老人，百姓就越孝敬长者；执政者按长幼封爵，百姓就越顺从兄长；执政者乐善好施，百姓就越忠信诚实；执政者亲近有才能的人，百姓就能择友而交；执政者喜好美德，百姓就心襟坦荡、光明正大；执政者厌恶贪婪，百姓就会以相互争夺为耻；执政者刚强果敢，百姓就会廉洁知耻；百姓这些方面都分别有了楷模，政务就减轻。这叫七种教化。七种教化，是治国安邦的根本，教化常抓不懈，社会风习就能走上正轨了。执政者，是百姓的表率人模，表率端正了，那还会有什么事物不能端正。”

38. 生之者众，食之者寡

是故君子有大道：必忠信以得之，骄泰以失之。生财有大道：生之者众，食之者寡，为之者疾，用之者舒，则财恒足矣。仁者以财发身，不仁者以身发财。未有上好仁而下不好义者也，未有好义其事不终者也，未有府库财非其财者也。

——《礼记·大学》

译文：

所以，做国君的人有正道：必定遵循忠诚信义，以获得天下；若骄奢放纵，便会失去天下。生产财物也有正道：要让生产财物的人多，消费财物的人少；要让生产财物的人勤奋，消费财物的人节俭。这样，国家财富便会经常充足了。仁爱的人散财以提高自身的德行而得民，不仁的人不惜以生命为代价去聚敛财物。没有在上位的人喜爱仁德，而在下位的人却不喜爱忠义的；没有喜爱忠义，而做事却半途而废的；没有国库里的财物不是属于国君的。

39. 天下国家

孟子曰："人有恒言，皆曰'天下国家'。天下之本在国，国之本在家，家之本在身。"

——《孟子·离娄上》

译文：

孟子说："人们经常议论国家大事，都喜欢这样说：'天下国家。'这种现象反映了天下的基础在于国，国的基础在于家，家的基础在于芸芸众生。"

40. 忧民之忧者，民亦忧其忧

齐宣王见孟子于雪宫。王曰："贤者亦有此乐乎？"

孟子对曰："有。人不得，则非其上矣。不得而非其上者，非也；为民上而不与民同乐者，亦非也。乐民之乐者，民亦乐其乐；忧民之忧者，民亦忧其忧。乐以天下，忧以天下，然而不王者，未之有也。"

——《孟子·梁惠王下》

译文：

齐宣王在雪宫里接见孟子。宣王问："有道德的贤人也有这种快乐吗？"

孟子答道："有的。如果他们得不到这种快乐，他们就会埋怨国王了。

得不着这种快乐就埋怨国王的，是不对的。可是作为一国之主有快乐而不同他的百姓一同享受，也是不对的。以百姓的快乐为自己的快乐的，百姓也会以国王的快乐为自己的快乐；以百姓的忧愁为自己的忧愁的，百姓也会以国王的忧愁为自己的忧愁。和天下之人同忧同乐，这样还不能使天下归服于他的，是从来不曾有过的事。”

41. 善政不如善教之得民

孟子曰：“仁言不如仁声之入人深也，善政不如善教之得民也，善政民畏之，善教民爱之，善政得民财，善教得民心。”

——《孟子·尽心上》

译文：

孟子说：“对百姓空口讲仁爱，不如将实惠施于百姓从而获得仁爱的声誉，这样更能使仁爱深入人心。善于施行法度禁令，不如以德礼引导人民。善于施行法度禁令，百姓只是畏惧；善于以德礼引导百姓的，则会受到百姓的爱戴。善于施行法度禁令，只是得到百姓创造的财富；善于以德礼引导百姓，得到的则是百姓的衷心拥护。”

42. 泽及老幼

老吾老，以及人之老；幼吾幼，以及人之幼，天下可运于掌。《诗》云：“刑于寡妻，至于兄弟，以御于家邦。”言举斯心加诸彼而已。故推恩足以保四海，不推恩无以保妻子。古之人所以大过人者，无他焉，善推其所为而已矣。

——《孟子·梁惠王上》

译文：

尊敬自己的父母，并且将这种感情推及到别人的父母身上，爱护自己的儿女，并且将这种感情推及到别人的儿女身上，那么治理天下就可以像在手掌上转动东西一样容易了。《诗经》上说："首先给自己的妻子作出榜样，然后去要求长兄幼弟，这样就可以治理好封邑和邦国。"这是说用这种仁爱的心思推及到别人身上而已。所以能够广施恩德给人民的人就完全可以保有天下，不能够广施恩德给人民的人就连自己的妻子儿女也无法保住。古代圣贤人之所以能够远远超过一般的人，这没有别的原因，只是善于推己及人罢了。

43. 民为贵，社稷次之，君为轻

孟子曰："民为贵，社稷次之，君为轻。是故得乎丘民而为天子，得乎天子为诸侯，得乎诸侯为大夫。诸侯危社稷，则变置。牺牲既成，粢盛既洁，祭祀以时，然而旱干水溢，则变置社稷。"

——《孟子·尽心下》

译文：

孟子说："人民是最重要的，江山国土次于人民，而君主还在其次。因此获得广大人民的拥护就能成为天子，获得天子的信任就能成为诸侯，获得诸侯的信任就能成为大夫。诸侯如果危害国家，那就要更换他。如果祭祀牲畜已齐备，供品祭器又干净，也能按时进行祭祀，但还是旱灾水灾，那么就得更换土谷之神了。"

44. 以德行仁

孟子曰："以力假仁者霸，霸必有大国；以德行仁者王，王不待大，汤以七十里，文王以百里。以力服人者，非心服也，力不赡也；以德服人者，中心悦而诚服也，如七十子之服孔子也。《诗》云‘自西自东，自南自北，无思不服’此之谓也。”

——《孟子·公孙丑上》

译文：

孟子说：“凭借武力、假托仁义的人可以称霸诸侯，称霸必须依靠国力的强大；凭借道德、施行仁义的人可以统一天下，统一天下不必依靠国力的强大——商汤用方圆七十里的土地，周文王用方圆一百里的土地就做到了。凭武力征服人，不能使人心里服气，人们表面服从是因为抵抗的力量不够；用道德说服人，人们才会发自内心地甘愿服从，如同七十多位弟子顺服孔子一般。《诗经》上说‘从东到西，从南到北，没有人不归服。’这就是以德服人所产生的效果。”

45. 凡交近则必相靡以信，远则必忠之以言

仲尼曰：“……丘请复以所闻：凡交，近则必相靡以信，远则必忠之以言。言必或传之。夫传两喜两怒之言，天下之难者也。夫两喜必多溢美之言，两怒必多溢恶之言。凡溢之类妄，妄则其信之也莫，莫则传言者殃。故法言曰：‘传其常情，无传其溢言，则几乎全。’”

——《庄子·人间世》

译文：

孔子说：“……我还要把我听到的告诉你：大凡国与国相交往，邻近的国家要以信用求得安顺，远方的国家要通过语言维系忠信。这语言必须有人来传达，而传达两国国君的喜怒之言，这是天下最难做好的事情。两国国君喜悦时的言辞必然多有溢美之词，两国国君愤怒时的言辞，必然多有溢恶之辞。凡是过分的超出实际的言辞都是不真实的，不真实的东西就没有诚信可言，不诚信的传言就会让使者遭殃。所以格言说：‘要传达真实不妄之言，

不要传达过分不实之言，那么就差不多能够保全自己了。’”

46. 水则载舟，水则覆舟

鲁哀公问于孔子曰：“寡人生于深宫之中，长于妇人之手，寡人未尝知哀也，未尝知忧也，未尝知劳也，未尝知惧也，未尝知危也。”孔子曰：“君之所问，圣君之问也。……丘闻之，君者，舟也；庶人者，水也。水则载舟，水则覆舟，君以此思危，则危将焉而不至矣！”

——《荀子·哀公》

译文：

鲁哀公问孔子说：“我出生在后宫之中，在妇人的哺育下长大，我从来不知道什么是悲哀，从来不知道什么是忧愁，从来不知道什么是劳苦，从来不知道什么是恐惧，从来不知道什么是危险。”孔子说：“您所问的，是圣明的君主所问的问题。……我听说过这样的话：‘君主，好比船；百姓，好比水。水能载船，水能翻船。’您从这个方面来想想危险，那么危险感哪会不到来呢？”

47. 公生明，偏生暗

公生明，偏生暗；端悫生通，诈伪生塞；诚信生神，夸诞生惑。此六生者，君子慎之，而禹、桀所以分也。

——《荀子·不苟》

译文：

公平正直就能产生光明，偏私就会产生黑暗。端庄忠诚，产生通达；诈伪，产生蔽塞；诚信，产生通神；矜夸妄诞，产生混乱。对于上述六种“产生”，君子们是非常谨慎对待的。夏禹和夏桀的好坏贤愚也就由此而区分。

48. 天下有余，上不忧不足

上好功则国贫，上好利则国贫，士大夫众则国贫，工商众则国贫，无制数度量则国贫。下贫则上贫，下富则上富。故田野县鄙者，财之本也；垣窌仓廪者，财之末也。百姓时和，事业得叙者，货之源也；等赋府库者，货之流也。故明主必谨养其和，节其流，开其源，而时斟酌焉。潢然使天下必有余，而上不忧不足，如是，则上下俱富，交无所藏之，是知国计之极也。故禹十年水，汤七年旱，而天下无菜色者，十年之后，年谷复熟，而陈积有余，是无它故焉，知本末源流之谓也。故田野荒而仓廪实，百姓虚而府库满，夫是之谓国蹶。伐其本，竭其源，而并之其末，然而主相不知恶也，则其倾覆灭亡可立而待也。以国持之而不足以容其身，夫是之谓至贪，是愚主之极也。将以求富而丧其国，将以求利而危其身，古有万国，今有十数焉，是无它故焉，其所以失之一也。君人者，亦可以觉矣。

——《荀子·富国》

译文：

君主喜功，国就贫；君主好利，国就贫；士大夫众多，国就贫；从事工商业者众多，国就贫；耗费东西没有一定之规，国就贫。百姓贫，君上也贫；百姓富，君上也富。因此，田野乡村是财货之本；府库仓廪是财货之末。百姓顺应天时，安排好生产，这是财货之源；君主按照等级征收赋税和贮藏于府库，这是财货之流。因此，明主应该谨慎地保持天时和顺，节流开源，并经常斟酌调节，使财富像流水一样地产生，让天下人都富裕，君主也就不愁财货不足了。这样一来，君主和臣民都富足了，彼此的财物多到没有贮藏的地方，这是最懂得治国大计的。所以，禹虽遭十年水灾，汤虽遭七年旱灾，而天下没有饿得面如菜色的人。过了十年以后，每年的谷物一再成熟，使旧谷的积累年年有余。这不是别的缘故，是因为他们认识到了本末、源流的关系。如果田野荒芜，君主的仓廪反而充实，百姓空虚，君主的府库反而满盈，这就叫做国家倾覆。因为，这样是断绝了积财的根本，枯竭了财富的泉源，国家竭力搜刮人民的资财，而君主和丞相还不知道事情的严重性，那么，这个国家的倾覆灭亡就为时不远了。用整个国家来供养他，结果还落得个国破身亡，这就是因为贪心到了极点，这是最愚蠢的君主。本来想要追求富贵，却丧失了国家；本来想要追求私利，却毁掉了自己。古代有上万个国家，现今只剩下了十几个，他们丧失国家的原因都是一个，即君主贪婪。那些做君主的也应当觉悟了。

49. 王者之论

王者之论，无德不贵，无能不官，无功不赏，无罪不罚。朝无幸位，民无幸生。尚贤使能，而等位不遗；折愿禁悍，而刑罚不过。百姓晓然皆知夫为善于家而取赏于朝也，为不善于幽而蒙刑于显也。夫是之谓定论，是王者之论也。

——《荀子·王制》

译文：

王者的用人方略是：不使没有德操的人得到尊宠，不让没有才能的人做官，不赏赐没有功绩的人，不无故处罚没有罪过的人。朝廷没有靠侥幸得到的官职，民间也没有游手好闲而侥幸生存的。尊崇贤德，任用贤能，按等级量才授职，不使遗漏。运用刑罚制裁奸佞、禁止凶悍，不出现过失。让百姓都知道，即使在家里做善事也能受到朝廷赏赐，即使在暗处做坏事也将受到公开处罚。这就叫做定论，即王者对臣民的管理制度。

50. 王者之法

王者之法，等赋，政事，财万物，所以养万民也。田野什一，关市几而不征，山林泽梁，以时禁发而不税。相地而衰征，理道之远近而致贡，通流财物粟米，无有滞留，使相归移也。四海之内若一家，故近者不隐其能，远者不疾其劳，无幽闲隐僻之国，莫不趋使而安乐之。夫是之谓人师，是王者之法也。

——《荀子·王制》

译文：

王者的治国之道是，按等级定赋税，正确处理民事，治理好事物，是为了供养万民。粮食税按田亩征收十分之一，在关口和市场只是盘查奸商而不收税，到林中伐木、到湖泊渔场中捕鱼，按时禁闭和按时开放而不收税。根据土地的好坏收税，按照道路的远近来规定进献贡物的多少，使钱财货物粮食流通，没有积压，使各地能互通有无。四海之内如同一家人，所以近处的人不隐瞒他的才能，远处的人不抱怨他的劳苦，虽远隔偏僻的国家，没有一个不安心愉快地听从王的驱使。这就叫做人们的榜样，这就是王者的财政经济制度。

51. 立君为民

天之生民，非为君也；天之立君，以为民也。

——《荀子·大略》

译文：

上天生养人民，不是为了君主；上天立君治国，则是为了人民。

52. 积微，月不胜日，时不胜月，岁不胜时

积微，月不胜日，时不胜月，岁不胜时。凡人好敖慢小事，大事至然后兴之务之，如是则常不胜夫敦比于小事者

矣。是何也？则小事之至也数，其县日也博，其为积也大。大事之至也希，其县日也浅，其为积也小。故善日者王，善时者霸，补漏者危，大荒者亡。故王者敬日，霸者敬时，仅存之国危而后戚之，亡国至亡而后知亡，至死而后知死，亡国之祸败不可胜悔也。霸者之善箸焉，可以时托也；王者之功名，不可胜日志也。财物货宝以大为重，政教功名反是，能积微者速成。《诗》曰："德輶如毛，民鲜克举之。"此之谓也。

——《荀子·强国》

译文：

积累微小，它的成效，每月积累比不上每日积累，每季积累比不上每月积累，每年积累比不上每季积累。一般人们爱忽视小事，大事一到才去努力兴办，这样就常常赶不上那些致力于小事的人。为什么呢？就是因为小事来得频繁，处理的时间也就多，它积在一起的时间也就大了。大的事到来的少，处理的时间也少，它积在一起的时间也小。所以爱惜一天光阴的为王天下，爱惜一季光阴的称霸于诸侯，等出了漏洞再去补救的，就已处于危难。事事荒废，不惜光阴，就必然灭亡。所以王者重视一天的光阴，霸者重视一季的光阴，勉强维持的国家，危殆之后才知道忧愁，灭亡的国家只有到灭亡时才知道灭亡，到了死的时候才知道死，亡国的失败祸患，是悔不胜悔的。霸者所做的好事是明显的，它可以以季度来记录，王者的功名，却是每天也记不完的。财物货宝是以巨大为贵重，可是政教功名却相反，凡是能积累微小的，才可以迅速成功。《诗经》说："道德似乎轻如羽毛，但百姓们却很少能把它高高举起来。"说的就是这个意思。

53. 国者，天下之利用也

国者，天下之利用也；人主者，天下之利势也。得道以持之，则大安也，大荣也，积美之源也；不得道以持之，则大危也，大累也，有之不如无之。及其綦也，索为匹夫不可得也，齐湣、宋献[1]是也。故人主天下之利势也，然而不能自安也，安之者必将道也。

——《荀子·王霸》

注释：

①齐湣：即齐湣王，战国时齐国国君。被燕、赵、韩、魏、秦等国打败，死于莒（今山东莒县）。宋献："献"当做"康"。宋康王，战国时宋国国君。被齐湣王打败，死于温（今河南温县）。

译文：

国家是天下最有力的工具，君主处于天下最有权势的地位。用正道去管理国家，国家才能安定繁荣。可见，实行正道是富国强兵的根本。不以正道治国，势必造成大动乱、大祸害，有权反不如无权。祸乱达到极点，想做个普通百姓也不可能了，齐湣王、宋康王就是如此。所以君主虽处于天下最有权势的地位，天下却不会自行安定。要使天下安定，必须以正道治国。

54. 明主之道，必明于公私之分

明主之道，必明于公私之分，明法制，去私恩。夫令必行，禁必止，人主之公义也；必行其私，信于朋友，不可为赏劝，不可为罚沮，人臣之私义也。私义行则乱，公义行则治，故公私有分。人臣有私心、有公义：修身洁白，而行公行正，居官无私，人臣之公义也；汙行从欲，安身利家，人臣之私心也。

——《韩非子·饰邪》

译文：

做明君的原则，一定要明白公私的区别，彰明法制，舍弃私人恩惠。有令必行，有禁必止，是君主的公义；一定要实现自己的私利，在朋友中取得信任，不能用赏赐鼓励，不能用刑罚阻止，是臣子的私义。私义风行国家就会混乱，公义风行国家就会平安，所以公私是有区别的。臣子有私心，有公义。修身廉洁而办事公正，做官无私，是臣子的公义；玷污品行而放纵私欲，安身利家，是臣子的私心。

55. 安术有七，危道有六

安术有七，危道有六。安术：一曰赏罚随是非，二曰祸福随善恶，三曰死生随法度，四曰有贤不肖而无爱恶，五曰有愚智而无非誉，六曰有尺寸而无意度，七曰有信而无诈。危道：一曰斫削于绳之内，二曰断割于法之外，三曰利人之所害，四曰乐人之所祸，五曰危人于所安，六曰所爱不亲、所恶不疏。如此，则人失其所以乐生，而忘其所以重死。人不乐生，则人主不尊；不重死，则令不行也。

——《韩非子·安危》

译文：

使国家安定的方法有七种，使国家危乱的途径有六种。安定的方法：一是赏罚根据是非；二是福祸根据善恶；三是生死根据法律；四是人贤和不贤是实际存在的，而不能根据个人的好恶进行判断；五是愚和智是客观存在的，而不能根据别人的诽谤或赞美来确定；六是衡量事物有客观标准而不凭主观猜想；七是守信用而不欺诈。危乱的途径：一是砍削木材偏到准线以内，即循私枉法；二是任意裁决，不依据法令；三是用别人的祸害谋划；四是用别人的灾祸取乐；五是危害别人的平安生活；六是喜欢的人不亲近，厌恶的人不疏远。如果这样，人们就失去了乐于生存的前提，失去了害怕死亡的条件。人们不乐于生存，君主就受不到尊重；不害怕死亡，法令就不能实行。

56. 旧法不可取

上胡不法先王之法？非不贤也，为其不可得而法。先王之法，经乎上世而来者也，人或益之，人或损之，胡可得而法？虽人弗损益，犹若不可得而法。东夏之命，古今之法，言异而典殊。故古之命多不通乎今之言者，今之法多不合乎古之法者。

——（秦）吕不韦[①]《吕氏春秋·察今》[②]

注释：

①吕不韦（？—前235）：战国末年散文家、政治家、杂家代表人物。卫国濮阳（今属河南）人。②《吕氏春秋》：又称《吕览》。战国末期秦相国吕不韦组织其门客编写的论文集。

译文：

当今的君主为什么不效法古代帝王的法令制度呢？古代帝王的法制不是不好，而是不能完全效法。古代帝王的法制是经过前代流传下来的，在流传过程中有人对它进行增补，有人作了一些删改，怎么能原原本本地效法呢？即使它没有被删改、增补，也不能完全效法。古代和现代的法令制度，说法不一样，典籍中的记载也不同。由于古代的法令制度和现代的情势有许多不相适应的地方，所以现代的法令制度和古代的法令制度在很多地方也不相吻合。

57. 天下非一人之天下

昔先圣王之治天下也，必先公。公则天下平矣。平得于公。尝试观于上志，有得天下者众矣，其得之以公，其失之必以偏。凡主之立也，生于公。……天下非一人之天下也，天下之天下也。阴阳之和，不长一类；甘露时雨，不私一物；万民之主，不阿一人。

——（秦）吕不韦《吕氏春秋·贵公》

译文：

古代圣王治理天下，是把公正放在首位。公正才能治理好天下，天下得到治理正是由于公正。试看看古代的记载，取得天下的人够多的了，他们取得天下是由于公正，他们失掉天下必定由于偏私。大凡君主的确立，都是出于公正。……天下不是哪一个人的天下，是天下人的天下。阴阳调和，不只是养育一种东西；甘露和时雨，不只是润泽一种物类；万民的君主，不应该偏袒一人。

58. 求贤以德，致圣以道

夫能扶天下之危者，则据天下之安；能除天下之忧者，则享天下之乐；能救天下之祸者，则获天下之福。故泽及于民，则贤人归之；泽及昆虫，则圣人归之。贤人所归，则其国强；圣人所归，则六合同。求贤以德，致圣以道。贤去，则国微；圣去，则国乖。微者危之阶，乖者亡之征。

——（秦）黄石公[1]《黄石公三略·下略》[2]

注释：

①黄石公（约前292—前195）：又名夏黄公，姓崔名广，字少通，齐国（今山东淄博）人。因避秦时苟政暴虐，曾隐居湖北谷城黄石山，世称黄石公，后又在太湖夏黄修道，故曰夏黄公，简称“黄公”。②《黄石公三略》：中国古代一部侧重于从政治策略上阐明治国用兵道理的著名兵书。

译文：

能挽救天下于危亡的人，就能得到天下的安定；能为天下人消除忧患的人，就能享受天下的快乐；能拯救天下人免除灾祸的，就能获得天下的幸福。所以恩泽施及百姓者，贤人就会归附他；恩泽施及万物者，圣人就会归附他。贤人前来归附，国家就会日益强大；圣人前来归附，天下就会统一。求贤要靠崇高的品德，招致圣人要靠道。失去贤人国家就会衰弱；失去圣人国家就会陷于混乱。衰弱是通向危险的台阶，混乱是亡国的征兆。

59. 民为本

闻之于政也，民无不为本也。国以为本，君以为本，吏以为本。故国以民为安危，君以民为威侮，吏以民为贵贱。此之谓民无不为本也。闻之于政也，民无不为命也。国以为命，君以为命，吏以为命。故国以民为存亡，君以民为盲明，吏以民为贤不肖。此之谓民无不为命也。闻之于政也，民无不为功也。故国以为功，君以为功，吏以为功。国以民为兴坏，君以民为强弱，吏以民为能不能。此之谓民无不为功也。闻之于政也，民无不为力也。故国以为力，君以为力，吏以为力。故夫战之胜也，民欲胜也；攻之得也，民欲得也；守之存也，民欲存也。

——（西汉）贾谊《新书·大政上》

译文：

国家的各项政事，没有一项不把百姓当作根本。国家把百姓当作根本，君主把百姓当作根本，官吏把百姓当作根本。所以，国家的安危取决于百姓，君主的威严或受人轻视取决于百姓，官吏的受人尊重或受人鄙视取决于百姓。这就叫做百姓没有不被当作根本的。其次，国家的各项政事，没有一项不把百姓当作命脉的。国家把百姓当作命脉，君主把百姓当作命脉，官吏把百姓当作命脉。所以，国家的兴亡成败由百姓来决定，君主的昏暗与贤明由百姓来决定，官吏的好与坏由百姓来决定。这就叫做百姓没有不被当作命脉的。第三，国家的各项政事，没有不依靠百姓而能作出贡献的。所以国家依靠百姓才能兴旺，君主依靠百姓才能成就功业，官吏依靠百姓才能做出政绩。国家的兴盛和衰败取决于百姓，君主的强大和虚弱取决于百姓，官吏的称职与不称职取决于百姓。这就叫做没有不依靠百姓而能作出贡献的。第四，国家的各项政事，没有不把百姓当做最根本的力量的。国家把百姓当做根本的力量，君主把百姓当做根本的力量，官吏把百姓当作根本的力量。所以，战争取得胜利，是百姓想要取得胜利；进攻能够得到敌方的城池和土地，是百姓想要得到敌人的城池和土地；敌人攻来，能够守住国土和城池，是百姓想要守住而不被攻破。

60. 君功见于选吏，吏功见于治民

故君功见于选吏，吏功见于治民。故劝之其上者由其下，而上睹矣，此道之谓也。故治国家者，行道之谓，国家必宁；信道而不为，国家必空。故政不可不慎也，而吏不可不选也，而道不可离也。

——（西汉）贾谊《新书·大政下》

译文：

君主的功绩表现在选用官吏，官吏的功绩表现在对百姓的管理。因此，由下面的状况就可观察到上面的情形，并且一直可考察到君主的明暗，这就是所谓的治国之道。治理国家的人，能奉行这种治国之道，国家就得安宁；然而只是了解这一治国之道而不去付诸实施，国家仍然贫困。因此政事不可不慎重，不可不审慎选用官吏，时刻不要背离治国之道。

61. 法与时变，礼与俗化

治国有常，而利民为本。政教有经，而令行为上。苟利于民，不必法古；苟周于事，不必循旧。夫夏商之衰也，不变法而亡；三代之起也，不相袭而王。故圣人法与时变，礼与俗化，衣服器械各便其用；法度、制令各因其宜。故变古未可非，而循俗未足多也，百川异源，而皆归于海；百家殊业，而皆务于治。

——（西汉）刘安《淮南子·氾论训》

译文：

治国有规律可循，这就是以有利于民众为根本。教化也有原则，这就是以政令能够顺利推行最为重要。如果确实有利于民众，不必一定要效法古代；如果合乎事物发展的规律，不必一定要因循往古。试看夏桀、商纣，其国运衰败，王朝更替，都是因不变法而灭亡；禹、汤、文武这三代君王国运兴隆，并未互相沿袭，然而都得以称王于天下。因此圣人之法随时代而变更，圣人之礼仪制度也随习俗而变化，衣服、器械的制作都是为了使用的方便，法律、条令的制订，都能够因事制宜。所以，改变古法不可非维难，而固循时俗不值得称赞。众多的河流，其源头各不相同，然而最终都注入大海；百家的学说不同、主张各异，但如何治理好国家，则是他们共同的目的。

62. 人视水见形，视民知治不

汤曰："予有言：人视水见形，视民知治不。"伊尹曰："明哉！言能听，道乃进。君国子民，为善者皆在王官。勉哉，勉哉！"

——（西汉）司马迁《史记·殷本纪》

译文：

（汤说："我有一句话：人从水中能看到自己的形象，观察人民就能知道治理得好不好。"伊尹说："真明智啊！能听别人的话，治国的道理才有人向你说。君临国家，视民如子，为善的人就都来任职了。努力啊，努力啊！"

63. 盖有非常之功，必待非常之人

诏曰："盖有非常之功，必待非常之人，故马或奔踶而致千里，士或有负俗之累而立功名。夫泛驾之马，跅弛之

士，亦在御之而已。其令州郡察吏民有茂才异等可为将相及使绝国者。”

——（东汉）班固《汉书·武帝纪》

译文：

（为了加快选拔各种人才，汉武帝刘彻于元封五年（前106）冬，颁布）诏书说：“要建立异乎寻常的功业，就必须依靠异乎寻常的人才。有的马常踢人，但却能驰骋千里；有的人常遭世俗的讥讽和排挤，但却能建功立业。那些性子刚烈、不走车辙造成翻车的骏马；那些怀才而又放纵不羁的人，就看你如何驾驭他们、使用他们了。因此，现责令各州郡长官，要在自己所管辖区域内的大小官吏和普通百姓中，加紧寻查有奇异本领，能担任将军、丞相和出使他国的人，迅速推荐上来。”

64. 国之所存者，礼义也

国之所存者，礼义也。民无礼义，倾国危主。今儒者之操，重礼爱义，率无礼之士，激无义之人，人民为善，爱其主上，此亦有益也。

——（东汉）王充①《论衡·非韩》②

注释：

①王充（27—约97）：东汉著名的朴素唯物主义思想家。字仲任，会稽上虞（今浙江上虞）人。②《论衡》：东汉哲学家王充写作的唯物主义无神论的主要著作。始作于永和二年（59），历时30年完成。有八十五篇，实存八十四篇，佚失《时名致》一篇。

译文：

国家之所以能够存在的根本在于礼义。老百姓不修礼义，就会倾覆社稷，危害君主。当今儒生的职责应是重礼爱义，教导不讲礼仪的人们，规劝那些不讲信义的人，使百姓一心向善，爱戴他们的君王，这样做是有益处的。

65. 知政失者在草野

知屋漏者在宇下，知政失者在草野，知经误者在诸子。

——（东汉）王充《论衡·书解》

译文：

知道房屋漏雨的人在房屋下，知道政治有失误的人在民间，知道经书错误的人在诸子。

66. 存亡之本，治乱之机，在于明选

夫天者，国之基也；君者，民之统也；臣者，治之材也。工欲善其事，必先利其器。是故将治太平者，必先调阴阳；调阴阳者，必先顺天心；顺天心者，必先安其人；安其人者，必先审择其人。是故国家存亡之本，治乱之机，在于明选而已矣。

——（东汉）王符[①]《潜夫论·本政》[②]

注释：

①王符（约85—162），东汉后期进步思想家。字节信，约生于和、安之际，卒于桓、灵之间，安定临泾（今甘肃镇原县）人。少年好学，性情“耿介不同于俗”，隐居著书，终身不仕。②《潜夫论》：《潜夫论》十卷，三十六篇，大都是对汉末社会、政治、风俗等腐朽黑暗情况的揭露和批评。

译文：

百姓是国家的基础，君主是百姓的统帅，臣子是治国的人才。工匠要想做出精美的器物，一定要先将工具磨锋利。所以国家要治成太平盛世，必须先调和阴阳，即处理好各方面的关系；而要调和阴阳，要首先顺应民心；要顺应民心，必须先使百姓安居乐业；要想百姓安居乐业，必须先选拔人才。

所以国家存亡的根本条件、治乱的关键，在于选用称职的人才。

67. 治国之道，圆不失规，方不失矩

治国者，圆不失规，方不失矩，本不失末，为政不失其道，万事可成，其功可保。……先理纲，后理纪；先理令，后理罚；先理近，后理远；先理内，后理外；先理本，后理末；先理强，后理弱；先理大，后理小；先理上，后理下；先理身，后理人。是以理纲则纪张，理令则罚行，理近则远安，理内则外端，理本则末通，理强则弱深，理大则小行，理上则下正，理身则人敬。此乃治国之道也。

——（三国蜀汉）诸葛亮《便宜十六策·治乱》[①]

注释：

①《便宜十六策》：三国时期杰出的政治家和军事家诸葛亮著的一部重要兵法书。主要论述治国治军之道，全文分为十六个部分，所以称“十六策”。

译文：

所以治理国家的人，就好像画圆不能不用圆规，画方不能不用矩，治理本业不能不治末业。主持政治不能放弃原则，那么各种事业都能做成功，各种功业也能保持长久。（三军的祸乱，纷纷扰扰，要考虑各种各样的治理办法。如果是英明的君主整顿纲纪政治，应当有先有后，）先整顿三纲，然后整顿六纪；先申明法令，然后执行处罚；先治理距离自己比较近的，然后治理距离自己比较远的；先整顿内部实质的部分，然后治理表面上的事务；先治理根本，然后治理其他小节；先整顿实力强大的部分，然后治理弱小的部分；先治理大的方面，然后治理小的方面，先治理上级官吏，然后治理下级官吏；先要把自己的各方面处理好了，然后才能去整治别人。所以三纲得到整顿，六纪自然光大；法令得到了申明，处罚就可实行；治理好了靠近自己的地区，那么边远的地方就会安定；内部实质得到了整顿，外表必然也会端

正；根本得到了治理，那么其他小节整顿起来就没有阻碍；实力强大的部分治理好了，治理弱小的部分就很轻松；大的方面得到了治理，那么小的方面治理起来就会很顺利；对上级官员整治好了，那么下级官员就能正派；处理好了自身，别人就会敬佩你，以上这些，都是治理国家的道理。

68. 治国犹于治身

夫治国犹于治身，治身之道，务在养神，治国之道，务在举贤。是以养神求生，举贤求安。……若夫国危不治，民不安居，此失贤之过也。夫失贤而不危，得贤而不安，未之有也。

——（三国蜀汉）诸葛亮《便宜十六策·举措》

译文：

治国的道理就像一个人的修身，修身的关键是保持一个良好的精神状态，治理国家的关键是任用贤能。用养神求得生存，用举荐贤能而求得国家的安定。……国家之所以危险不安，百姓无法安居乐业，是因为失去了贤士的效忠。历史上从未出现过一国失去贤士却不陷于危急，得到贤士却陷于不安的状况。

69. 知人之道有七

夫知人之性，莫难察焉。美恶既殊，情貌不一，有温良而为诈者，有外恭而内欺者，有外勇而内怯者，有尽力而不忠者。然知人之道有七焉：一曰，间之以是非而观其志；二曰，穷之以辞辩而观其变；三曰，咨之以计谋而观其识；四曰，告之以祸难而观其勇；五曰，醉之以酒而观其性；六曰，临之以利而观其廉；七曰，期之以事而观其信。

——（三国蜀汉）诸葛亮《将苑》

译文：

一个人的品性是最难考察的。人们品德的好坏，既有天壤之别，而且有些人又往往表里不一致。有的人看似温良，其实善于伪装；有的人外表似乎恭谨，其实奸诈成性；有的人外表看似勇敢，其实内心怯懦；有的人看似尽心尽力，其实并不忠于职守。然而也有七种方法，可以考察人的品性：一是在是非面前看他的取舍，考察其志向；二是同他进行深入的辩论，考察其随机应变的能力；三是向他咨询计谋，考察他的见识；四是告诉他大难即将临头，考察其是否勇敢；五是用酒将他灌醉，考察其性格；六是面临利禄，考察其是否廉洁；七是提出完成任务期限，考察其是否守信用。

70. 顺应人心，战无不胜

夫因人之势以伐恶，则黄帝不能与争威矣。因人之力以决胜，则汤、武不能与争功矣。若能审因而加之威胜，则万夫之雄将可图，四海之英豪受制矣。

——（三国蜀汉）诸葛亮《将苑》

译文：

（治国者必须审时度势，顺应人心。）如果顺应人心所向之势去讨伐邪恶，那么黄帝也不能与你争夺威势。如果凭借人民的力量与敌人决一胜负，那么商汤、周武王也不能和你争夺功绩。如果能审视人心、人力而用武力去征伐敌人，那么，即使有万人之勇的猛将，也可以谋取，天下的英雄豪杰都会归服于你。

71. 选明达法理者，使持典刑

夫刑，百姓之命也。而军中典狱者或非其人，而任以三军死生之事，吾甚惧之。其选明达法理者，使持典刑。

——（西晋）陈寿《三国志·魏书·武帝纪》

译文：

（东汉建安十九年（214），曹操在关于军队中挑选掌管刑律的官吏的命令中说：）刑律关系到百姓的生死存亡，军中担任典狱职务者有的并不称职，把关系三军生死的大事交给他们去负责处理，我非常担心。所以必须挑选精通法理的人，主持刑律执行的工作。

72. 治国有二柄，一曰赏，二曰罚

治国有二柄，一曰赏，二曰罚。赏者，政之大德也；罚者，政之大威也。人所以畏天地者，以其能生而杀之也。为治审持二柄，能使杀生不妄，则其威德与天地并矣。

——（西晋）傅玄[1]《傅子·治体》[2]

注释：

①傅玄（217—278）：西晋初年文学家、思想家。字休奕，北地泥阳（今陕西耀县南）人。曾任西晋御史中丞、司隶校尉等监察官吏，敢于“奏劾”，“贵游慑伏”。②《傅子》：傅玄著有《傅子》一百二十卷，已散佚，今有辑本四卷。

译文：

治理国家有两个权柄，一个叫做赏，一个叫做罚。赏是政权的最大恩德，罚则是政权所具有的最大威慑。人之所以敬畏天地，是因为天地能使万物生长，也能使万物死亡。统治国家，审慎地掌握好赏罚之权，能够不胡乱生杀，那么，国君的恩威就将能与天地同辉了。

73. 天下不乏贤才

夫圣人者不世而出也，贤能之士何世无之。何以知其

然？舜兴而五臣显，武王兴而九贤进。齐桓之霸，管仲为之谋。秦孝之强，商君佐之以法。欲王则王佐至，欲霸则霸臣出，欲富国强兵，则富国强兵之人往。求无不得，唱无不和；是以知天下之不乏贤也。顾求与不求耳，何忧天下之无人哉。

——（西晋）傅玄《傅子·举贤》

译文：

品德高尚的圣人，并不是任何时代都会出现，但有才有德的贤能之士，哪个时代都有。何以知道一定这样？舜即帝位有五位大臣崭露头角；周武王兴国有九位贤臣来到朝廷。齐桓公称霸诸侯，有管仲为他出谋划策。秦孝公时，秦国的日趋强盛，是有实施变法的商鞅为其辅佐。想要称王就有辅佐王业的大臣来临；想要称霸就有辅佐霸业的大臣挺身而出；想要富国强兵，就会有富国强兵之人前往献策。只要刻意访求，就不会得不到贤才；只要振臂高呼，就不会无人响应；所以知道天下并不乏贤才。只是看你是不是刻意访求，何必担心天下没有贤才呢！

74. 招贤用才者，人主之要务也

舍轻艘而涉无涯者，不见其必济也；无良辅而羡隆平者，未闻其有成也。鸿鸾之凌虚者，六翮之力也；渊虬之天飞者，云雾之偕也。故招贤用才者，人主之要务也；立功立事者，髦俊之所思也。若乃乐治定而忽智士者，何异欲致远途而弃骐䮍哉！

——（东晋）葛洪《抱朴子·贵贤》

译文：

没有舟船，不可能横渡无边的大海；没有良臣辅佐，要想天下太平、国家繁荣昌盛，也是从没有过的事。鸿雁、鸾凤能在天空翱翔，靠的是强而有力的翅膀；深渊里的虬龙能飞上天空，是凭借了云雾的力量。所以作为一国的君主，最主要的任务是招贤用才；况且建功立业也是年轻有为之士所孜孜以求的。如果想使国家长治久安，却又忽略了招贤用才，这与想要长途旅行却又舍弃骏马又有什么不同呢！

75. 用之以节

夫财货之生，既艰难矣，用之又无节；凡人之性，好懒惰矣，率之又不笃；加以政令失所，水旱为灾，一谷不登，胔腐相继。古今同患，所不能止也。嗟乎！且饥者有过甚之愿，渴者有兼量之情，既饱而后轻食，既暖而后轻衣。或由年谷丰穰，而忽于蓄积；或由布帛优赡，而轻于施与，穷窘之来，所由有渐。故《管子》曰："桀有天下，而用不足；汤有七十二里，而用有余，天非独为汤雨菽粟也。"[①] 盖言用之以节。

——（北魏）贾思勰[②]《齐民要术·序》[③]

注释：

①语出《管子·地数篇》。②贾思勰：古代杰出的农学家。生卒年不详，汉族，益都（今属今山东省寿光市西南）人。生活于北魏末期和东魏（公元6世纪），曾经做过高阳郡（今山东临淄）太守。③《齐民要术》：南北朝时期的一部重要农书。十卷，九十二篇，又有自序和杂说各一篇。是研究北朝时期物质生产和社会生活的重要资料。

译文：

财物的生产既是艰难的，使用它又无节制；一般人的性情好逸恶劳，领导又不得力。再加上政令不得当，水旱成灾，一谷不登，跟着就要不断饿死人。这是古今以来共同的忧患，所不能止住的。唉！饥饿的人总想有过多的食物，口渴的人想要得到加倍的水量，已饱之后对食物就不在乎了，已经穿暖之后对衣服就不在乎了。有的人由于年谷丰收就忽视储备，有的人由于布帛充足而随便送人，穷窘的到来，是逐渐造成的。所以《管子》说：“桀占有天下而费用不够，汤只有七十二里而费用有余。这并不是因为上天单单为商汤落下豆子和小米。”这是说使用要节约。

76. 为国之道，其要有五

闾后上表曰：

臣闻为国之道，其要有五：一曰文德，二曰武功，三曰法度，四曰防固，五曰刑赏。故远人不服，则修文德以来之；荒狡放命，则播武功以威之；民未知战，则制法度以齐之；暴敌轻侵，则设防固以御之；临事制胜，则明刑赏以劝之。

——（北齐）魏收[①]《魏书·高闾传》

注释：

①魏收（506—572）：北齐史学家。字伯起，钜鹿下曲阳（今河北晋县西）人。北魏中兴元年（531）曾以散骑侍郎典起居注，并修国史。自北魏末经东魏到北齐，魏收参与修史达二十余年。

译文：

（北魏）高闾后来上皇帝书说：

我听说治国之道，主要有五项，一是文德，二是武功，三是法律制度，四是防守巩固，五是刑罚和奖赏。因此，远方的人不服从，就修文德吸引他；边远凶暴之徒不服从命令，就施展武力威胁他；老百姓不懂战争，就制定法律制度进行训练；凶暴的敌人无故入侵，就巩固边防来抵抗；发生战争要夺取胜利，就赏罚分明来劝勉。

77. 国以民为根，民以谷为命

国以民为根，民以谷为命。

——（唐）魏徵[1]等《群书治要·政论》[2]

注释：

①魏徵（580—643）：唐初政治家。字玄成，馆陶（今属河北省）人。初仕李密、窦建德，后入唐为太子洗马，唐太宗即位，擢为谏议大夫，前后陈谏二百余事。贞观三年（629）任秘书监，参预朝政，校定秘府图籍。后任侍中，封郑国公。②《群书治要》：唐初著名谏官魏徵及虞世南、褚遂良等受命于唐太宗李世民，以辑录前人著述作谏书，为唐太宗"偃武修文"、"治国安邦"，创建"贞观之治"提供警示的匡政巨著。

译文：

国家以人民为根本，人民以粮食为生命。

78．衣食足则知廉耻

夫食为人天，农为政本。仓廪实则知礼节，衣食足则知廉耻。

——（唐）李世民[1]《帝范·务农》[2]

注释：

①李世民（599—649）：即唐太宗。唐高祖李渊的次子。中国历史上著名的皇帝，在位时间为626—649年。②《帝范》：书成于贞观二十二年（648），系唐太宗李世民自撰的论述人君之道的一部政治文献。

译文：

穿衣吃饭是人的天性，这是谁也难以更改和遏止的。因此，为国治民的根本在于加强农业生产。粮仓里堆满粮食之后，不用谁去训导，人们自然而然就懂得讲求礼节了；达到丰衣足食之后，更不用谁去教育，人们自然而然就知道区别荣辱了。

79．明主之任人，如巧匠之制木

故明主之任人，如巧匠之制木，直者以为辕，曲者以为轮，长者以为栋梁，短者以为栱桷，无曲直长短，各有所施。明主之任人亦犹如是也，智者取其谋，愚者取其力。勇者取其威，怯者取其慎，无智勇怯，兼而用之。故良匠无弃材，明君无弃士。

——（唐）李世民《帝范·审官》

译文：

贤明的君主任用人才，就像技艺高超的工匠制作木器，用直的材料做车辕，用弯的材料做车轮，用长的材料做栋梁，用短的材料做栱桷，无论曲直长短，各有各的用处。贤明的君主任用人才也像这样。有智慧的人就用他的智谋，愚笨的人就用他的体力，勇猛的人就用他的威力，怯懦的人就用他的谨慎，无论智愚勇怯，取他的长处都可以任用。所以，好的工匠没有废弃的材料，贤明的君主没有摒弃的人才。

80. 旁求俊义，博访英才

士之居世，贤之立身，莫不戢翼隐鳞，候风云之运，怀奇蕴异，思会遇之秋。是以明君旁求俊义，博访英才，搜扬仄陋，不以卑而不用，不以辱而不尊。

——（唐）李世民《帝范·求贤》

译文：

古代一些才能卓越、品德高尚的贤士，其处世方法无不是先过隐居生活。这些人都怀有奇异的才能而不显露，一有机遇，便脱颖而出施展出自己全部才能，名扬天下。所以说圣明的君主应广查博访，寻找各种有才能的人，决不能因为身份卑贱而不尊、地位低下而不用。

81. 为君之道，必先存百姓

为君之道，必先存百姓。若损百姓奉其身，犹割股以啖腹，腹饱而身毙。若安天下，必先正其身。

——（唐）吴兢《贞观政要·君道》

译文：

当君主的关键，是要先保存老百姓。如果损害老百姓的利益来满足自身的享受，那就像割下自己大腿上的肉来充饥，肚子填饱了命也没有了。要想天下安定，一定要先端正自身。

82. 为政之要，惟在得人

为政之要，惟在得人，用非其才，必难致治。今所任用，必须以德行、学识为本。

——（唐）吴兢《贞观政要·崇儒学》

译文：

执政处事的关键，在于得到人才，如果任用的人没有才能，那么必定难以达到使国家长治久安的目的。自今以后，凡是选拔、任用官员时，都必须用品德和学识作为衡量人才的标准。

83. 非知之难，行之惟难；非行之难，终之斯难

臣观自古帝王受图定鼎，皆欲传之万代，贻厥孙谋。故其垂拱岩廊，布政天下，其语道也必先淳朴而抑浮华，其论人也必贵忠良而鄙邪佞，言制度也则绝奢靡而崇俭约，谈物产也则重谷帛而贱珍奇。然受命之初，皆遵之以成治；稍安之后，多反之而败俗。其故何哉？岂不以居万乘之尊，有四海之富，出言而莫己逆，所为而人必从，公道溺于私情，礼节亏于嗜欲故也？语曰：“非知之难，行

之惟难；非行之难，终之斯难。”所言信矣。

——（唐）吴兢《贞观政要·慎终》

译文：

臣观察自古以来的帝王接受天命建立王朝，都想把皇位传到万代，为子孙着想的。所以他们端坐朝堂垂衣拱手，向天下宣布政令，谈论治国方略必定是推崇质朴淳厚而抑制虚浮华丽，议论人品必定是尊重忠诚贤良而轻视邪恶奸佞，讨论制度时杜绝奢侈靡丽而崇尚俭朴节约，谈论物产时重视谷物布帛而轻贱奇珍异宝。然而他们刚接受天命登基时，都遵循这些原则达到政治清明；稍稍安定之后，大多违反这些原则而败坏社会风俗。其原因是什么呢？难道不是因为处在极尊贵的天子地位，拥有天下的财富，说话没有谁敢违背，做的事别人都必定遵从，公道被个人感情所淹没，礼节因嗜好欲望而亏损的缘故吗？所以古话说：“不是知道真理困难，而是实行真理真困难；不是实行真理困难，而是始终贯彻真理尤为困难。”这话说得实在对啊。

84. 天下稍安，尤须兢慎

贞观五年，太宗谓侍臣曰：“治国与养病无异也。病人觉愈，弥须将护，若有触犯，必至殒命。治国亦然。天下稍安，尤须兢慎，若便骄逸，必至丧败。”

——（唐）吴兢《贞观政要·政体》

译文：

贞观五年，唐太宗对侍从的大臣们说：“治理国家和养病没有什么不同，病人感觉好起来，就格外需要将息调护，如果触犯禁忌，就会导致死亡。治理国家也是这样，天下稍微安定的时候，尤其需要兢兢业业，谨慎小心，如果就此骄奢放纵，必然弄到衰乱覆亡。

85. 均节赋税恤百姓

王制既衰，杂以权术。魏用平籴之法，汉置常平之仓，利兼公私，颇以为便。隋氏立制，始创社仓，终于开皇，人不饥馑。贞观初，戴胄建积谷备灾之议，太宗悦焉。因命有司，详立条制，所在贮粟，导为义仓，丰则敛藏，俭则散给。历高宗之代，五六十载，人赖其资。国步中艰，斯制亦弛。开元之际，渐复修崇。是知储积备灾，圣王之急务也。

——（唐）陆贽[①]《陆宣公集·均节赋税恤百姓六条》[②]

注释：

①陆贽（754—805）：唐代政治家。字敬舆，嘉兴（今属浙江）人。历任翰林学士、兵部侍郎等官。德宗贞元八年（792）任中书侍郎、同平章事（宰相）。②《陆宣公集》：陆贽所拟制诰和奏议的汇编。该书收录陆贽所拟文稿一百七十三篇。按文种分类编排，包括制诰十卷，八十三篇；奏本六卷，三十二篇；中书奏议六卷，三十二篇。

译文：

先王之制衰败之后，权宜之术便夹杂着应运而生。战国时期，李悝在魏国实行平籴之法，汉代设置了常平仓，这些措施利兼公私，也很便当。隋朝制定各种措施时，又开始创设了社仓，直到文帝开皇年间，老百姓都不至饥馑。太宗贞观初年，尚书左丞戴胄曾提出了储备粮食以备灾荒的建议，太宗听后非常高兴，因此命令有关机构详细制定条规措施，在全国各地储存粮食，称为义仓，年成丰收便大量征收以充实储藏，年成欠佳便把储备的粮食散发给百姓。经过了高宗一朝，共有五六十年，人民都仰赖着义仓制度的资助。随着国家中途遭到艰险，这个制度也就逐渐废弛了。到玄宗开元之际，又逐渐得到恢复和提倡。由此可以看出，储存粮食以备灾荒，乃是贤明君主们的紧迫任务。

86. 量出为入，不恤所无

夫地力之生物有大数，人力之成物有大限。取之有度，用之有节，则常足；取之无度，用之无节，则常不足。生物之丰败由天，用物之多少由人。是以圣王立程，量入为出，虽遇灾难，下无困穷。理化既衰，则乃反是，量出为入，不恤所无。

——（唐）陆贽《陆宣公集·均节赋税恤百姓六条》

译文：

地力生长各种东西有一定限度，人力要生产出财物则又有很大限制。如果取之有度，用之有节，则时常感到充足；如果取之无度，用之无节，就会常常感到不足。生长出东西的丰富或贫瘠完全在于天，而使用东西的多少则取决于人。所以贤明的君主创立制度，总是根据国家财物的总体收入来决定支出的多少，即使遇到灾难，老百姓也不会因此穷困破产。在统治与教化已经衰败的情况下则与此相反，国家根据需要支出的数额确定征收赋税的多少，不体恤同情老百姓的无法承受。

87. 世有伯乐，然后有千里马

世有伯乐，然后有千里马。千里马常有，而伯乐不常有。故虽有名马，只辱于奴隶人之手，骈死于槽枥之间，不以千里称也。

马之千里者，一食或尽粟一石。食马者，不知其能千里而食也。是马也，虽有千里之能，食不饱，力不足，才美不外见。且欲与常马等不可得，安求其能千里也？策之不以其道，食之不能尽其材，鸣之而不能通其意，执策而临之曰：“天下无马！”呜呼！其真无马邪？其真不知马也！

——（唐）韩愈《昌黎先生集·杂说》

译文：

世上有了伯乐，然后才会有千里马。千里马是经常有的，可是伯乐却不经常有。因此，即使是很名贵的马，也只能在仆役的手下受到屈辱，跟普通的马一起死在马厩里，不能获得千里马的称号。

日行千里的马，一顿或许能吃下一石粮食。喂马的人不懂得要根据它日行千里的本领来喂养它。（所以）这样的马，虽然有日行千里的才能，却吃不饱，力气不足，它的才能和美好的素质也就表现不出来。想要和普通的马相同尚且办不到，又怎么能要求它日行千里呢？不按正确的方法鞭策它，喂养它又不足以使它充分发挥自己的才能，听它嘶叫却不懂得它的意思，（反而）拿着鞭子站在它跟前说："天下没有千里马！"唉，难道果真没有千里马吗？其实是他们真不认识千里马啊！

88. 邦之兴，由得人也；邦之亡，由失人也

臣观前代：邦之兴，由得人也；邦之亡，由失人也。得其人，失其人，非一朝一夕之故，其所由来者渐矣。天地不能顿为寒暑，必渐于春秋；人君不能顿为兴亡，必渐于善恶。善不积，不能勃焉而兴；恶不积，不能忽焉而亡。善与恶，始系于君也；兴与亡，终系于人也。何则？君苟有善，人必知之。知之又知之，其心归之。归之又归之，则载舟之水，由是积焉。君苟有恶，人亦知之。知之又知之，其心去之。去之又去之，则覆舟之水，由是作焉。故曰：至高而危者，君也；至愚而不可欺者，人也。圣王知其然，故则天上不息之道以修己，法地下不动之德以安人。修己者，慎于中也，栗然如履春冰。安人者，敬其下也，懔乎若驭朽索。犹惧其未也，加以乐人之乐，人亦乐其乐，忧人之忧，人亦忧其忧。乐同于人，敬慎著于己。如是而不兴者，反是而不亡者，自生人已来，未之有也。臣愚以为百王兴亡之渐，在于此也。

——（唐）白居易《策林·辨兴亡之由》[1]

注释：

①《策林》：元和元年（806），白居易罢校书郎，撰《策林》七十五篇，对社会政治各项重大问题提出治理方案，是研究他的政治思想的重要资料。

译文：

我看过去朝代的经验是：国家之所以兴盛，是由于得到人民的支持；国家之所以衰亡，是由于丧失了人民的信任。得到人民的支持和失掉人民的信任，都不是一朝一夕的缘故，它是逐渐发展来的。天地不能顿时变成严寒或酷暑，必然经过春天、秋天渐渐来到；国君不能顿时兴盛或灭亡，必然是渐渐地积累善恶。善不累计，不可能突然兴盛起来；恶不累计，不可能忽然间灭亡。善和恶，开始的时候关系在国君身上；兴盛和灭亡，最终关系在人民。为什么呢？国君如果有善行，人民必定知道；知道又知道，他们的心必定归向国君，归向又归向，那么浮载船只的水于是积蓄起来了；国君如果有恶行，人民也会知道，知道又知道，他们的心必定背离国君，背离又背离，那么倾覆船只的水于是兴起了。所以说：最高贵却很危险的，是国君；最愚昧却不可欺侮的，是人民。圣明的帝王懂得这个道理，于是效法上天不息止的法则，用来修养自己；学习大地静止不动的德性，来安定百姓。所谓修养自己，是在自己的内心谨慎，恐惧地就像走在春天即将融化的薄冰上。所谓安定百姓，就是敬畏他所统治的人，谨慎地好像乘在腐朽的绳索牵引的快车上。即使这样，仍然唯恐自己做得还不够，加上以人民的快乐做为自己的快乐，人民也就以国君的快乐为快乐；忧虑人民所忧虑的，人民也就把国君的忧虑作为他们的忧虑。快乐同人民一起享受，敬畏和谨慎加在自己身上。如果这样做了却不兴盛，与之相反却不危亡，自从有人类以来，是没有过的。我笨脑子认为历代帝王兴盛灭亡的逐渐发展，就在这里。

89. 去烦扰，弘简易

夫欲使政化速成，则在乎去烦扰、弘简易而已。臣请以齐、鲁之事明之。臣闻，伯禽之理鲁也，变其礼，革其俗，三年而政成。太公之理齐也，简其礼，从其俗，五月而政成。故周公叹曰："夫平易近人，人必归之。鲁其后代北面事齐矣！"此则烦简迟速之效明矣。

——（唐）白居易《策林·政化速成》

译文：

要使国家很快治理好，道理很简单，那就是排除各种不必要的烦扰，弘扬简洁易行的方针政策而已。臣请求以古代齐国和鲁国的历史作为例证，就可以很清楚地看出这一道理。我听说：伯禽治理鲁国的时候，变革鲁国的各项制度和方针政策，除去社会上不好的风俗，用了三年的时间，才把鲁国治理好。姜太公治理齐国，简化齐国的各项制度政策，因循了民间好的社会传统，只用了五个月的时间，政局就见成效。所以周公感叹地说："只要平易近人，人民就拥护他。鲁国的后代可能要服事齐国了！"以上的事例说明烦与简的效果快慢是很清楚的。

90. 防之于未萌，治之于未乱

《经》[1]曰："祸兮福所倚，福兮祸所伏。"又曰："防之于未萌，治之于未乱。"圣人当福而知祸，在治而防乱。故善安身者，在康宁之时，不谓终无疾病，于是有节宣方药之备焉；善安国者，当太平之时，不谓终无危乱，于是有教化经略之备焉。……此圣人居安虑危之备，备而无用，国家之福也。

——（北宋）范仲淹《范文正公文集·奏上时务书》

注释：

①《经》：指老聃的《道德经》。

译文：

《道德经》说："祸是福依托之所，福是祸隐伏之处。"又说："防范祸患于未发生之际，治理事端于未致乱之时。"圣人在幸福的时候就能预见到祸患，在安定的时候就防备变乱。所以，善于保养身体的人，在康宁之时，不认为自己终无疾病，于是以应时处方药剂作为防备；善于安定国家的人，在太平之时，不认为国家终无危乱，于是注重教化、筹划谋略作为防备。……这些是圣人居安思危的准备，备而无用，是国家的幸事。

91. 王者得贤杰而天下治，失贤杰而天下乱

王者得贤杰而天下治，失贤杰而天下乱。张良、陈平之徒，秦失之亡，汉得之兴。房、杜、魏、褚之徒，隋失之亡，唐得之兴。故曰：得士者昌，失士者亡。

——（北宋）范仲淹《范文正公文集·选贤任能论》

译文：

一个国家的君主，如能得到贤杰的辅佐，天下就会太平，一旦失去贤杰的辅佐，天下就会大乱。张良、陈平等人都是贤杰，秦因为失去他们导致灭亡，汉由于得到他们而兴盛。房玄龄、杜如晦、魏徵、褚遂良等人也都是贤杰，隋因为失去他们导致灭亡，唐由于得到他们而兴盛。所以说：得士者昌，失士者亡。

92. 君人者不以身为身

君人者不以身为身，以天下之身为身也；不以心为心，以天下之心为心也。

——（北宋）李觏①《李觏集·安民策》

注释：

①李觏（1009—1059）：北宋思想家、教育家、改革家。字泰伯，建昌军南城（今江西南城县）人。曾创建盱江书院，故又称盱江先生。他的主要著作是《李觏集》（亦称《盱江文集》）。他的思想具有朴素的唯物主义

倾向，主张社会变革。

译文：

统治人民的人不要以自身为身，而要以天下万民之身为身；不要以自己的心为心，而要以天下万民之心为心。

93. 置吏不可不慎

君者，亲也。民者，子也。吏者，其乳保也。亲不能自育其子，育之者乳保也；君不能自治其民，治之者官吏也。赤子之在襁褓，知有乳不知有母也；细民之在田野，知有吏不知有君也……是故置吏不可不慎也。

——（北宋）李觏《李觏集·安民策》

译文：

君王就像是父母，老百姓就像是孩子，而官吏就像是孩子的保姆。父母不能亲自培育他们的孩子，就由保姆代替；君王不能直接治理老百姓，就交由官吏治理。襁褓中的婴儿知道有保姆而不知有母亲；田野小民知道有官吏而不知道有君王……所以，选任直接代表自己办事的官员，实在不能不慎重啊。

94. 仁义非姑息

所谓仁义者，亦非朝肆赦，暮行赏，姑息于人之谓也。贤者兴，愚者废，善者劝，恶者惩；赋敛有法，徭役有时，人各有业而无乏用，乐其生而亲其上——此仁义之凡也。

——（北宋）李觏《李觏集·强兵策》

译文：

所谓仁义，并不是早晨行赦，晚上颁赏，姑息纵容。提拔贤能，废黜庸愚，劝勉善者，惩斥恶者；征集赋税依据法度，征发徭役依据时节，人民各自有职业，不缺少用度，安居乐业而与上级亲近——这就是“仁义”的要旨。

95. 为谏之难非进谏之难，难乎人主听而用之之难也

为谏之难非进谏之难，难乎人主听而用之之难也。人主之于谏，有甚恶而用之者，有甚悦而怠之者。上虽恶谏，迫危亡者或用之；上虽悦谏，恃治平者或怠之也。非谏者之言工于危亡而失于治平，盖上意之所加者安危之势异也。是故为谏之患莫先于急。

——（北宋）蔡襄[1]《蔡忠惠公文集·明谏》

注释：

①蔡襄（1012—1067）：字君谟，汉族，仙游人，原籍仙游枫亭乡东垞村，为人忠厚、正直，讲究信义，而且学识渊博，书艺高深，书法史上论及宋代书法，素有“苏、黄、米、蔡”四大书家的说法。

译文：

谏诤是很困难的。其难并不难在臣下进谏，而难在君主听谏、纳谏。君主对于谏诤的态度，有十分厌恶却采纳的，有十分高兴却拖延的。君主虽然厌恶谏诤，有时迫于危亡不得不采纳；君主虽然喜欢谏诤，有时倚仗政局安定而延缓不行。并不是进谏者的言谈擅长于议论危亡而不善于议论安定，而是由于君主的意愿、国家安危的局势不同。所以，影响谏诤效果的问题首先是急躁。

96. 天下之治，由得贤也

天下之治，由得贤也。天下不治，由失贤也。世不乏

贤，顾求之之道如何尔。今夫求贤，本为治也。治天下之道，莫非五帝、三王、周公、孔子治天下之道也。求乎明于五帝、三王、周公、孔子治天下之道者，各以其所得大小而用之。有宰相事业者，使为宰相；有卿大夫事业者，使为卿大夫；有为郡之术者，使为刺史；有治县之政者，使为县令。各得其任，则无职不举，然而天下弗治者，未之有也。

——（北宋）程颢[①]、程颐[②]《二程集·上仁宗皇帝书》[③]

注释：

①程颢（1032—1085）：北宋哲学家、理学奠基者。字伯淳，学者称明道先生，河南洛阳人。程颐之兄，二人曾同学于周敦颐，同在洛阳讲学。②程颐（1033—1107）：北宋哲学家、理学创立者之一。字正叔，河南洛阳人，学者称伊川先生。③《二程集》：程颢、程颐著作的汇集。该集包括《遗书》、《外书》、《文集》、《易传》、《经说》、《粹言》六种，其中程颐的著作居多。

译文：

天下得到治理，是因为得到了贤能的人才。天下陷于混乱，社会不安定，是由于失去了贤能的人才。世间并不缺乏德才兼备的人才，问题是用什么样的方法去寻求。我们寻求人才，本来就是为了治理天下。治理天下的方法和道理，无非就是五帝、三王、周公、孔子治理天下的方法和道理。寻求人才，就是寻求懂得五帝、三王、周公、孔子治理天下的方法和道理的人，得到这样的人才，量才授职。有做宰相能力的人，委任他做宰相；有做卿大夫才能的人，就任命他做卿大夫；有治一郡之才者，就派他去做刺史；能管理一县政事的人，就让他去做县令。量才授职，各得其任，而天下没有得到良好的治理的，还从来没有过这样的事。

97. 取士之道，当以德行为先

取士之道，当以德行为先，其次经术，其次政事，其次艺能。近世以来，专尚文辞。夫文辞者，乃艺能之一端耳，未足以尽天下之士也。国家虽设贤良方正等科，其实皆取文辞而已。

——（北宋）司马光《司马文正公传家集·论选举状》

译文：

选拔人才，应当首先考察人的思想品德是否高尚，其次才是他对文化知识的掌握程度，然后才是他对处理国家大事的熟悉程度以及其他各方面的才能。可是当今社会仅仅崇尚文辞好的人。文辞，只不过是艺能的一个方面罢了。如果仅仅以文辞取士，就会遗漏天下许多贤能的人。国家现在虽然设置了贤良方正等许多科举名目，其实质都是以文辞取士罢了。

98. 天下之患，不患材之不众，患上之人不欲其众

天下之患，不患材之不众，患上之人不欲其众；不患士之不欲为，患上之人不使其为也。夫材之用，国之栋梁也，得之则安以荣，失之则亡以辱。

——（北宋）①王安石《王文公文集·材论》②

注释：

①王安石（1021—1086）：北宋杰出的政治家、思想家和文学家。字介甫，号半山，抚州临川（今属江西）人。②《王文公文集》：诗文别集，宋王安石撰。一百卷，其中诗四十二卷。

译文：

国家的忧虑，不是忧虑人才不多，而是忧虑君王不想有众多的人才；不是忧虑贤士不想辅佐君王治理天下，而是忧虑君王不愿让贤士为他效力。贤才是国家栋梁，得到贤才辅佐，国家就会安定而繁荣；失去贤才的辅佐，国家就会灭亡，宗庙就会受污辱。

99. 不任贤才，终将大乱

盖夫天下至大器也，非大明法度，不足以维持，非众建贤才，不足以保守。苟无至诚恻怛忧天下之心，则不能询考贤才，讲求法度。贤才不用，法度不修，偷假岁月，则幸或可以无他，旷日持久，则未尝不终于大乱。

——（北宋）王安石《王文公文集·上时政书》

译文：

治理国家是一项非常重要的工作，如果不认真依法办事，就不能维持统治，如不广用贤才，就不能保持安定。作为一国之主，如不能诚心实意地为百姓着想，就不会向贤才咨询治国之道，不会依法办事。不任用贤才，不严格依法办事，暂时苟且偷安，或许可以侥幸平安无事，但长久下去，最后没有不导致天下大乱的。

100. 天变不足畏，祖宗不足法，人言不足恤

天变不足畏，祖宗不足法，人言不足恤。

——（元）脱脱等《宋史·王安石传》

译文：

天变不足以畏惧，祖宗不足以效法，人们的议论不足以忧虑顾忌。

101. 贤路当广而不当狭

夫贤路当广而不当狭，言路当开而不当塞，治乱安危，莫不由此。

——（元）脱脱等《宋史·乔行简传》

译文：

进贤路径应当扩大而不应当缩小，进言途径应当开放而不应当阻塞，治乱安危，就在于此。

102. 人与法并行而不相胜

人胜法，则法为虚器；法胜人，则人为备位；人与法并行而不相胜，则天下安。

——（北宋）苏轼《苏轼文集·应制举上两制书》

译文：

人治胜过法治，法律就成了没有用处的器物。法治胜过人治，人就显得无关紧要了。人治与法治并用，相互持中，互不相胜，天下就会安定。

103. 名为治平无事，而其实有不测之忧

天下之患，最不可为者，名为治平无事，而其实有不测之忧。坐观其变，而不为之所，则恐至于不可救。起而强为之，则天下狃于治平之安，而不吾信。惟仁人君子豪杰之士，为能出身为天下犯大难，以求成大功。

——（北宋）苏轼《晁错论》

译文：

天下的祸患，最难办的是表面上太平无事，实际上却隐藏着难以预料的忧患。如果坐视祸患的演变而不加以处置，那就可能发展到不可收拾的地步；如果起来硬性加以解决，天下人又会因为习惯于太平的安乐而不相信我的看法。只有仁人君子豪杰之士，才能挺身而出，为天下冒最大的危难，以求成就不世的功业。

104. 得人之道在于知人

得人之道在于知人，知人之法在于责实。使君相有知人之才，朝廷有责实之政，则胥吏皂隶未尝无人，而况于学校、贡举乎！

——（北宋）苏轼《经进东坡文集事略·议学校贡举状》

译文：

得到人才的方法在于了解人，了解人的方法在于看他是否名副其实。如果君主、宰相具有了解人的才能，朝廷有循名责实的措施，那么管理文书的小吏和衙役中都有人才，更何况专门培养、选拔人才的学校和贡举呢？

105. 各因其才而尽其力

大者推明其大而不遗其小，小者乐致其小以自附于大，各因其才而尽其力。

——（北宋）苏辙[①]《栾城集·上两制诸公书》[②]

注释：

①苏辙（1039—1112）：北宋散文家。字子由，眉州眉山（今属四川）人。与其父苏洵、兄苏轼合称“三苏”，均在“唐宋八大家”之列。②《栾城集》：苏辙著有《栾城集》，包括《后集》、《三集》，共八十四卷，有《四部丛刊》影明活字本。又，《栾城应诏集》十二卷，有《四部丛刊》影宋钞本。

译文：

有大才能的人要推举他，使他的才能得到充分发挥，但也不要遗漏有小才能的人。有小才能的人要致力于发挥他的小才能，并使他甘愿辅助有大才能的人。这样，大才大用，小才小用，每个人都能尽其才、尽其力。

106. 治国之端

浩复奏曰："历古以来，不明赏罚而能治者，未之闻也。国家赏善罚恶，盖亦多矣，而天下莫能知。乞自今凡赏功罚罪，皆其事状颁告之，使君子知劝以迁善，小人知惧以自警。"从之。

——（元）脱脱等《金史·孟浩传》

译文：

孟浩又禀奏说："自古以来，赏罚不分却能治理好国家，这样的事还没有听说过。现在国家奖励善人好事，惩罚奸人恶事，大概也多着哪，不过全国人还都不能知道。恳请从今以后，凡是奖励有功惩罚犯罪的事，都写明具体状况然后颁布告知全国人民，促使有品德的人知道勉励而变得更好，也使品德低劣的人知道畏惧而警戒自己别犯罪。"金世宗听从了他的建议。

107. 知其不能不授职误事

上①调宰臣曰："护卫年老出职而授监民，手字尚不能画，何心治民？人胸中明暗外不能知，精神昏耄已见于外，是强其所不能也。天子以兆民为子，不能家家而抚，在用人而已。知其不能而强授之，百姓其谓我何！"

——（元）脱脱等《金史·世宗本纪》

注释：

①上：指金世宗完颜雍（1123—1189），金朝皇帝。女真族。本名乌禄，汉名完颜褎，即位后更名雍。金太祖完颜旻之孙，完颜宗辅之子。1161—1189年在位。

译文：

金世宗对宰臣说："年纪很大的人衰老得连字都写不好，让他们出任官职，怎么可能管理好老百姓呢？人的内心是清楚明白还是昏暗糊涂，从外表是不易知道的，但人的年纪大、精神衰老的状况还是能够显现在外表的。让老态龙钟的人去管理老百姓，这是强迫他们去干他们力所不能及的事情。皇上对待亿万老百姓就像自己的孩子一样，但他一个人不可能一家家地照顾和抚育，只能任用有才能的人代管。如果明明知道年纪大的人不可能干好这件事而却强迫他们去干，老百姓会怎么看待我呢？"

108. 仁心仁政相辅相成

有其心，无其政，是谓徒善；有其政，无其心，是谓徒法。

——（南宋）朱熹《四书集注·孟子集注》

译文：

只有仁德之心，却不见施之于仁德之政，这只能是毫无价值的所谓善；只是实施粗浅的仁德之政，而没有仁德之心作主导，这只能算是空乏的法律制度。

109. 民贫则君不能独富

民富，则君不至独贫；民贫，则君不能独富。有若深言君民一体之意，以止公之厚敛。为人上者，所宜深念也。

——（南宋）朱熹《四书集注·论语集注》

译文：

老百姓富足了，那么作君主的不至于独自陷入贫困境地；老百姓贫困潦倒，那么作君主的不可能长久独自拥有财富。孔子的弟子有若深切坦率地阐述了君民一体的道理，并用它来阻止鲁哀公向老百姓征收重税。统治老百姓的君主，应该牢牢记住这个教训。

110. 欲自为其国，必先观古人之所以为国

欲自为其国，必先观古人之所以为国。论者曰：古今异时，言古者常不通于今，此其为说亦确而切矣。虽然，天下之大，民此民也，事此事也，疆域内外，建国立家，下之情伪好恶，上之生杀予夺，古与今皆不异也。而独曰古今异时，言古则不通于今，是摈古于今，绝今于古。

——（南宋）叶适[①]《水心集·法度总论一》

注释：

①叶适（1150—1223）：南宋思想家，永嘉学派的集大成者。字正则，学者称水心先生，浙江永嘉（今浙江温州）人。他提倡功利之学，主张改革，历任判官、侍郎、制置使等职。他关心社会经济问题，对一些传统的封建经济观点，进行了大胆的批判，并提出了一些适合于时代要求的观点，其著作有《水心集》、《水心别集》和《习学记言序目》等。

译文：

要想自己治理国家，一定要从历史中汲取经验和借鉴教训，学习古人的治国之道。有人以古代与现在的时间与环境不一样为由，认为言古者常不明了当今之势，这种说法有对的一面。然而，尽管天下广大，古今不一，但是人民仍是人民，政事还是政事，朝臣们处理内务，将士们保卫国家，大到国家的建设，小到家业的成就，以及老百姓的喜怒哀乐和君主的至高无上的权力，所有这些古代和现在都不会改变。如果只强调古代与现在时代不一样，以此来说明古代的办法不适应于现在，就是把古代和现在完全割裂，没有看到古今的联系。

111. 人君必以其道服天下

人君必以其道服天下，而不以名位临天下。夫莫尊于君

之名，莫重于君之位；然而不得其道以行之，则生杀予夺之命，皆无以服天下之心。其所以为之臣者，特迫于名位而不敢抗耳。夫是，故以天下之大，常沾沾焉疑其并出以挠己，而禁防维持之不给，尚安能保其民而与之长守而不变哉！……且夫风俗之所系，治化之厚薄，享国之长短，人心之向背，是岂可不留意而详择也！

——（南宋）叶适《水心别集·君德一》

译文：

君主必须以道义使天下诚服，而不是凭借声名地位压制人。君主的声名最尊贵，君主的地位最崇重；然而，如果不依据道义进行统治，则无论生杀予夺的命令，都不足以使天下人心顺服。臣民之所以服从，只不过是迫于君主的名声地位而不敢抗争。正因为如此，君主面对这样广大的天下，经常怀疑四方共同阻挠自己意愿的实现，处处禁约防范，连维持局面都做不到，怎么能安定人民，并与之共守天下、长久不变呢！……而且，这关系到世间的风俗、治理教化的厚薄、保有国家的久暂、人心的向背，如此重要的问题，难道可以不特意留意、认真择取吗！

112. 世袭制难以量才为用

建言：“国家自开创以来，凡纳士及始命之臣，咸令世守，至今将六十年，子孙皆奴视部下，都邑长吏，皆其皂隶僮使，前古所无，宜更张之，使考课黜陟。”始议行迁转法。

——（明）宋濂等《元史·廉希宪传》

译文：

（元朝中统（1260—1264）年间，廉希宪上疏建议废除官员世袭制，实行迁转法。他）在奏疏中说：“本朝开国以来，凡招纳士人或任命大臣，都实行世袭，至今已近六十年了。这些通过世袭得官的子孙，把下属看作是自己的奴仆，连州郡的官员也都是他们的差役、佣人，这是历史上所没有的，应该废掉它，对官员政绩要进行考察，奖优黜劣。”从此元朝才开始实施“迁转法”。

113. 爱则民心顺，公则民心服

古今立国规模，虽各不同，然其大要，在得天下心；得天下心无它，爱与公而已矣。爱则民心顺，公则民心服，既顺且服，于为治也何有？

——（元）许衡①《时务五事》

注释：

①许衡（1209—1281）：元代理学家、教育家。字仲平，时人称为鲁斋先生，原籍怀州河内（今河南沁阳）。父名通，业农，避难迁居河南新郑。许衡年十六，从其舅学习吏事，后决意求学，专心研究儒家经典，并学占候之术。

译文：

古今的立国目标虽然各不相同，然而它的要领都在于获得全天下的民心。要获得天下的民心，没有其他的办法，只是爱和公正罢了。爱人民，民心就顺，公正，民心就信服，既顺又服，这对于达到天下大治，还有什么困难呢？

114. 立法度，正纪纲

夫治天下，难则难于登天，易则易于反掌。盖有法度则治，控名责实则治，进君子退小人则治，如是而治天下，岂不易于反掌乎！无法度则乱，有名无实则乱，进小人退君子则乱，如是而治天下，岂不难于登天乎！且为治之道，不过立法度、正纪纲而已。纪纲者，上下相维持；法度者，赏罚示惩劝。今则大官小吏，下至编氓，皆自纵恣，以私害公，是无法度也。有功者未必得赏，有罪者未必被罚，甚则有功者或反受辱，有罪者或反获宠，是无法度也。法度废，纪纲坏，天下不变乱，已为幸矣。

——（明）宋濂等《元史·李冶传》

译文：

治理天下，要说难就比登天还困难，要说易就比反掌还容易。健全法律制度，使名与实相符，选用君子而罢退小人，国家就会太平，这样来治理天下，岂不比反掌还容易！法度丧失，有名无实，进用小人而斥退君子，国家就会混乱。这样来治理天下，岂不比登天还难！要想致力于治天下，其方法不过是立法度、正纪纲罢了。所谓纪纲，就是上下互相维持；所谓法度，就是用赏罚以表示惩治和鼓励。当今国家大小官吏，下至平民百姓，都各自恣意放纵，以私害公，这都是由于没有法度。有功劳者未必得赏，有罪过者未必被罚，甚至有功劳者反而受辱，有罪过者有的反而获宠，这也是由于没有法度。法度废弛，纪纲败坏，天下不变乱，简直是太侥幸了！

115. 保国之道，藏富于民

上谕侍臣曰：保国之道，藏富于民。民富则亲，民贫则离。民之贫富，国家休戚系焉。自昔昏主恣意奢欲，使百姓困乏，至于乱亡。朕思微时，兵荒饥馑，日食藜藿。今日贵为天子，富有天下，未尝一日忘于怀，故宫室器用，一从朴素，饮食衣服，皆有常供，惟恐过奢，伤财害民也。

——《明实录·太祖洪武实录》卷一百七十六

译文：

明太祖朱元璋对侍臣说：保护国家的方法是藏富于民。百姓富了则亲近和睦，百姓贫穷则众叛亲离。所以百姓的贫富与国家休戚相关。从前，昏君都是骄奢淫逸，使百姓贫困，最终导致了灭亡。我想战争年代，兵荒马乱，饥荒成灾，每天只能吃野菜。今天虽然贵为天子，富有天下，却没有一天忘记过去，所以宫中使用的器具向来朴素无华，饮食衣服都是平常的供给，惟恐由于过于奢侈而伤财害民。

116. 治国之道当以用贤为先

洪武十四年十一月乙巳，苏州府民有上治安六策者。上览之，以示近臣曰：此人有忠君爱国之心，但于理道未明耳。盖人主之心当以爱物为主，治国之道当以用贤为先，致治在得人，不专恃法。今此人首言用法，不知务矣。

——《明实录·太祖洪武实录》卷一百四十

译文：

明太祖洪武十四年（1381）十一月，苏州府有一名百姓给皇帝呈送了治安六策。明太祖看后对随侍的近臣说："这位呈治安六策的人虽有忠君爱国之心，但并不通晓治国之道。作为君主，应以爱护百姓为自己的主要职责，而治国之道则应将任用贤能之士放在首位，国家治理得好，关键在于是否得到了贤才，而不是单纯地依靠法制。现在这位呈送治安六策的人，强调用法制治国，是不懂得治国的实务啊。"

117. 治天下者，必赖于群才

洪武二十四年七月甲寅，上与群臣论治道，谕之曰：构大厦者，必资于众工。治天下者，必赖于群才。然人之才有长短，亦犹工师之艺有能否。善断木者不能攻石，善断轮者不能为舟。若任人之际，量能授官，则无不可用之才矣。卿等皆朕股肱耳目，宜为朕广求贤才，以充任使，毋求备于一人可也。

——《明实录·太祖洪武实录》卷二百十

译文：

明洪武二十四年（1391）七月，明太祖朱元璋与群臣谈论治国的方法。太祖说："建造大厦的，一定要依赖于众多的工匠；治理天下的，一定要依赖于众多的贤才。但人的才能有长有短，这正如工匠的技艺有能有不能一样。善于砍木的不能加工制造石器，善于砍削车轮的不能制造舟船。如果在用人的时候，能够根据他的才能来授予相应的官职，那么也就不会有不可用的人才了。你们都是我的股肱耳目，应该替我广求贤才来充任官吏，不要去要求一个人必须十全十美就行了。"

118. 何德而民亲其上？

成王问史佚曰："何德而民亲上？"史佚曰："使之以时，而敬顺之，忠而爱之，布令信而不食言，如临深渊，如履薄冰。"此名言也。

——（明）薛瑄[1]《薛文清公从政录》

注释：

①薛瑄（1389—1464）：明代思想家，著名的理学大师，河东学派的创始人。字德温，号敬轩，山西省河津县里望乡平原村（今万荣县里望乡平原村）人。

译文：

周成王问史佚："用什么恩惠才能使百姓亲近他们的圣上呢？"史佚回答说："驱使他们要有时限，同时还要尊重并顺从他们，真诚地爱护他们，发布政令要讲信誉而不能背弃诺言，行事小心谨慎而如临深渊，如履薄冰。"这是为官治理的名言。

119. 破格取才，任用青年

国家所恃以为治者，人才也。今日用人必循资格，而人才需选者，往往老于选调，而不得及时以进用，及用之，大半衰老矣。衰老之人，志气消沮，筋力废弛，其不为身家子孙计者无几。……衰老之人，布满天下，而欲事理民安，难矣。事不理，民不安，乱亡之兆也。

——（明）丘浚[①]《大学衍义补·公铨选之法》

注释：

①丘浚（1420—1495）：字仲深，号琼台，广东琼山（今属海南）人。景泰五年（1454）进士，官至礼部尚书、文渊阁大学士。他熟悉当代掌故，一生著述甚富。代表作为《大学衍义补》。

译文：

治理好国家所仰仗的是人才。如今选拔人才，必然按资历、地位为标准。真正需要的人才，往往年纪很大了才能被选拔上来，而不能及时地被荐举任用；等到任用时，绝大多数人都已经年老体衰了。衰老的人，志气消沉，精神颓丧，进取之心被消磨光了，大多数人都为自身及子孙的利益着想了。……衰老的人，布满天下，却想要政事清明，百姓安居乐业，实在是太难了；政纪腐败，民心不安，是国家大乱和衰亡的先兆啊。

120. 过时而赏，与无赏同

古者赏不逾时，罚不后事。过时而赏，与无赏同；后事而罚，与不罚同。况过时而不赏，后事而不罚，其何以齐一人心，作兴士气。

——（明）王守仁《王阳明全集·申明赏罚以励人心疏》

译文：

古代的人实行奖赏不在过了该奖赏的时候实行，惩罚不在事情过后进行。过了该奖赏的时候而奖赏，和没有奖赏的效果相同；在事情过后惩罚，和没有惩罚相同；况且过了时机而不实行奖赏，在事情发生之后也没有惩罚，那用什么使人心齐一、振作士气呢？

121. 天地间万形皆有敝，惟理独不朽

儒者曰："天地间万形皆有敝，惟理独不朽。"此殆类痴言也。理无形质，安得以不朽？其情实论之，揖让之后为放伐，放伐之后为篡夺。井田坏而阡陌成，封建罢而郡县设，行于前者不能行于后，宜于古者不能宜于今。理因时致宜，逝者皆刍狗矣，不亦朽敝乎哉？

——（明）王廷相[①]《雅述》[②]下篇

注释：

①王廷相（1474—1544）：明代唯物主义思想家。字子衡，河南仪封（今河南兰考县）人。反对朱熹所提倡的"理学"。②《雅述》：王廷相的重要哲学著作。书分上、下两篇，成于明嘉靖十七年（1538）四月，同年十月由后学谢镒刻印。

译文：

（宋代的）儒者说："天地之间万物都会衰亡凋敝，只有理才能不朽。"这无疑是蠢话。理只是一个概念，没有形状、质地，怎么能说得上是不朽的东西。以历史的实际情况来看，尧舜禅让帝位之后，接着就有商汤放逐夏桀，周武王讨伐商纣王，其后的王权变化还有篡夺的事情发生。古代的井田制破坏了，出现了阡陌私田，封侯建土的分封制度因不适宜潮流而被废弃，被郡县制取代，这些都说明，前朝实行的制度并不能适宜于后代，适宜于古代的不能合适于今天，这就应当因时制宜，过去的东西如同祭祀用过的草扎刍狗一样，毫无用处，说什么不坏、不变的话，岂不是错误的吗？

122. 至公无私则天下治

古者明王之治天下也，必先均万民焉。所谓均者，至公无私，民各得其分愿之谓也，非曰夺彼以益此也。盖贫富有定分，贡赋有定制，凡立法行政，使各得其分愿，斯善矣。憎而损之，爱而益之，不可也。若不论其定分而惟以贫富计之，是以私意为爱憎，舍法制而为予夺矣。岂先王无怨无恶，廓然大公之政哉？

——（明）王廷相《与开封赵二守书》

译文：

古代圣明帝王治理天下，必定先均平万民。所谓均平，就是大公无私，使民众各得其应得的份额，并不是剥夺一部人去增益另一部分人。贫富有一定等级，税收有一定制度，立法行政就是使人各得其所，这就是完善的政治了。出于厌恶而减少份额，或是出于喜爱而增加份额，两种做法均不可取。如果不管正当的等级规定而只计较该贫该富，就是以个人好恶代替了法制来任意给予或剥夺。这难道是先王不计恩怨、至公无私的做法吗？

123. 欲攘外者，必先安内

臣闻帝王之治，欲攘外者，必先安内。《书》曰：“民为邦本，本固邦宁。”自古虽极治之时，不能无夷狄盗贼之患。唯百姓安乐，家给人足，则虽有外患，而邦本深固，自可无虞。唯是百姓愁苦思乱，民不聊生，然后夷狄盗贼，乘之而起。盖安民可与行义，而危民易与为非，其势然也。

——（明）张居正《陈六事疏》[①]

注释：

①《陈六事疏》：1568 年张居正上《陈六事疏》，提出省议论、振纪纲、重诏令、核名实、固邦本、饬武备等六事，力主改革。

译文：

臣听说帝王治理天下，欲攘外者必先安内。《尚书》说："民为邦本，本固邦宁。"自古以来即使在大治的时候，也不可能没有夷狄、盗贼之患。只要百姓安乐，家给人足，那么虽有外患而邦本深固，自然不会发生大乱。只有百姓们愁苦思乱，民不聊生，然后夷狄、盗贼才会乘机而起。因此，安乐的百姓可以向他们推行道义，危患的百姓容易参与非法活动，完全是形势决定的。

124. 人法兼资而天下治

天下之事，图之固贵于有其法，而尤在于得其人。何谓法？经画而条理之，卓有成绩可考者，法之谓也。何谓人？所以经画而条理之，卓以成绩自许者，人之谓也。得其人而不得其法，则事必不能行；得其法而不得其人，则法必不能济。人法兼资，而天下之治成。

——（明）海瑞[①]《海瑞集·治黎策》

注释：

①海瑞（1514—1587）：明朝著名清官。字汝贤，自号刚峰。回族。曾任知县、户部主事，曾因上疏批评世宗而下狱。出狱后，任应天巡抚，主持丈田，推广一条鞭法，疏浚吴淞江，官至南京吏部右侍郎。他为官清正，刚直不阿，谥忠介。著有《海瑞集》。

译文：

治理天下，良法固然重要，但更重要的是任用良吏。什么是良法？就是经过严密而系统的筹划制定出来的，并经过实践证明是有成效的法律。什么是良吏？就是能够严格执行良法而卓有成绩的官吏。有良吏而无良法，事情就无法办成；有良法而无良吏，良法也发挥不了作用。只有兼用良法良吏，才能天下大治。

125. 首重廉吏

国家纪纲，首重廉吏。迩来有司贪污成习，百姓失所，殊违朕心。总督巡抚，任大责重，全在举劾得当，使有司知所劝惩。今所举多冒滥，所劾多微员，大贪大恶乃徇纵之，何补吏治？吏部其详察以闻。

——赵尔巽[①]等《清史稿·世祖本纪二》[②]

注释：

①赵尔巽（1844—1927）：字公镶，号次珊，又名次山，又号无补，清末汉军正蓝旗人，祖籍奉天铁岭。民国成立，任奉天都督，旋辞职。1914年任清史馆总裁，主编《清史稿》。②《清史稿》：记载清朝史事的纪传体史书。共五百二十九卷（原本为五百三十六卷）。清世祖福临（1638—1661）：清朝入关后的第一代皇帝。满族，爱新觉罗氏。清太宗皇太极第九子，母孝庄文皇后。年号顺治，习称顺治帝。在位十八年。

译文：

国家的治理，头等重要的是在于清廉的官吏。近来官吏贪污成习，百姓失去了依靠，完全违背了我的心意。总督、巡抚，他们的重大责任，完全在于荐举人才弹劾官吏适当，使办事的官吏们知道鼓励的是什么，惩罚的是什么。现在他们所荐举的大多是一些假冒而品行不端正的人，所弹劾的大多是一些低级官员，对高级官吏中的大贪污和大恶棍却徇私放任，对官吏的治理有什么好处呢？我命令吏部对官吏要详细考察奏闻。

126. 古为今用，不可拘泥于古

古今以智相积，而我生其后。考古所以决今，然不可泥于古也。……生今之世，承诸圣之表章，经群英之辩难，我得以坐集千古之智，折中其间，岂不幸乎！

——（清）方以智[①]《通雅[②]·音义杂论·考古通说》

注释：

①方以智（1611—1671）：明末唯物主义哲学家、科学家和爱国者。字密之，安徽桐城人。②《通雅》：杂考事物名称和训诂、音韵的书。方以智撰。全书五十二卷，卷首三卷。《四库全书总目》归入杂家杂考类。

译文：

从古到今相继积累了许多知识和智慧。考察研究古代的知识智慧是为了决定今天我们应当如何去做，绝不能拘泥于古代的条条框框……我们生活在今世，上承历代诸位圣贤的奏表文章，历经众多英才俊杰的辩难，就能从中毫不费力地积累起千古的智慧，从中找出恰当的准则，岂不是很幸运吗？

127. 利民之事，丝发必兴

圣人治天下，利民之事，丝发必兴；厉民之事，毫末必去。

——（清）万斯大[①]《周官辨非·天官》

注释：

①万斯大（1633—1683）：清朝经学家。字充宗，别字褐夫，因患足疾而自号跛翁，浙江鄞县（今宁波）人。

译文：

圣人治理天下，有利于百姓的事情，即使细小得像蚕丝和毛发，也一定要去做；虐害百姓的事，即使细小得像羽毛的尖端，也一定要除去。

128. 善治莫如省官

善治莫如省官，善政莫如薄敛。古今图治之本，斯二者而已。

——（清）李鄴嗣《周官辨非序》

译文：

好的治理方法不如裁减多余的官吏，好的政策不如减轻百姓的赋税。古今力图治理国家的根本，有这两个方面就够了。

129. 土地属民

若土，则非王者之所得私也。天地之间，有土而人生其上，因资而养焉。有其力者治其地，故改姓受命，而民自有其恒畴，不待王者之授之。

——（清）王夫之①《噩梦》

注释：

①王夫之（1619—1692）：明末清初的唯物主义思想家。字而农，号姜斋，世称船山先生，湖南衡阳人。青年时期参加复社，要求改革。1648年清兵进占衡州，王夫之起兵抗清，失败后参加桂王政府，又因受排挤，愤然离去，长期隐居于荒岩山洞之中，从事著述。

译文：

土地这东西，并不是王朝的私有。天地之间自古就有着大地，大地上产生出人类，人类就靠这土地维持生存。民众凭自己的劳力开垦耕种自己的土地。所以，不管国家怎样改朝换代，民众当然保有着自己世代相传的土地，而不需要王朝的赐授。

130. 天下之治乱，在万民之忧乐

盖天下之治乱，不在一姓之兴亡，而在万民之忧乐。是故桀、纣之亡，乃所以为治也；秦政、蒙古之兴，乃所

以为乱也；晋、宋、齐、梁之兴亡，无与于治乱者也。为臣者轻视斯民之水火，即能辅君而兴，从君而亡，其于臣道固未尝不背也。

——（明末清初）黄宗羲《明夷待访录·原臣》

译文：

其实，天下的一治一乱，并不在于一个王朝的兴盛与灭亡，而在于万民百姓的忧虑与欢乐。所以，桀、纣的灭亡，意味着天下得以大治；秦王朝与蒙古政权的兴起，意味着天下陷入大乱；晋、宋、齐、梁的兴废更替与天下治乱无关。身为人臣者，如果无视百姓的喜怒哀乐，即使他能辅佐君主兴起，追随君主而身亡，也有悖于为臣之道。

131. 天下难治者乃官也

天下难治，人皆以为民难治也；不知难治者，非民也，官也。凡兹庶民，苟非乱人，亦唯求其所乐，避其所苦，曷尝好犯上法以与上为难哉！论政者不察所由，以为法令之不利于行者，皆梶于民之不良，释官而罪民。此所以难与言治也。

——（清）唐甄[①]《潜书·梶政》

注释：

①唐甄（1630—1704）：清初具有启蒙民主主义思想的代表人物之一。初名大陶，字铸万，号圃亭，四川达州（今四川达县）人。以激烈抨击封建专制主义著称。他的法律思想也表现了反对以贵凌贱、主张刑先于贵的精神。晚年思想趋于保守，著有《潜书》。

译文：

治理好国家很难。人们都认为百姓难以治理，不懂得难以治理的不是百姓，而是官吏。任何普通的百姓，如果不是天生就爱捣乱，还是都希望求得快乐、回避痛苦的，怎么会故意触犯国家的法律而与朝廷为难呢？谈论政治的人不问青红皂白，认为国家法令不能顺利实施的原因，都是由于百姓不善良，放过了官吏去责怪百姓。这样就谈不上治理好国家了。

132. 人君唯能下，天下之善归之

尊贤之朝，虽有佞人，化为直臣；虽有奸人，化为良臣。何贤才之不尽，何治道之不闻！是故殿陛九仞，非尊也；四译来朝，非荣也。海唯能下，故川泽之水归之；人君唯能下，故天下之善归之。是乃所以为尊也。

——（清）唐甄《潜书·抑尊》

译文：

君主如果尊重德才兼备的贤士，礼遇他们，那么即使有邪恶的小人，也会被感化为忠直不阿的臣子；即使有奸恶狡猾的佞臣，也会被感化为忧国忧民的一代良臣。在尊贤重贤的良好风气下，还有什么样的贤才得不到任用，什么样的治国良策听不到呢？所以殿阁耸天，并不是君王的尊贵；四方来朝，也并不表明君王的显荣。大海宽广无边，能处下位，因此山川河流、湖泊沼泽的水都一起东流入海；君王能虚怀若谷，屈己待士，因此天下的贤能之士归之。这才是君王尊贵的原因啊。

133. 地方官应回避原籍任职

康熙四十二年癸未十二月辛卯，上谕大学士等曰："朕今次西巡，见直隶、河南、陕西、山西四省接壤。如山西泽州人授以河南怀庆府地方官，虽云隔省，相去实不过百里，得无徇庇伊弟兄亲戚乎？又直隶人在河南接壤处、河南人在直隶接壤处居官者甚多。嗣后补授外官时掣签，所得地方如

隔伊原籍五百里外听伊赴任，如五百里内虽隔省，著回避。”

——《清实录·圣祖实录》卷二百十四

译文：

清康熙四十二年（1703）十二月，康熙帝对大学士等人说：“我这次西巡，发现直隶、河南、陕西、山西四省接壤。如果山西泽州人去担任河南怀庆府的地方官，虽说是隔着省，可是相距却不到一百里地，怎么能不徇私情，包庇他的兄弟和亲戚呢？还有直隶人在靠近河南的地方、河南人在靠近直隶的地方任官的也很多。以后选择地方官吏抽签的时候，如果所管辖的地方离他的原籍超过五百里地，就让他前去赴任，如果在五百里地以内，即使是隔省，也应该回避。”

134. 罢免不称言职官

康熙十二年癸丑八月己酉，上谕吏部：“国家设立言官，专司耳目，凡政治得失、民生利弊，必须详切条陈，直言无隐，斯为称职。若但敷衍虚文，浮冗剿袭，或以不急之务草率塞责，非朕广开言路之意。今将科道官亲加考试，其留用各员，宜益加勉励，殚心尽职，以副委任。石文郁、范时起、何名扬庸劣无文，不称言职，令罢之。尔部即遵谕行。”

——《清实录·圣祖实录》卷四十三

译文：

清康熙十二年（1673）八月，康熙帝对吏部官员说：“国家设立言官做为朝廷的耳目，凡是政治上的得失及百姓生活上的利弊，都必须详细地报告，直言无讳，这才是称职。倘若尽是敷衍塞责，不切实际，乃至抄袭旧有文件，或以不重要的事情草率应付，搪塞责任，这不是我所倡导的广开言路的本意。现在我将科道的官员亲自加以考核，留用的官员应该更加勉励自己，努力做好工作，尽心尽职以不辜负我的任用之意。石文郁、范时起、何名扬这三人平庸卑劣，缺乏文采，不称言官的职务，现在将他们罢免。你部应遵照谕旨立即照办。”

135. 选举之法

选举之法，大略有四：曰学校，曰科目，曰荐举，曰铨选。学校以教育之，科目以登进之，荐举以旁招之，铨选以布列之，天下人才尽于是矣。明制，科目为盛，卿相皆由此出，学校则储才以应科目者也，其径由学校通籍者，亦科目之亚也，外此则杂流矣。然进士、举贡、杂流三途并用，虽有畸重，无偏废也。荐举盛于国初，后因专用科目而罢。铨选则入官之始，舍此蔑由焉。

——（清）张廷玉等《明史·选举志一》

译文：

选拔人才的方法，大致有四种：是学校、科目、荐举、铨选。学校用来培养教育人才，科目用来进用人才，荐举用来向各方招致人才，铨选用来布置人才，天下的人才完全集中于此了。明代的制度，盛行科举取士，卿相官职全由此途产生，学校是积蓄才能以接受科举考试的。那些直接由学校进为官的，也是科举之次，在这以外的是杂流。可是进士、举人贡生、杂流三条途径一起使用，虽然有所侧重，但是没有偏废某一方面。荐举盛行于明朝建立的初期，后来因为专用科举而不再使用。量才授官乃是纳官的根本，除了这个就没有来由了。

136. 国家致治之本，首在得人

国家致治之本，首在得人。而得人之要，必广其途以储之，使人不敢冒无实之名，则造就隆而贤才奋。

——（清）夏之蓉[1]《进书札子》

注释：

①夏之蓉（1697—1784）：字芙裳，号醴谷，江苏高邮人。雍正十一年（1733）进士，授检讨。工书法，用笔在赵、董之间。著《半舫斋诗集》。

译文：

要使国家达到长治久安的根本方法，首先在于得到人才。而得到人才的关键，必须通过多种途径来储备人才，使那些没有才能的人不敢假冒不存在的功名，这样就会造就出很多人才，贤能的人也就会从此振作有为。

137. 择士者犹工师之择木

择士者犹工师之择木，不先道义之贤，而词藻之工是取，犹舍合抱而作求拱把也。

——（清）钱琦[1]《钱公良测语·治本》

注释：

①钱琦（1709—1790）：清代诗人。字相人，又字湘莼，号玙沙，晚号耕石老人，浙江仁和（今杭州）人。

译文：

选拔人才就如木匠挑选木料，不以品德好坏作为取贤的首要标准，而是仅凭是否能说会道这一点取人，这就如同木匠舍弃双手合抱的大树，却选中一手在握的细枝一样。

138. 不因时变法，将乱天下

方能治病，而不能尽天下之病；遇病而不通于方，杀人矣。法能治变，而不能尽天下之变；遇变而不通于法，乱天下矣。

——（清）姚莹[①]《康辅纪行》[②]卷十一

注释：

①姚莹（1785—1853）：近代文学家。字石甫，号明叔，晚号展和；因以“十幸”名斋，又自号幸翁。安徽桐城人。从祖姚鼐，为桐城派古文主要创始人。②《康辅纪行》：道光二十五年（1845），姚莹在西南各地进行实地考察的基础上，著《康辅纪行》一书，旨在“知彼虚实”“徐图制夷”，以“冀雪中国之耻，重边海之防”。

译文：

药方能够用来治疗疾病，但是一个药方不能包治天下所有疾病；遇到不同的病症而不变更药方，则会把人治死。法律能够治理天下的变乱；但是一项法律不能治理天下一切变乱，遇到不同的情况而不变通法律，则会把天下搞乱。

139. 利于千万世者，不必利于一时

天下大事，或利于千万世者，不必利于一时；或利于千万人者，不必利于一夫；或利于千万事者，不必利于一二端。

——（清）魏源《古微堂内集·治篇七》

译文：

天下大事，倘若有利于千万代，就不一定强调利于某一个时代；倘若有利于千万人，就不一定强调利于某一个人；倘若有利于万千件事，就不一定强调利于某一两项事。

140. 何谓国民

何谓国民？没有国之时，一定必先有人民，由人民聚集

起来，才成了一个国家。国以民为重，故称国民。国民的讲法，是言民为国的主人，非是言民为国的奴隶。所以国民对于国家，必完全享有国家的权利，也必要担任国家的义务。国民的解释如此。

——（清）陈天华[1]《国民必读——奉劝一般国民要争权利义务》

注释：

①陈天华（1875—1905）：清末资产阶级革命派出色的宣传家。原名显宿，字星台，亦字过庭，别号思黄，湖南新化人。1905年11月，日本文部省颁布歧视并限制中国留学生的《清国留学生取缔规则》，留日学生发动了抵制这个规则的强大运动。为了激励人心，陈天华在12月7日留下《绝命书》，投海自杀。著作辑为《陈天华集》。

141．商务者，国家之元气也

商务者，国家之元气也；通商者，疏畅其血脉也。商以贸迁有无，平物价，济急需，有益于民，有利于国，与士、农、工互相表里。士无商则格致之学不宏，农无商则种植之类不广，工无商则制造之物不能销，是商贾具生财之大道，而握四民之纲领也。商之义大矣哉！

——（清）郑观应[1]《盛世危言·商务一》

注释：

①郑观应（1842—1921）：近代早期资产阶级改良派思想家。本名官应，字正翔，号陶斋，别号杞忧生、侍鹤山人，广东香山（今广东中山）人。

译文：

商务，是国家的元气；通商，是疏通血管脉络。通商来贩卖多余的东西，购买紧缺的东西，可以平息物价，接济急需物资，对人民有好处，对国家有利，与士、农、工各业为互相依存的关系。读书没有商务，科学技术就不能广泛传播；农业没有商务，种植的东西类别就少；工业没有商务，制造的东西就销售不出去。这样说来，商务是增长财富的正大光明的道路，并且是掌管士、农、工、商四种职业的民众的纲领。商务的作用非常之大！

142. 天下为公，选贤与能者，官天下也

天下为公，选贤与能者，官天下也。夫天下国家者，为天下国家之人公共同有之器，非一人一家所得私有，当合大家分选贤能以任其职，不得世传其子孙兄弟也。此君臣之公理也。

——康有为《礼运注》

143. 政法必与人民之性情习俗相洽相宜

夫政治非空言理想所能为也，以政治法律皆施于人民者，必与人民之性情习俗相洽相宜，乃可令下如流，施行无碍也。

——康有为《中国颠危误在全法欧美用尽弃国粹说》

144. 事物以新为贵

物新则壮，旧则老；新则鲜，旧则腐；新则活，旧则板；新则通，旧则滞。

——康有为《上清帝第六书》

145. 文明程度愈高，法律愈繁密

国民亦然，苟欲享有完全之自由权，不可不先组织巩固之自治制。而文明程度愈高者，其法律常愈繁密，而其服从法律之义务亦常愈严整，几于见有制裁不见有自由。而不知其一群之中，无一能侵他人自由之人，即无一被人侵我自由之人，是乃所谓真自由也。不然者，妄窃一二口头禅语，暴戾恣睢，不服公律，不顾公益，而漫然号于众曰："吾自由也。"则自由之祸，将烈于洪水猛兽矣。

——梁启超《十种德性相反相成义》

146. 立法善者方能自强

今夫人之智愚贤不肖，不甚相远也。必谓西人皆智，而华人皆愚，西人皆贤，而华人皆不肖，虽五尺之童，犹知其非。然而西官之能任事也如彼，华官之不能任事也如此，故吾曰：不能尽为斯人咎也，法使然也。立法善者，中人之性可以贤，中人之才可以智。不善者反是，塞其耳目而使之愚，缚其手足而驱之为不肖，故一旦有事，而无一人可为用也。不此之变，而鳃鳃然效西人之一二事，以云自强，无惑乎言变法数十年，而利未一见，弊已百出，反为守旧之徒抵其隙而肆其口也。

——梁启超《变法通议》[①]

注释：

①《变法通议》：维新派领袖梁启超在戊戌变法前夕撰写的一组政论文章，当时在《时务报》上连载，使《时务报》在众多报刊中脱颖而出，成为当时影响最大的维新派刊物，梁启超本人也因此得到了“舆论之骄子，天纵之天豪”的美誉。

为官之道

1. 无于水监，当于民监

古人有言曰：人无于水监，当于民监。

——《尚书·酒诰》

译文：

古人说得好：要观察自己，不必对着水照，应该对着百姓的心去照。

2. 廉者，政之本也

廉者，政之本也。

——《晏子春秋·内篇·杂下》

译文：

廉洁，是当官执政的根本大事。

3. 身正才能正人

子曰："其身正，不令则行；其身不正，虽令不从。"

——《论语·子路》

译文：

孔子说："一个在位的人，本身做得正当，就是不下命令也行得通；本身做得不正当，就是下命令老百姓也不能服从。"

4. 多闻阙疑，慎言其余

子张学干禄。子曰："多闻阙疑，慎言其余，则寡尤；

多见阙殆，慎行其余，则寡悔。言寡尤，行寡悔，禄在其中矣。”

——《论语·为政》

译文：

子张向孔子学求官职得俸禄的方法。孔子说：“多听，对有怀疑的地方，加以保留；其余足以自信的部分，谨慎地说出，就能减少错误。多看，有怀疑的地方，加以保留；其余自信的部分，谨慎地实行，就能减少懊悔。言语的错误少，行动的懊悔少，官职俸禄就在这里面了。”

5. 居上不宽，何以观之

子曰：“居上不宽，为礼不敬，临丧不哀，吾何以观之哉？”

——《论语·八佾》

译文：

孔子说：“居于统治地位不宽宏大量，行礼的时候不严肃认真，参加丧礼的时候不悲哀，这种样子我怎么看得下去呢？”

6. 君子先慎乎有德

君子先慎乎有德。有德此有人，有人此有土，有土此有财，有财此有用。德者，本也；财者，末也。外本内末，争民施夺。是故财聚则民散，财散则民聚。

——《礼记·大学》

译文：

统治者首先要重视德行的培养。有了德行，就有了人民；有了人民，就有了土地；有了土地，就有了财产；有了财产，就能实施各种措施。德行，是统治的根本；财产，是统治的枝节。轻视德行而重视财产，就会想方设法搜刮民脂民膏（必然导致人民离心离德），因此，统治者聚敛财产，人民就会离散；统治者藏富于民，人民就来归附。

7. 从道不从君

君有过谋过事，将危国家、殒社稷之惧也，大臣父兄有能进言于君，用则可，不用则去，谓之谏；有能进言于君，用则可，不用则死，谓之争；有能比知同力，率群臣百吏而相与强君挢君，君虽不安，不能不听，遂以解国之大患，除国之大害，成于尊君安国，谓之辅；有能抗君之命，窃君之重，反君之事，以安国之危，除君之辱，功伐足以成国之大利，谓之拂。故谏、争、辅、拂之人，社稷之臣也，国君之宝也，明君所尊厚也，而暗主惑君以为己贼也。故明君之所赏，暗君之所罚也；暗君之所赏，明君之所杀也。伊尹、箕子可谓谏矣，比干、子胥可谓争矣，平原君之于赵，可谓辅矣，信陵君之于魏，可谓拂矣。传曰："从道不从君。"此之谓也。

——《荀子·臣道》

译文：

君主有了错误的谋划、错误的行为，国家将危险、政权将灭亡，这时大臣、父兄中如果有人能向君主进呈意见，意见被采用就好，不被采用就离去，这叫做劝谏；如果有人能向君主进呈意见，意见被采用就好，不被采用就殉身，这叫做苦诤；如果有人能联合有智慧的人同心协力，率领群臣百官一起强迫君主、纠正君主，君主虽然不服，却不能不听从，于是靠此消除了国家的大忧患，去掉了国家的大祸害，结果使君主尊贵、国家安定，这叫做辅助；如果有人能抗拒君主的命令，借用君主的权力，反对君主的错误行为，因而使国家转危为安，除去了君主蒙受的耻辱，功劳足够用来成就国家的重大利益，这叫做匡正。所以劝谏、苦诤、辅助、匡正的人，是维护国家政权的大臣，是国君的宝贵财富，是英明的君主所尊敬优待的，但愚昧的主子、糊涂的国君却把他们看作为自己的敌人。所以英明的君主所奖赏的人，却是愚昧的君主所惩罚的对象；愚昧的君主所奖赏的人，却是英明的君主所杀戮的对象。伊尹、箕子可以称为劝谏了；比干、子胥可以称为苦诤了；平原君对于赵国来说，可以称为辅助了；信陵君对于魏国来说，可以称为匡正了。古书上说："依从正确的原则而不依从国君。"说的就是这种人啊。

8. 内举不避亲，外举不避仇

内举不避亲，外举不避仇。是在焉，从而举之；非在焉，从而罚之。是以贤良进而奸邪并退。

——《韩非子·说疑》

译文：

如果自己的亲人是贤才，就举荐他们当官，并不因为他们是亲人而回避他们；自己的仇人是贤才，也举荐他们做官，并不因为是仇人而回避他们。凡做得对的人，就选拔上来；凡做错了的人，就罢黜下去。因此贤良得到进用，而奸邪遭到斥逐。

9. 听言不可不察

听言不可不察，不察则善、不善不分。善、不善不分，乱莫大焉。

——《吕氏春秋·听言》

译文：

听到有关言论时，不可不考察，否则就分不清好坏。分不清好坏，就会使社会动荡不安。

10. 为吏之道

凡为吏之道，必精絜（洁）正直，谨慎坚固，审悉毋（无）私，微密韱（纤）察，安静毋苛，审当赏罚。严刚毋暴，廉而毋刖。毋复期胜，毋以忿怒夬（决）。宽俗（容）忠信，和平毋怨，悔过勿重。兹（慈）下勿陵，敬上勿犯，听间（谏）勿塞。

——《为吏之道》①

注释：

①《为吏之道》：是 1975 年湖北睡虎地出土秦简中的重要组成部分，计 51 枚竹简，置于墓主人“喜”的腹部前。因开篇有“为吏之道”四字而得名。其内容主要是秦代为官从政必须遵守的道德行为规范，类似后世封建国家的“官箴”。

译文：

大凡做官为吏的根本，必须清白正直，严谨慎重如一，明悉哲理无私，遇事细致明察，贵清净不苛酷，赏功罚过适当。待人严肃刚正而不暴躁，行事廉洁公平而不伤人，既不想着一心胜过他人，也不凭着意气处理政事。与人相处时宽容忠信，和和蔼蔼不结仇怨，自己后悔的过错不再重犯。待下仁慈而不欺辱，对上恭敬而不冒犯，听到劝诫言论而不制止。

11. 吏有五善，吏有五失

吏有五善：一曰中（忠）信敬上，二曰精（清）廉毋谤，三曰举事审当，四曰喜为善行，五曰龚（恭）敬多让。五者毕至，必有大赏。

吏有五失：一曰夸以泄，二曰贵以大（泰），三曰擅裚割，四曰犯上弗智（知）害，五曰贱士而贵货贝。一曰见民杲（倨）敖（傲），二曰不安其鼂（朝），三曰居官善取，四曰受令不偻，五曰安家室忘官府。一曰不察所亲，不察所亲则怨数至；二曰不智（知）所使，不智（知）所使则以权衡求利；三曰兴事不当，兴事不当则民傷指；四曰善言隋（惰）行，则士毋所比；五曰非上，身及于死。

——《为吏之道》

译文：

做官为吏共有五大善行：一是对上司要尊敬忠诚，二是自身廉洁并不怨恨他人，三是办事审慎适当，四是多行利于百姓的好事，五是端庄而宽和恭谦。如果做到了以上五大善行，那一定会得到官府的奖励和百姓的赞赏。

做官为吏有五大过失：一是过度奢侈腐化，二是因富贵而骄傲，三是遇事擅自决定，四是冒犯上司而不懂得危害，五是轻视人才而看重钱财。或者一是看见百姓便傲慢不恭，二是身在朝廷而心不安，三是在官任上特别能巧取豪夺，四是对待命令不恭敬顺从，五是心中只有自家而没有公家。或者一是对所亲近的人袒护而不加考察，对亲近的人袒护而不加考察就会造成怨恨丛生；二是对所使唤的人不了解，对所使唤的人不了解就会造成其人以权谋私；三是所兴办的事情不恰当，所兴办的事情不恰当就会造成百姓对指示不重视；四是说得多而做得少，说得多而做得少就会造成人们不亲附；五是非议上司，非议上司就会造成身遭杀害的祸患。

12. 凡治事，敢为固

凡治事，敢为固，谒私图，画局陈卑以为耤。肖人聂心，不敢徒语恐见恶。凡戾人，表以身，民将望表以戾真。表若不正，民心将移乃难亲。

——《为吏之道》

译文：

大凡做官为吏者处理政事，敢于坚持不懈地安定根本，遏制为私欲而图谋，为政时如下棋一般慎重行事。（这样）小人就会畏惧，不敢胡说乱道惹人厌恶。大凡做官为吏者要做人们的表率，并处处以身作则，如此百姓才会照着表率的样子去做而且达到和表率一样。如果表率本身就不端正，那民心也将会随之转移并难以和官府亲善。

13. 处静以修身，俭约以率下

君人之道，处静以修身，俭约以率下。静则下不扰矣，俭则民不怨矣。

——（西汉）刘安《淮南子·主术训》

译文：

统治民众的原则是：处于宁静以修养身心，生活俭朴以作为民众的榜样。统治者能宁静少事，则民众生活安定，统治者生活俭朴，则民众没有怨言。

14. 人臣之行，六正六邪

人臣之行，有六正六邪。行六正则荣，犯六邪则辱，夫荣辱者祸福之门也。何谓六正六邪？六正者，一曰萌芽未动，形兆未见，昭然独见存亡之几，得失之要，预禁乎不然之前，使主超然立乎显荣之处，天下称孝焉。如此者，圣臣也。二曰虚心自意，进善通道，勉主以礼义，谕主以长策，将顺其美，匡救其恶。功成事立，归善于君，不敢独伐。其劳如此者，良臣也。三曰卑身贱体，夙兴夜寐，进贤不解，数称于往古之德行事，以厉主意，庶几有益以安国家、社稷、宗庙。如此者，忠臣也。四曰明察幽见，成败早防而救之，引而复之，塞其间绝其源，转祸以为福，使君终以无忧。如此者，智臣也。五曰守文奉法，任官职事，辞禄让赐，不受赠遗，衣服端齐，饮食节俭。如此者，贞臣也。六曰国家昏乱，所为不谏，然而敢犯主之颜，面言主之过失，不辞其诛，身死国安不悔所行。如此者，直臣也。是为六正也。六邪者，一曰安官贪禄，营于私家，不务公事，怀其智藏其能，主饥于论渴于策，犹不肯尽节。容容乎，与世沉浮，上下左右顾望。如此者，具臣也。二曰主所言皆曰善，主所为皆曰可，隐而求主之所好即进之，以快主耳目。偷合苟容，与主为乐，不顾其后害。如此者，谀臣也。三曰中实颇险，外容貌小谨，巧言令色又心嫉贤。所欲进则明其美而隐其恶，所欲退则明其过而匿其美。使主妄行过任，赏罚不当，号令不行。如此者，奸臣也。四曰智足以饰非，辩足以行说，反言易辞而成文章。内离骨肉之亲，外妒乱朝廷。如此者，谗臣也。五曰专权擅势，持招国事以为轻重，于私门成党以富其家，又复增加威势，擅矫主命以自贵显。如此者，贼臣也。六曰谄言以邪，坠主不义，朋党比周以蔽主明，入则辩言好辞，出则更复异其言语，使白黑无别，是非无间，伺候可推而因附，然使主恶布于境内，闻于四邻。如此者，亡国之臣也。是谓六邪。贤臣处六正之道，不行六邪之术，故上安而下治，生则见乐，死则见思，此人臣之术也。

——（西汉）刘向[①]《说苑·臣术》[②]

注释：

①刘向（约前77—前6）：西汉经学家、目录学家、文学家。原名更生，

字子政，沛县（今属江苏）人。②《说苑》：西汉刘向撰。原二十卷，后仅存五卷，经宋曾巩搜辑，复为二十卷。分门纂辑先秦至汉代史事和传说，杂以议论。

译文：

人臣的行为有六正六邪的区别。实行六正的就荣耀，实行六邪的就耻辱，荣与辱是招致祸福的门径。什么是六正？一是在祸乱还没有任何征兆的时候，就能敏感地察觉存与亡的关键，得与失的要领，预先做好防患于未然的准备，使君主不必费心劳神，无忧无虑地处于显赫荣耀的地位，天下的人都会称道他的孝心。这样的是圣臣。二是谨慎谦虚，能进善言通晓大道，用礼义劝勉君主，用良策启迪君主，顺应君主的美德，匡正君主的过失，功成事就之后，把善处都归功于君主，不敢自我炫耀。这样的是良臣。三是不辞辛苦，日夜操劳，举荐贤才从不松懈，经常在君主面前颂扬古代的道德和行事的标准，以此劝勉激励君主，希望对安定国家、社稷、宗庙有益。这样的是忠臣。四是明察善断，预测成败早为设法防止和补救，堵塞漏洞铲除失败的根源，转化祸事为福事，使君主始终无所忧虑。这样的是智臣。五是奉公守法，不虚居官位，辞谢俸禄推让赏赐，不受赠送的财物，衣着端庄整齐，饮食节俭。这样的是忠臣。六是在国家混乱之时，君主所作所为背离了大道，然而敢于不顾君主震怒犯颜苦谏，当面指责君主的过失，不因为害怕诛杀而退让，哪怕是自己被杀，只要国家安定就决不后悔。这样的是直臣。这就是六正。什么是六邪？一是贪恋官职俸禄，专谋私利而不务公事，隐藏自己的智慧和才能，君主虽然急于要臣下献计谋策，还是不肯尽心辅佐。庸庸碌碌，与世沉浮，上下观望左右回顾。这样的是具臣。二是凡君主所说的都称善，君主所做的都说可，私下探察君主喜好什么就进献什么，使君主感到欢快，苟且迎合，蛊惑君主寻欢作乐，不顾后果如何。这样的是谀臣。三是胸中阴险而貌似恭谨，嘴上说得好听，脸上装得和善，心中却嫉妒贤能。对所要举荐的人就只言其美而隐匿其恶，对所要排挤的人就只说他坏而不说他好，使君主任人失当，赏罚不明，号令不行。这样的是奸臣。四是才智足以掩饰过失，口才足以进行辩说，虽然都是歪理，但能够讲得头头是道。在内离间君主的骨肉之亲，在外嫉贤妒能扰乱朝廷。这样的是谗臣。五是专权擅政，操纵国家大事擅自处理，结党营私为自家聚敛财富，又扩大淫威，假托君主的旨意以抬高自己。这样的是贼臣。六是专说邪僻不义的谄言，陷君主于不义，结党营私以蒙蔽主上，当着君主的面花言巧语，背后则另说一套，使黑白混淆，是非颠倒，暗中窥测可以排挤的大臣就依附君主除去，使君主的恶行传遍境内，远播于四方邻国。这样的是亡国之臣。这就是六邪。贤臣信守六正之道，不行六邪之术，所以能使在上者安定，在下者治理。他们活的时候受人们的爱戴，死了以后被人们追念。这才是人臣所应做的啊。

15. 臣爱君之过，而不爱君之丑

简子有臣尹绰、赦厥。简子曰："厥爱我，谏我必不于众人中；绰也不爱我，谏我必于众人中。"尹绰曰："厥也爱君之丑，而不爱君之过也；臣爱君之过，而不爱君之丑。"孔子曰："君子哉尹绰！面訾不誉也。"

——（西汉）刘向《说苑·臣术》

译文：

晋国大夫赵简子有家臣尹绰和赦厥。有一天，赵简子对他们说："赦厥顾惜我的体面，总不在众人前劝谏我；尹绰却不顾惜我的体面，常在众人面前直接劝谏我。"尹绰回答说："赦厥呀，他顾惜的是您面子上不好看，却不顾惜您的过错；我顾惜的是您的过错，而不顾惜您脸面是不是难堪。"孔子知道尹绰的为人时，赞叹地说："尹绰是一位品德高尚的人啊！他能当面指出君主的过错而不是当面奉承君主。"

16. 欲下廉者先之身

语曰："货赂下流，犹水之赴下，不竭不止。"今大川江河饮巨海，巨海受之，而欲溪谷之让流潦；百官之廉，不可得也。夫欲影正者端其表，欲下廉者先之身。故贪鄙在率不在下，教训在政不在民也。

——（西汉）桓宽①《盐铁论·疾贪》②

注释：

①桓宽（生卒年不详）：字次公，汉汝南郡（今河南上蔡西南）人。治《公羊春秋》。宣帝时举为郎，后官至庐江太守丞。其知识广博，善为文。著有《盐铁论》六十篇。②《盐铁论》：汉代关于煮盐冶铁和铸钱等经济政策的重要著作。全书共六十篇，前四十一篇追溯公元前81年朝廷讨论盐铁官营政策的言论，后十九篇是余论和著者的后序。

译文：

俗话说："金钱财物的流失，就像水往下流，流不尽就不会停止。"今天大江大河流入大海，大海接受了它们。但是在这种情况下，却想让溪谷不接受雨后的地面流水，想让众多的官员廉洁奉公，这显然是不可能做到的。想让影子端正就必须使标杆端正，想使下层官员廉洁，处在上位的当权者就必须首先做到自身廉洁。因此，贪鄙的责任在于上层统治者没有做好表率，而不在下层，教化和训诫在于国家政策，而不在于百姓。

17. 身立则政立

或问："何以治国？"曰："立政。"曰："何以立政？"曰："政之本，身也。身立则政立矣。"

——（西汉）扬雄[①]《法言·先知》[②]

注释：

①扬雄（前53—18）：西汉时期文学家、哲学家、语言文字学家。字子云，蜀郡成都（今四川成都郫县友爱镇）人。②《法言》：全书十三篇，每篇为一卷，模仿《论语》体裁写成。内容以儒家传统思想为中心，兼采道家思想。

译文：

有人问："依据什么去治理国家？"回答是："推行政事。"又问："依据什么去推行政事？"回答是："政事的根本在于官员自身。官员自己言行正直，政事就能够得到推行。"

18. 忠臣事君，莫先于谏

忠臣之事君也，莫先于谏。下能言之，上能听之，则王道光矣。谏于未形者上也，谏于已彰者次也，谏于既行者下也。违而不谏，则非忠臣。夫谏始于顺辞，中于抗议，终于死节，以成君休，以宁社稷。《书》云："木从绳则正，后从谏则圣。"

——（东汉）马融《忠经·忠谏章》

译文：

忠臣侍奉君主，最首要的是诤谏。在下之官能直言诤谏，而在上之人能择善采纳，则可以达到完美的政治。在下对在上的诤谏最好是在事情没办并未形成损失之前，其次是在已暴露出缺点错误时诤谏，再次是在已造成损失时诤谏。因怕违背在上之意而不敢诤谏，那就不是忠良之臣。忠臣最初诤谏时言辞尚顺情而发，往后便是直言反对，最终是以死相谏，并以此来成就君主之善，使国家安宁。《尚书》中说："木料用墨线拉过就能正直，君王采纳劝谏就是圣明。"

19. 善莫大于作忠

惟天监人，善恶必应。善莫大于作忠，恶莫大于不忠。忠则福禄至焉，不忠则刑罚加焉。君子守道，所以长守其休；小人不常，所以自陷其咎。休咎之征也，不亦明哉？《书》云："作善，降之百祥；作不善，降之百殃。"

——（东汉）马融《忠经·证应章》

译文：

上天监督着人们的作为，善有善报恶有恶报，皆很灵验。善报中最灵验的莫过于尽忠之事，而恶报中最灵验的也莫过于不忠之事。人们竭尽忠心去做事则福禄不请自到，而做事不竭尽忠心则刑罚会降到其身。贤明之人固守道义，所以能永保善美；奸邪之人没有常心，所以才自陷其咎。善恶凶吉之类报应，不是明摆着的吗？《尚书》中说："做善事，则吉祥到；做坏事，则灾祸到。"

20. 正人先正己

善禁者，先禁其身，而后人。不善禁者，先禁人而后身。善禁之至于不禁，令亦如之。若乃肆情于身而绳欲于众，行诈于官而矜实于民，求己之所有余，夺下之所不足，舍己之所易，责人之所难，怨之本也。谓理之源斯绝矣。

——（东汉）荀悦[①]《申鉴·政体》[②]

注释：

①荀悦（148—209）：东汉末期政论家、史学家。字仲豫，颍川颍阴（今河南许昌）人。②《申鉴》：荀悦的政治、哲学论著。全书五卷，包括《政体》、《时事》、《俗嫌》、《杂言》上下五篇。

译文：

善于用禁令治理社会的人，必然自己首先以禁令的要求约束自己，然后才去要求别人。不善于用禁令治理社会的人，先要求别人按照禁令的内容去做，然后才去要求自己。善于禁者，后来可以达到不禁而正，法令的推行同样也是如此。如果自己一味纵情，随心所欲，对他人的欲望都加以约束；如果自己居官奸诈，却要求百姓老老实实；如果自己千方百计去寻求已经使用不完的财富，而却去夺取老百姓本来很不够用的东西，这都是舍弃自己很易于做到的事，却要求别人去做难办的事，当然会招致怨恨。这就使讲道理的源头完全被堵绝了。

21. 君子有三鉴：世、人、镜鉴

君子有三鉴：世、人、镜鉴。前惟训，人惟贤，镜惟明。夏、商之衰，不鉴于禹、汤也。周、秦之弊，不鉴于民下也。侧弁垢颜，不鉴于明镜也。故君子惟鉴之务，若夫侧景之镜亡鉴矣。

——（东汉）荀悦《申鉴·杂言上》

译文：

君子为人，要具备三面镜子：一是以历史为镜子，二是以别人为镜子，三是以铜镜为镜子。以前代为镜子，便可从中找到教训。以别人为镜子，可以知道学习别人的长处。以铜镜为镜子，可以明显看出自己的不足。古代夏朝和商朝的衰败，就在于没有把夏禹和商汤作为镜子的恶果。周朝和秦朝的灭亡，就在于没有把百姓当做镜子。歪戴着帽子，满脸是污垢，那是不用明镜认真照看自己的结果。所以，我们说，君子们一定要以镜子为借鉴，如果只看自己侧身的影子，那就和没有镜子不相上下了。

22. 忠臣事君

盖闻古之忠臣事其君也，尽心焉，尽力焉。称材居位，称能受禄。不面誉以求亲，不愉悦以苟合。公家之利，知无不为。上足以尊主安国，下足以丰财阜人。内匡君之过，外扬君之美。不以邪损正，不为私害公。见善行之如不及，见贤举之如不逮；竭力尽劳而不望其报，程功积事而不求其赏。务有益于国，务有济于人。夫事君者以忠正为基，忠正者以慈惠为本。故为臣不能慈惠于百姓，而曰忠正于其君者，斯非至忠也。所以大臣必怀养人之德，而有恤下之心。利不可并，忠不可兼。不去小利，则大利不得；不去小忠，则大忠不至。故小利，大利之残也；小忠，大忠之贼也。

——（唐）武则天《臣轨·至忠章》[①]

注释：

①《臣轨》：共二卷十篇。以儒家传统道德观念为基础，论述为臣者正心、诚意、爱国、忠君之道，作为臣僚的座右铭与士人贡举习业的读本。

译文：

据说古时候的忠臣侍奉他们的君主，不但尽其心，而且竭其力，根据自己的才识担任合适的职位，根据自己的能力接受适当的俸禄，不当面奉承君主而求得亲近，不当面讨好君主而求得附和，凡对公家有利的事，知道了就一定做，如此便达到了对上足能尊敬君主、安定国家，对下足能丰富财物、幸福人民。忠臣居于内朝而能匡正君主的过失，来到外朝而能宣扬君主的美德。从不以邪损正，也不以私害公。见到善良行为唯恐自己学不到家，见到贤能之人唯恐举荐还来不及；自己竭心尽力地干事而不希望得到回报，已积累了众多的事功而不企求得到奖赏。一心想着要有益于国家，一心想着要有益于人民。大凡侍奉君主要以忠良正直为基础，而忠良正直必须以仁慈恩惠为根本，所以作为臣子对于老百姓不能仁慈恩惠，而说自己对君主忠良正直，那不算是真正的忠臣。因此作为大臣，既要怀有养育百姓的美德，同时还要具有体恤下情的心思。利不可并得，忠不可兼有，不舍弃小利，那大利就不可能得到；不舍弃小忠，那大忠就不可能做好。因此说那种小利，它是大利的凶恶敌人；而那种小忠，它是大忠的阴险贼子。

23. 谏者，应匡君于正

夫谏者，所以匡君于正也。《易》曰：“王臣謇謇，匪躬之故。”人臣之所以謇謇为难。而谏其君者，非为身也，将欲以除君之过，矫君之失也。君有过失而不谏者，忠臣不忍为也。

——（唐）武则天《臣轨·匡谏章》

译文：

谏诤的目的，在于匡正君主的过失。《易》说：“君主的臣子忠贞正直，这不是为了自身。”臣子当中为什么做个忠贞正直之臣特别困难，原因在于他需要谏诤其君主，而不是为了自身，目的在于消除君主的过错，矫正君主的失误。看见君主的过失而不予以谏诤，这是忠臣不忍心干的事。

24. 廉平之德，吏之宝也

君子虽富贵，不以养伤身；虽贫贱，不以利毁廉。知为吏者，奉法以利人；不知为吏者，枉法以侵人。理官莫如平，临财莫如廉。廉平之德，吏之宝也。非其路而行之，虽劳不至；非其有而求之，虽强不得。知者不为非其事，廉者不求非其有。是以远害而名彰也。故君子行廉以全其真，守清以保其身。

——（唐）武则天《臣轨·廉洁章》

译文：

君子即使富有、地位高，也不因为滥吃而伤害自己的身体；即使贫穷、地位低，也不因为牟利而毁掉自己廉洁的品行。知道怎样做官的人，遵守法制以利民众；不知道怎样做官的人，破坏法制以害民众。处理官事，最重要的是要做到公平；取予财物，最重要的是做到廉洁。廉洁、公平，是官吏最宝贵的品德。沿着不是通往目的地的路走，虽然辛苦也不可能走到；求取不是自己应该得到的东西，虽然强求，也不可能得到。聪明的人不做自己不该做的事情，廉洁的官不求自己不该得到的东西。因此他们都能远离灾祸而名扬四海。所以君子奉行清廉以保全自己的天性，坚守清廉以保全自己的生命。

25. 人臣之公

天无私覆，地无私载，日月无私烛，四时无私为。忍所私而行大义，可谓公矣。智而用私，不若愚而用公。人臣之公者，理官事则不营私家，在公门则不言货利，当公法则不阿亲戚，奉公举贤则不避仇雠。忠于事君，仁于利下。推之以恕道，行之以不党，伊、吕是也。故显名存于今，是之谓公也。理人之道万端，所以行之在一。一者何？公而已矣。唯公心可以奉国，唯公心可以理家。公道行，则神明不劳而邪自息；私道行，则刑罚繁而邪不禁。故公之为道也，言甚少而用甚博。夫心者，神明之主，万理之统也。动不失正，天地可感，而况于人乎！故古之君子，先正其心。夫不正于昧金而照于莹镜者，以莹能明也；不鉴于流波而鉴于静水者，以静能清也。镜、水以明清之性，故能形物之形，见其善恶。而物无怨者，以镜水至公而无私也。镜水至公，犹不免于怨，而况于人乎！

——（唐）武则天《臣轨·公正章》

译文：

天毫不保留地覆盖于上，地毫无保留地承载于下，太阳和月亮毫不保留地普照大地，春夏秋冬毫无私心地按时更替。如此的忍着私欲而传布正道，可以称得上是公正了。若聪明之人用智慧去谋私邪，那还不如愚蠢之人的公正为好。作为臣子的公正，那就是处理公事而不为自己图私谋利，在公家干事而不轻易谈论财货盈利，掌管执法而不偏袒亲戚，为公举荐贤良而不回避仇人。侍奉君主则忠心耿耿，对待部下则仁慈恩惠，尊崇宽厚公正之道，做事不拉帮结派，伊尹和吕望是这方面的榜样，因此直到今天名声显扬，这也堪称为公正。治理百姓的方法很多，但唯一可行的只有一种，哪一种呢？即公正而已。只有有公正之心才能以国家为重，只有有公正之心才能治理好国家。为官者如果奉行公正之道，那不必费力就能使邪恶自己消失；为官者如果奉行私邪之道，那无论刑罚再重也不能使邪恶禁止。所以说有了公正之道，虽出言不多但作用很大。心灵是精神的根本，是治理万物的统帅。如果行为不失公正，那就能感化天地，更何况人呢？因此古时的君子，首先是有公正之心。人们不用昏暗的铜镜正形而用晶莹的镜子照看，是因为晶莹的镜子可以照得更明白；人们不以流动的水为镜子而以静止的水为镜子，是因为静止的水可以照得更清晰。因镜和水有明白、清晰的特性，所以能够显示万物的形貌，不论显示的是好是坏，而万物都无怨无恨，因为镜和水都是极其公正而无私邪的。以镜和水的极其公正，有时也难免被怨恨，更何况人呢？

26．大慎闭心

昔贤臣之事君也，入则造膝而言，出则诡词而对。其进人也，唯畏人之知，不欲恩从己出；其图事也，必推明于君，不欲谋自己造。畏权而恶宠，晦智而韬名。不觉事之在身，不觉荣之在己。人闭其口，我闭其心；人密其外，我密其里。不慎而慎，不恭而恭，斯大慎之人也。故大慎者，心知不欲口知；其次慎者，口知不欲人知。故大慎者闭心，次慎者闭口，下慎者闭门。

——（唐）武则天《臣轨·慎密章》

译文：

从前贤明之臣侍奉君主时，入朝则为国家而无所不言，下朝则怕泄密而诡辞对答。他们虽向上级举荐了人才，但又害怕被推荐者知道情况，因为他们不想使人认为他们是恩人；他们图谋事情时，一定要把圣明之处说成是君主的作为，而不想他们自己来谋名；他们畏惧权威并且厌恶贵宠，隐匿才能与名声而不自我炫露；他们不觉得事情的成功是因为他们自身的努力，也不觉得各种荣誉和他们自身有什么关系。别人闭上了口，我就闭上心；别人在外面保密，我就在心中保密；别人不谨慎而我谨慎，别人不恭敬而我恭敬。能做到这些的就是大慎之人了。作为大慎之人，他们心里知道的情况却嘴上不说；而其次者，是嘴上说了但他人却不明白。因此大慎之人是闭上心，其次者是闭上口，最差的是闭上门。

27．君子任职则思利人

夫黔首苍生，天之所甚爱也。为其不能自理，故立君以理之；为君不能独化，故为臣以佐之。夫臣者，受君之重位，牧天之甚爱，焉可不安而利之，养而济之哉！是以君子任职则思利人，事主则思安俗。故居上而下不重，处前而后不怨。

——（唐）武则天《臣轨·利人章》

译文：

平民老百姓，是上天最亲爱的人，因为他们不能自己治理，所以才树立君主来治理他们；又因为君主不能独自教化，所以又设臣子来辅佐君主。所谓臣子，他承受着君主的重托，治理着上天最亲爱的人，岂敢不安抚百姓而使他们获利、善养百姓而使他们增益呢？因此君子担任官职就只想着利于百姓，侍奉君主就只想着整顿治理好民风，所以君子居上位而在下之人不认为他们权重，处理前面的人而在后面的人没有任何怨言。

28. 民之役，非以役民

凡吏于土者，若知其职乎？盖民之役，非以役民而已也。凡民之食于土者，出其十一佣乎吏，使司平于我也。今我受其直怠其事者，天下皆然。岂惟怠之，又从而盗之。向使佣一夫于家，受若直，怠若事，又盗若货器，则必甚怒而黜罚之矣。以今天下多类此，而民莫敢肆其怒与黜罚者何哉？势不同也。势不同而理同，如吾民何？有达于理者，得不恐而畏乎？

——（唐）柳宗元《柳河东集·送薛存义序》

译文：

凡是掌管一方的官吏，你知道他的职责吗？官吏应该为民服役，而不是役使百姓。大凡百姓以土地为衣食之源的，都交纳什一之税而雇用官吏，又让官吏来组织和调解自己。如今官吏接受了雇值（俸禄）却怠慢职守，天下到处如此。不仅怠慢职守，且又贪污盗窃。如果你家雇用了一个人，接受了你的工钱，却懈怠不做事情，还盗窃你的财货器物，你一定非常气愤并把他辞退，或是给予其他处罚。现在天下官吏大多如此，百姓却敢怒不敢言，也不敢辞退、处罚他们，这是为什么呢？这是势力不同的缘故。势力不同而道理是相同的，应该怎样对待我们的百姓呢？明白这些道理的，能不惶恐而畏惧吗？

29．吏之于民必相知心

吏之于民必相知心，然后治也。吏知民心则明，明则政平矣；民知吏心则信，信则令行矣。欲相知心，岂一朝一夕而可哉？上下未相知，或知之未久，遽委而去之，后来者亦如此，则是吏未尝知民心，民未尝知吏心。吏以所治为传舍，事或不举，则曰以待后人；民视所属如过客，理或不胜，亦曰以待后人。官何以修？众何以服？谓其有功邪，进其爵可也，重其赏可也；如其职事，则久之为贵。故汉有当迁而增秩留者。矧伊无功之人，而可虚受禄食、往来于道路间邪！

——（北宋）李觏《李觏集·周礼致太平论五十一篇·官人第四》

译文：

官吏与民众必须相互知心，然后才能治理好。官吏了解民心则明达，明达则施政公平；民众了解吏心则信任，信任则号令能够实行。要使吏、民相互知心，难道一朝一夕即可做到吗？上下尚未相互了解，或者了解不久，官吏就骤然离官而去，后来的人仍是如此，这样，官吏从来不了解民众的心意，民众从来不了解官吏的心意。官吏把自己治理的地方当做旅舍，有的事情办不成，就说留待后人解决；民众把自己辖属之处的长官看作过客，辩理不能胜诉，也说留待后人解决。这样，官吏怎么能修举政事？民众怎么能服从官吏？认为官吏有功，可以升进其爵位，加重其赏赐；至于其职事，则以久任为好。所以，汉代有应当升迁而提升官秩留任原职者，何况那些无功的人，怎么能让他们虚领俸禄，频频调迁，往来于道路之间呢！

30. 贪者，民之贼也

臣闻廉者，民之表也；贪者，民之贼也。今天下郡县至广，官吏至众，而赃污擿发，无日无之。

——（北宋）包拯[1]《包拯集·乞不用脏吏》

注释：

①包拯（999—1062）：宋代名臣。字希仁，庐州合肥（今属安徽）人。

译文：

我听说，廉洁官吏是民众的表率，贪官污吏是民众中的盗贼。现在全国的郡县设置很多，官吏也很不少，各地揭发出来的贪官污吏，可以说是每天都有。

31. 勿求虚誉

勿求虚誉。有实必有名，虚誉暴集则毁言随至矣。居官有欲沽虚誉而觊美职者，民本安静，必欲兴事改作以祈上官之知，奸猾当治，必欲曲法庇护以悦小人之意，以至修饰厨传，厚赂过客，甚则为矫激不情之事，外欲钓君子之名，而内实市辈之不若。此心一起，则朝夕之所以经营扰扰者，无非为名。其实亡一毫实利及下。非惟名不可得，且适足为识者之讥。岂知官职固有自分，讵可以沽名得？

——（北宋）陈襄[1]《州县提纲》卷一

注释：

①陈襄（1017—1080）：北宋理学家，“海滨四先生”之一。字述古，

号古灵先生，侯官（今福建福州）人。

译文：

不要追求虚假的声誉。有其实则必有其名，虚假声誉陡集，则诽谤之言随至。当官者如欲猎取虚假声誉、觊觎位尊俸厚的职务，民间本来安静无事，他必定要借故生事，改变前任做法，以求上司知道他的作为，奸险狡猾之徒本应惩治，他必定要歪曲法律，多方庇护以讨小人喜欢，以至于随意提高驿站的供应标准，贿赂过往的官场客人，甚至干些掩饰真情、不合情理的事，以钓取正人君子的美名，其实连市井小人都不如。这种念头一产生，那么他从早忙到晚都是为了虚名，并没有一点好处惠及下民。这种人不但得不到好的名声，反而会成为有识之士讥讽的对象。难道不知道官职本来自有一定的本分，怎么可以用买名来取得？

32. 防闲子弟

防闲子弟。凡在官守，汩于词讼，窘于财赋，困于朱墨，往往于闺门之内，类不暇察，至有子弟受人之赂而不知者。盖子弟不能皆贤，或为吏辈诱以小利，至累及终身。昔王元规为河清县，军民歌咏以民吏不识知县儿为第一奇。盖子弟当绝见客，勿出中门，仍严戒吏辈不得与之交通，又时时密察之，庶几亡弊。不然则祸起萧墙矣。

——（北宋）陈襄《州县提纲》卷一

译文：

禁止子弟为非作歹。在任的官员因民事诉讼、财政赋税和往来公文忙得困顿不堪，大都对府内之事无暇细察，以致有些官员没有觉察到自己的子弟接受了外边的贿赂。官员们的子弟不可能都是贤人，有些人在属吏小利引诱下触犯了刑律，结果终身受累。从前王元规当清河县令时，严禁子弟与外界往来，被当地军民歌颂为河清第一大奇事。官员在任时，应当禁止子弟从内室到堂上会客，同时严厉告诫属吏，不能和他们往来，又经常暗中检查，这才能制止上述弊端，否则灾祸就会从府内产生。

33. 戒亲戚贩鬻

戒亲戚贩鬻。士大夫闲居时，亲戚追陪，情意稠密，至赴官后，多私贩货物，假名匿税，远至官所以求售。居官者以人情不可却，或馆之廨舍，或送之寺观，以其货物分之人吏，责之牙侩，而欲取数倍之利，甚则纵其交通关节，以济其行。一旦起讼，咎将谁归？要当戒之于未至之先，或有为贫而来者，宜待之以礼，遗之以清俸，亟遣之归，勿令留滞。

——（北宋）陈襄《州县提纲》卷一

译文：

禁止亲戚贩卖货物。士大夫在还没有当官的时候，亲戚追随陪伴在身边，感情十分融洽。等到士大夫担任官职后，这些亲戚大多私自贩卖货物，假借当官者的名义逃税，从很远的地方来到任职所在地求售。当官的人认为从前感情好，不可推卸或者把他们安置在自己住处，或者把他们送到寺观暂住，把他们的货物分卖给属吏，或者要求市场经纪人帮忙卖出，企图得到数倍的利润，甚至听任他们结交要人，行贿受贿，以达到牟取厚利的目的。一旦争利告到衙门，谁来承担这种责任？（为了避免这种情况发生），关键是在事先禁止亲戚前来贩卖货物。如果有亲戚因为生活贫困而前来投奔，应该按礼节接待他们，分出自己的部分俸禄送给他们，然后早点让他们回家，不要让他们长久留在身边。

34. 时加警察

时加警察。治一县者须一县事皆在胸次，治一州者须一州事皆在胸次。盖州县事繁，易至遗忘，留意者晓卧多不安枕，常反复致思……次日，当公退无事又时时警省，则政事无废弛，限期无违戾，禁系无冤民，赋财无稽缓，而公家事办矣。

——（北宋）陈襄《州县提纲》卷一

译文：

办事时常要予以戒备检查。治理一县的官员，心中应该掌握全县的情况；治理一州的官员，心中应该掌握全州的情况。州县官员的事务繁多，容易遗忘。留心政事的官员早晨常睡不安稳，反复考虑要办的事情……第二天处理完政事退堂无事之际，还要时时戒备思考，那么政事就不会荒废，不会超过办事的期限，监狱里没有被冤枉囚禁的人，征收赋税也不会拖延迟交，如此一来公家的事务就都即时办理了。

35. 吏言勿信

吏言勿信。……吏大率多欲长官用严，严则人畏其不测，彼得乘势以挟厚赂。……故凡吏有献说者，须察其可行，不可遽听，要在宽严适中，则亡弊矣。

——（北宋）陈襄《州县提纲》卷一

译文：

下属官吏的话不要相信。……属吏大多希望长官为人处世十分严厉，长官严厉，则人们都会认为他深不可测，于是属吏就能乘势要挟，获取厚赂。……因此，凡是属吏的建议，都应该审查是否切实可行，不能轻易相信，关键是要宽严适中，那样就不会出现弊病。

36. 节用养廉

节用养廉。仕宦有俸给之薄者，所得不偿所用。赀产优厚，犹有可诿，若赀产微薄，悉藉俸给而乃用度不节，日用饮食衣服，奴婢之奉，使欲一一如意，重之以嫁娶之交迫，必至窘乏。夫平昔奢侈之人，一旦窘乏，必不能堪，窥窃之心繇是而起，猾吏弥缝其意，又从而饵之。一旦事露，失位辱身，追悔莫及。故欲养廉，莫若量其所入，节其所用。虽粗衣粝食，节淡度日，然俯仰无愧，居之而安，履之而顺，其心休休，岂不乐哉？

——（北宋）陈襄《州县提纲》卷一

译文：

节省用度，培养廉洁。有些官员俸禄较少，收入不够支出。家中经济宽裕者还有个希望，如果家中财产不多，那么全靠俸禄生活而又不节省开支，对日常衣食住行及奴婢伺候的要求又想尽如己意，再加上嫁女娶媳所用费用，必定窘迫穷乏。平常过惯奢侈生活的人，一旦窘迫贫乏，必定忍受不住，贪污之心便由此而生。狡猾属吏摸准上司贪财之意后，便设下钓饵勾引他一起贪污舞弊。一旦事情败露，丧失禄位，身受刑辱，追悔莫及。所以要想培养廉洁，没有什么措施能比得上量入为出，节省开支。虽然粗茶淡饭，节俭度日，但无愧上下，在职心安理得，行事合情合理，心里坦然安闲，岂不高兴吗？

37. 怒不可迁

怒不可迁。今日为官者，事之不如人意十常八九，或公家事偶拂其意，或闺门之内方有私忿，怒见颜面，临事乘势将亡辜人决挞，以泄怒气，是迁怒也。故当怒时必持之以宽，忿怒既消，心平气和矣。

——（北宋）陈襄《州县提纲》卷一

译文：

不可随意把怒火转移到他人身上。现在当官的人，不如人意的事十成之中总有八九成，或者是处理公事时偶尔有人违背自己的意愿，或者是家庭中正因私事发怒，在处理政事时怒气还未消，便乘怒对无罪之人进行处罚以泄胸中怒火，这就是把怒火转移到他人身上。因此在发怒时一定要把宽恕作为处理政事的指导思想，愤怒消了以后，便心平气和了。

38. 能用度外人，然后能周大事

范文正常言：史称诸葛亮能用度外人。用人者莫不欲尽天下之才，常患近己之好恶而不自知也。能用度外人，然后能周大事。

——（北宋）沈括[1]《梦溪笔谈·杂志二》[2]

注释：

①沈括（1031—1095）：北宋科学家、地理学家。字存中，杭州钱塘县（今浙江杭州）人。②《梦溪笔谈》：约撰写于1086—1093年，现传本二十六卷，分十七个门类共六百零九条。条文内容广泛涉及社会科学和自然科学的各个学科。

译文：

范仲淹经常说：史书记载诸葛亮能不按常规用人。善于用人的人都想把天下的人才收罗到自己手里，就怕他们只根据自己的感情选用了投合自己好恶的人，而自己还不知道。能不按常规用人，然后才能做成大事。

39. 不愚君，不胁君

不诬治以为乱，不援乱以为治。援乱以为治，是愚其君也；诬治以为乱，是胁其君也。

——（北宋）苏辙《新论上》

译文：

不要把国家太平安定的局面诬说成混乱不堪，也不要把混乱的局面反说成是太平景象。把混乱说成太平，是愚弄和欺骗国君；把太平说成混乱，这是威胁和恐吓国君。

40. 当官之法，唯有三事

当官之法，唯有三事：曰清，曰慎，曰勤。知此三者，可以保禄位，可以远耻辱，可以得上之知，可以得下之援。然世之仕者，临财当事，不能自克，常自以为不必败。持不必败之意，则无所不为矣，然事常至于败而不能自已。故设心处事，戒之在初，不可不察。借使役用权智，百端补治，幸而得免，所损已多，不若初不为之为愈也。司马子微《坐忘论》云："与其巧持于末，孰若拙戒于初。"此天下之要言，当官处事之大法，用力简而见功多，无如此言者。人能思之，岂复有悔吝耶？

——（南宋）吕本中[①]《官箴》

注释：

①吕本中（1084—1145）：南宋诗人。字居仁，号紫微。寿州（今安徽寿县）人。是宰相吕公著的曾孙，以恩荫授承务郎，任枢密院编修官。

译文：

当官的要诀，概括起来只有三个字：清、慎、勤。了解这三点，就可以保住官职，远离耻辱，可以得到上司的赏识，得到下属的拥戴。然而如今当官的面对财物，往往不能自制，常以为没有什么危险。如果有这种态度就会没有不敢做的事情了。所以往往是事情败露，还不能自制。因此，做事情应当在一开始就警戒这些，事情发生了，即使百般用权谋去挽救，有幸能免于灾难，但是损失也是很大的，还不如当初不去做的好。司马子微的《坐忘论》说："与其在事情的最后用巧妙的方法解决，为什么不用笨一点的方法在当初就不去做了？”这是世上的至理名言，也是为官处世的方法，简单易行并且收获甚丰的，没有能超过它的。我们如果能慎重对待，怎么能有后悔的事情呢？

41．当官处事，务合人情

当官处事，务合人情。忠恕违道不远，观于己而得之，未有舍此二字而能有济者也。尝有人作郡守，延一术士同处书室。后术士以公事干之，大怒叱下，竟致之理，杖背编置。招延此人已是犯义，既与之稔熟而干以公事，亦人常情也，不从之足矣，而治之如此之峻，殆似绝灭人理。

——（南宋）吕本中《官箴》

译文：

当官之人处理事情，一定要顺乎人情。为人忠诚宽厚那就不会离开正道太远，处事以身作则那就会取得效果，没有可以舍弃这二者而能获得成功的。曾经有这样一位郡守，他聘请了一名术士并与其共处同一书房，后来那名术士干预他的公务之事，他便极为生气地训斥那名术士下去，那名术士竟然因此而招致处治，被杖打脊背后编管起来。作为郡守而招引这种人，本身已经是违反义理，既然与其非常熟悉，因此而干预公务之事，这也是人之常情，你不听从其意见就行了，反而处治的如此严重，这几乎就是灭绝人理之举。

42．当官处事，但务着实

当官处事，但务着实。如涂擦文书，追改日月，重易押字，万一败露，得罪反重，亦非所以养诚心、事君不欺之道也。百种奸伪，不如一实；反复变诈，不如慎始；防人疑众，不如自慎；智数周密，不如省事。不易之道，事有当死不死，其诟有甚于死者，后亦未免死；当去不去，其祸有甚于去者，后亦未必得安。世人至此，多惑乱失常，皆不知轻重，义之分也。此理非平居熟讲，临事必不能自立，不可不预思。古之欲委质事人，其父兄日夜先以此教之矣，中材以下，岂临事一朝一夕所能至哉？教之有素，其心安焉，所谓有所养也。

——（南宋）吕本中《官箴》

译文：

当官之人处理事情，一定要以务实为本。像涂改文书、更换日期、重新签署姓名等，万一败露，不但处罚要比原来更为严重，而且这也不是涵养忠诚之心、侍奉君主而不欺骗的原则。为千百种虚伪，不如干一种实务；反复设法欺骗，不如开始谨慎；防止众人疑惑，不如自己小心；谋略周全保密，不如清净省事。应当明白一些不变的道理，如必须死却苟且偷生，那么受到的责难比死还厉害，最终还是难逃一死；应当隐退却没有隐退，所遭受的祸害比丢官还厉害，最终还不一定保全官位。世人之所以会这样，大多是因为惑乱失常，不知道哪个轻而哪个重的缘故，其区分在于道义。这个道理如果不是平常的时候反复讲解，那么临到遇事肯定也不会遵守，所以不可不事先准备。古时候的人想委质侍俸别人，他的父亲兄长便在头一天晚上教他如何去做，中等才能以下的人，哪能在事到临头而一朝一夕就无师自通呢？平日里训练有素，遇到事情时内心就不会紧张，这就是所谓的培养啊。

43. 切勿刚愎自用

立身制事，自有一定之理。惟人是倚，势必苟同；以己为是，势必苟异。苟同者，不免诡随；苟异者，不免过正。每两失之。惟酌于理所当然，而不存人己之见，则无所处而不当。故可与君子同功，亦不妨为小人诽谤。

——（南宋）吕本中《官箴》

译文：

为人处世，每个人都有自己的理由。过于依赖他人，一切均以别人的意志为转移，势必会毫无主见地依附别人的意见；反之，若一切均自以为是，势必会导致不加以分析就反对别人的见解。苟同者与苟异者所起的负面作用是一样的。苟同者不免人云亦云，毫无主见；苟异者不免排除异己，矫枉过正。这两种态度都是错误的。只有认真地根据客观事实来分析考虑问题，既不偏听偏信，也不主观臆断，才会避免出现处理不当的情况。所以，一个人在与君子同享功劳的同时，也不妨做好受小人诽谤的思想准备。

44. 为官者以暴怒为戒

当官者先以暴怒为戒，事有不可，当详处之，必无不中。若先暴怒，只能自害，岂能害人。前辈尝言：凡事只怕待。待者，详处之谓也。盖详处之，则思虑自出，人不能中伤也。

——（南宋）吕本中《官箴》

译文：

当官的人首先要戒除暴怒，碰到自己不赞成的事时，应当审慎地处理，肯定会得到合理的解决。如果一事当头时马上暴跳如雷，只能自害，岂能害人。前辈曾说：一切事都怕“待”，“待”就是审慎处理的意思。审慎地处理事情，则解决问题的方案自然出来，（问题得到合理解决）他人就不可能中伤自己了。

45. 律己以廉

律己以廉。凡名士大夫者，万分廉洁，止是小善一点，贪污便为大恶不廉之吏。如蒙不洁，虽有它美，莫能自赎。

——（南宋）真德秀[1]《西山政训》

注释：

①真德秀（1178—1235）：南宋哲学家。朱熹的再传弟子。字景元，后改希元，福建浦城（今浦城县晋阳镇）人。学者称西山先生。

译文：

用廉洁的标准约束自己。凡属知名士大夫之列的官员，即使万分廉洁，也只能算是一个小优点，一贪污便成为大恶不廉的贪官。如果蒙上了不廉洁的名声，即使有其他的优点，也不能赎回自己清白的名声了。

46. 民病如己病

民病如己病。民之有讼，如己有讼；民之流亡，如己流亡；民在缧绁，如己在缧绁；民陷水火，如己陷水火。凡民疾苦，皆如己疾苦也，虽欲因仍，可得乎？

——（元）张养浩[1]《牧民忠告》卷上

注释：

①张养浩（1269—1329）：元代散曲作家。字希孟，号云庄，山东济南人。幼有义行，好读书，初被荐为东平学正。后拜监察御史，历官翰林学士、礼部尚书、参议中书省事等职。

译文：

民众的痛苦就是自己的痛苦。民众有诉讼案就像是自己有诉讼案；民众流离失所就像是自己流离失所；民众困在监狱就像是自己困在监狱；民众陷于水深火热就像是自己陷于水深火热。凡是民众的疾苦都像是自己的一样，即使想因循守旧，苟且度日，可能吗？

47. 慎终如始

为政者不难于始而难于克终也。初焉则锐，中焉则缓，末焉则废者，人之情也。慎终如始，故君子称焉。

——（元）张养浩《牧民忠告》卷下

译文：

出仕为官，开始不难，难的是一直很好地做到告老还乡。刚开始时锐气十足，中间便开始松劲了，到后来则很不负责任，这乃是人之常情。谨慎小心，始终如一，才能得到君子的称赞。

48. 是则归人，非则归己

分谤。是非毁誉，自古为政所不能无者，是则归人，非则归己，闻誉则归人，闻毁则归己，无长无贰，处立皆当如是也。前辈云："恩欲己出，怨得归谁?"呜呼！此真博大君子之言也。

——（元）张养浩《牧民忠告》卷下

译文：

分担诽谤。正确与失误、毁谤与赞誉，自古以来，当官执政的人不能避免，正确则归功于人，失误则归咎于己，听到赞誉归于人，听到毁谤则归于己，无论是上司还是副职，处理事情都应当如此。前辈曾经说："总想让别人对自己感恩戴德，那怨恨归谁承受呢?"啊！这真是胸怀博大的君子们的言论。

49. 进退皆有为

进退皆有为。进则安居以行其志，退则安居以修其所未能，则是进亦有为，退亦有为也。近世士大夫惟狃于进，退则惛然无所猷为，甚而茹愧怀惭，蹙缩不敢一出户。夫轩冕，古人以为傥来之物也，其有也何所加，其无也何所损。

不思良贵在我，惟假于物以为重轻焉，则其人品之卑下，不待论而可知矣。

——（元）张养浩《牧民忠告》卷下

译文：

晋职和退职都要有所作为。晋职则安心地去实现自己的抱负，退职则安心地研习自己还不会做的事，那么这就可以称得上是晋职有所作为，退职也有所作为。近代士大夫只拘泥于晋职，退职则神志不清、无所作为，甚至心怀惭愧，缩头愁眉不敢出门一步。古人认为官位爵禄是无意之间得到的东西，有它不会给我们增加什么，无它也不会使我们损失什么，不去想优良、高贵全在于自身怎么样，而只想借外在事物提高自己在别人心目中的地位，那么他的人品之低，也就不论而可知了。

50. 报国莫如荐贤

夫士有公天下之心，然后能举天下之贤。盖天下之事，非一人所能周知，亦非一人所能独成，必兼收博采，治理可望焉。故前辈谓："报国莫如荐贤。"真知要之言哉！……夫己不求贤，必使人之求己者，皆非也。盖求则不必举，举则不必识矣。

——（元）张养浩《风宪忠告·荐举》

译文：

士人有天下为公的思想，然后才能荐举天下的贤才。天下之事极多，一个人不可能全部了解，也不可能把它们做完，必定要网罗、使用各种人才，才有可能使社会得到治理。因此前辈说："报答国家最好的做法是举荐贤才。"这真是熟知治国关键的话啊！……自己不求访贤才，必定要让人家求自己，这都是错误的。凡是来请求举荐的人，则没有必要向朝廷推荐；凡是自己要推荐的人，则不一定要是认识的人。

51. 为官者开诚布公

诚能开诚布公，廓焉无我，己有不能，举能者而用之，己有不知，举知者而用之，如之则彼有所能皆我有矣。

——（元）张养浩《庙堂忠告·用贤》

译文：

如果能够开诚布公、心胸开阔真诚地接纳他人，当自己有办不到的事情时，就招募能办到的人并委任于他，当自己有不明白的地方时，就招募明白者并委任于他。这样，他的才能就能为自己所用，他所拥有的才能就如同自己拥有的才能一样。

52. 为政必自廉

廉非为政之极，而为政必自廉始。惟廉则欲必寡，欲寡必公，公则不匮。

——（元）揭傒斯①《送李克俊赴长兴州同知序》

注释：

①揭傒斯（1274—1344）：元代文学家。字曼硕，龙兴富州（今江西丰城）人。因卢挚荐，授翰林国史院编修，官至翰林侍讲学士，后又任艺文监丞，曾参加编修辽、宋、金三史。死后谥文安。

译文：

廉洁不是治理政事好到了极点的一种表现，但治理政事却必须以廉洁为基础。只有做到了廉洁才能减少自己的欲望，欲望少了后必能大公无私，能大公无私则不会感到财用匮乏。

53. 勿以小事而忽之

勿以小事而忽之，大小必求合义。虽细事亦当以难处之，不可忽，况大事乎？

——（明）薛瑄《薛文清公从政录》

译文：

不要因为事情小就忽视它，事无大小，处置都应该合适。即使是小事，都要从困难的角度考量怎么处理它，不能忽视，何况是大事呢？

54. 居官之七要

正以处心，廉以律己，忠以事君，恭以事长，信以接物，宽以待下，敬以处事，此居官之七要也。

——（明）薛瑄《薛文清公从政录》

译文：

以正直来树立自身，以廉洁来要求本人，以忠诚来侍奉君主，以恭敬来侍奉长官，以信用来接人待物，以宽容来对待部下，以谨慎来处理公事，这是为官之人要恪守的七大要素。

55. 为官宜安重

为官最宜安重，下所瞻仰，一发言不当，殊愧之。

——（明）薛瑄《薛文清公从政录》

译文：

为官之人言谈举止一定要慎重，下面的人都在看着当官的，如果有一句话说得不恰当，就会使人觉得特别惭愧。

56. 慎动

慎动当先慎其几于心，次当慎言慎行慎作事，皆慎动也。

——（明）薛瑄《薛文清公从政录》

译文：

慎动首先是指为官之人无论做什么事情必须慎重考虑，其次还要在言语、行为、做事上谨慎，这些都是慎动的范围。

57. 治狱四要

治狱有四要：公、慈、明、刚。公则不偏，慈则不刻，明则能照，刚则能断。

——（明）薛瑄《薛文清公从政录》

译文：

法官审判定罪有四项原则：公正、仁慈、贤明、刚强。公正就能正直不偏信，仁慈就能温和不苛刻，贤明就能明察，刚强就能秉公办案。

58. 为官三要

不欺君，不卖法，不害民，此作官持己之三要也。

——（明）薛瑄《薛文清公从政录》

译文：

不欺骗在上的君主，不出卖国家的法律，不坑害下面的百姓，这是为官之人应当坚持的三项原则。

59. 大臣法，小臣廉

《记》曰："大臣法，小臣廉。"今日士风不大类此。在先朝岂无贿者，馈及百两已骇其多矣；今也动称数千，或及万数矣。先朝受贿者暮夜而行，潜灭其迹，犹恐人知；今也纳贿受赂，公行无忌。大臣贪浊而日在高位，则小臣将无不唯利是图。由今之道而不变其俗，则民穷盗起，而国事日非。且士大夫奔竞者进，则恬静者必退。由是以小人引小人，而朝廷之上无君子矣。是奔竞之风炽，世道不祥之机也，岂非时政之大蠹乎？

——（明）王廷相《王廷相集·天变自陈疏》

译文：

《礼记》中说："大臣能守法，小臣便廉洁。"今天的官场风气大不相同。过去也有行贿和受贿的，那时送礼达到百两已很吓人了，今天动不动就达数千两，有的甚至达万两以上。先朝行贿受贿是在黑夜干，偷偷摸摸，犹害怕别人知道，如今行贿受贿公开行事，肆无忌惮。大臣贪赃枉法，天天在高位上，小臣们便无不唯利是图。任凭这种邪门歪道发展下去，再不加以改变，就会导致民众穷困，盗贼四起，国事会越来越坏。况且士大夫为个人名利四处奔走，竞争者得寸进尺，安分守己的人必然会隐退。于是小人引荐小人，朝廷就不会有好人了。这种为了个人名利四处奔走游说的风气旺盛，便是世道不吉祥的先兆，这难道不是现时政事的重大弊病吗？

60. 政之所施，其本在敬

官之至难者，令也。令之所以难者，政也。政之所施，有其本焉，敬也。敬立乎中，由是而见之行事，形既端矣，表无有不正也。由是而施诸人民，所以感之者有其道，在彼则未尝无不应也。承乎上焉，必凛凛以畏，则获乎上，虽不敢公拒，而亦不曲从其非理之命也。待乎下焉，必切切以忧，斯得乎下，不适乎己而拂乎人之性也。中焉而接乎人，必公而恕，谦而有礼，委曲以详尽，设以己之身处其人之地，则人人止其所而各自靖也。呜呼！令之任难矣。而尔以初筮仕得繁剧邑，匪廉匪明，匪慎匪勤，曷能得其职之称也！勉之哉！吏以案牍为师，有所猷为，则缁阅以为证也。政以前官为比，有所违碍，则依缘以为径也。一邑之事，无非己事，早夜孜孜，毋苟安以图一时之幸也。百里之民，无非吾人，念念在兹，惟恐一夫之或病也。行其所无事，其来不迎，其去不将，一于静也。不以誉喜，不以毁怒，一于定也。不主先入之言，不争无益之气，已去者不求其故，未至者不意其诈，一于理而与物无竞也。本此一敬，而慎以持之，勤以行之，公以生其明，俭以养其廉，是诚为邑之要道，处事临民之龟镜也。念之哉！勿谓我言耄而舍之也。

——（明）海瑞《海瑞集·令箴》

译文：

最难作的官是县令。作县令之所以难，难在为政。为政的施行，有它的“本”，那就是“敬”。“敬”树立在心中，本着“敬”去行事，形体端正了，行为没有不正的。本着“敬”去待民，用道理来感化他们，那他们就没有不响应的。对待上级，必须谨慎而敬服，得到上级的赏识，虽不公然反对上级，但也不要违心地顺从上级的不正当命令。对待下级，必须设身处地地为他们考虑，得到下级的拥护，不要只顾自己而伤害别人。和同僚接触时，一定要公平宽厚，谦逊有礼，受得起委屈才能真正理解别人，设身处地地为别人着想，于是人人都能克制自己的欲望而各自平静下来。唉！县令的职责实在是难啊。而你刚做官就得到了重要的县，不廉洁公平，不谨慎勤劳，怎么能够称职呢？要努力啊！官吏以公文为师，有所计划，则应查阅公文以证实自己的想法。要参照前任官员的做法，发现不妥当之处，用这种方法来制定自己的方案。一县的事，没有不是自己的事，要朝夕勤劳，不要苟且偷安以图一时的侥幸。百里之内的人民没有不是自己的人，要时刻想着他们，生怕有一个人受到伤害。巡视县内不要多事，来的时候不要接，去的时候不要送，一切从安静地方着眼。不要一听到称赞就高兴，一听到批评就发怒，一定要把握住自己的情绪。不要偏信先听到的意见，不要闹无益的意气。对离开自己的人，不要追问人家原因；对没有来的人，不要怀疑人家欺诈；一切事都应据理去办，不要闹无谓的争端。树立了这样的“敬”，并谨慎地坚持“敬”，勤恳地实行“敬”，为人公平才能明辨是非，持身节俭才能为官廉洁，这些的确是作好县令的主要准则，也是为政治民的借鉴，记住这些话吧，不要把我讲的当做老年人的昏话而不屑一顾。

61. 位不期骄，禄不期侈

《周官》曰：“位不期骄，禄不期侈。恭俭惟德，无载尔伪。作德，心逸日休；作伪，心劳日拙。居宠思危，罔不惟畏，弗畏入畏。功崇惟志，业广惟勤。”

——（明）杨昱《牧鉴·治本》

译文：

《尚书·周官》说：“居官在位，不要骄傲；居官享禄，不要奢侈。培养恭敬谦逊的品德，不要行奸作伪。恭敬谦逊，则思想轻松且有美好名声；行奸作伪，则思想紧张且办不好事情。居于贵宠地位要想到危险，对什么都畏惧、提高警惕，如果不怕一切，则陷入可怕的境地。功劳大，是由于他意志强正；事业大，是由于他勤奋努力。”

62. 欲当大任，须是笃实

程子曰：“欲当大任，须是笃实。”

——（明）杨昱《牧鉴·治本》

译文：

程子说："要担当重大的职责，为人必须忠诚实在。"

63. 为臣之道

为臣之道，其类不一，大约不植党与不爱虚名，不营己私，不贪赂利，敬以饬躬，诚以事上，耿介自立，勤慎莅官，其至要者矣。

——（清）王永吉①《御定人臣儆心录·植党论》

注释：

①王永吉（1600—1659）：清初大臣。字修之，江南高邮（今江苏高邮市）人。

译文：

当好臣子有各种各样的方法，大概而言，不拉帮结派，不图虚假的名望，不谋求个人的利益，不贪图贿赂，时时刻刻要警惕端正自己当官的本心，用诚实的态度对待上级，行事耿直不趋炎附势，任职期间要勤劳谨慎，这些都是至关重要的。

64. 监临之任不可以久也

夫守令之官，不可以不久也，监临之任不可以久也，久则情亲而弊生，望轻而法玩。

——（明）顾炎武①《日知录·部刺史》②

注释：

①顾炎武（1613—1682）：明末清初学者和地理学家。初名绛，清初更

名炎武，字宁人，号亭林，亦自署蒋山傭，南直隶昆山（今江苏昆山）人。②《日知录》：顾炎武的代表作品之一。全书三十二卷，内容宏富，贯通古今。

译文：

地方上郡守和县令一类的官吏，不能不在一个地方长期担任。而负有监督职责一类官职的任期是不应该长久的，任职期长了，便因情感亲近而出现弊端，以致声望不高，而玩忽职守，不遵守法律办事。

65. 敬者，修身立政之本也

敬者，修身立政之本也。衣冠必正，立动必端，凡一毫谑浪之语，绝口不谈；一毫轻亵之事，绝戒不为；非礼嫌疑之地，绝足不至。虽对门吏，亦如严宾，则心志自定，瞻望自尊，可以远慢辱，可以杜谤议，所谓不怒而民威矣。

——（清）郑端[①]《政学录·居官立政》

注释：

①郑端（1639—1692）：清代学者。字司直，一字德信，直隶枣强（今属河北）人。

译文：

端庄、严肃，是修养身心、推行政事的根本。穿着、举动都必须端正：绝对不讲一句戏谑放荡的话，绝对不做一点轻佻亵慢的事，绝对不去非礼嫌疑的地方。即使面对属下的小官吏，也像面对尊敬的客人一样，那么心神自然安定，人们的评价自然很高，这样就能够远离他人的轻慢和侮辱，也能够杜绝他人的诽谤和非议，和颜悦色就使人民感觉到了自己的威严。

66. 傲为凶德，人不可有

守谦。傲为凶德，人不可有。今人有自恃才能而慢上官，自矜清廉而傲同列，自恃甲科而轻士夫。有一于此，皆足以丧名败德。故居官者，必虚以受人，示其能听；卑以下人，示其所容；履满盈则思抑损，闻誉言则思谦降；无骄心，无傲色，无矜辞；民安，而视之若伤；政成，而视之若庞；颂作，而视之若谤。终日兢兢，不萌怠荒，庶可以从政矣。

——（清）郑端《政学录·居官立政》

译文：

保持谦虚的品德。骄傲是一种丑陋的品质，人不应该有这种品质。当今有些人自恃才能而怠慢上官，自夸清廉而傲视同僚，自以为出身于甲科进士而轻视乙科举人。只要有上述中的一条缺点，都足以败坏名誉和品德。因此，当官的人一定要虚心地接受他人的意见，表示能听得进去话；谦卑地对待他人，表示能宽容他人；地位高、名声大时，要想到克制自己；听到赞誉之词时要想到谦退；不要有骄傲的思想，不要有骄傲的神态，也不要有骄傲的言论；百姓安居乐业时，仍然认为他们休养生息还不够而不随意增加徭役；政事有所建树，仍要觉得庞杂，未臻尽善尽美；颂声四起时，要把它看做是百姓的指斥和要求。终日兢兢业业，不敢有一点懒惰放荡的思想，做到这些后，也就可以从政了。

67. 信者，居官立事之本

信者，居官立事之本。与民信则不疑则事可集矣。期会必如其约，无因冗暂违；告谕必如其言，无因事暂改。行之始必要之终，责诸人必先责己。待士夫尤宜以信处之，虽以事相托，势不可行，必巽言开譬，明示其所以不可行之由，毋面诺而背违，毋阴非而阳是。处同僚亦然，有言必践，久久自然孚洽。苟一时欺诳，则终身见疑矣。

——（清）郑端《政学录·居官立政》

译文：

诚实是当官做事的根本。对人民诚实守信，人民就不会怀疑，不会迷惑不定，那么政事可以期望成功。约定聚会时间，一定要按时到达，不能因为繁忙而临时违约；向人民宣示说明的文书一定要按内容实行，不能因事而临时修改。事情一开始推行就一定要求能圆满结束。要求他人做到什么，必定先要要求自己。对待读书士子尤其应该诚信，即使他们有事委托，根据形势此事不能办理，就一定要用谦逊委婉的言辞来开导劝说，清楚地表明事情之所以不能办理的原因，不能当面承诺背后又违背不理，不能私下认为某事是错的而当面又说是正确的。与同自己一起任职的官员相处时也是这样，言出必行，这样时间一长，同事间定会诚信协调。如果短时欺骗哄瞒他人，那么一辈子就会被别人怀疑了。

68. 选有官职，以贵民为上

选有官职，无论大小，以贵民为上。当即之志，要做好官，专为百姓伸冤理枉。

——（清）石成金[①]《传家宝·谨身要法》[②]

注释：

①石成金（生卒年不详）：清代小说家。字天基，号惺斋，扬州（今属江苏）人。平生著作极丰，据说成书92部之多，且流传颇广，影响较大。

②《传家宝》：清石成金辑。四集三十二卷。是一部家常日用的生活百科全书。

译文：

为官者，无论官职大小，都应该把老百姓当做自己的衣食父母，为他们多效劳。为官伊始，就要立下宏大的志向：要做一个让老百姓满意的好官，要一心一意为老百姓申冤，了解他们的疾苦，化解他们的危难，替老百姓申诉、铲除不平之事。

69. 衙斋卧听萧萧竹，疑是民间疾苦声

衙斋卧听萧萧竹，疑是民间疾苦声。
些小吾曹州县吏，一枝一叶总关情。

——（清）郑燮《潍县署中画竹呈年伯包大中丞括》

译文：

躺在衙斋内听风吹竹丛萧萧作响，
常疑心是来自民间的诉苦声。
像我这样芝麻大小的七品官，
对那一枝一叶的动静总不能忘情。

70. 居官以清

居官以清，士君子分内事。清非难，不见其清为难。不恃其清而操切凌轹人为尤难。

——（清）陈弘谋[①]《从政遗规·责成州县约》[②]

注释：

①陈弘谋（1696—1771）：清代官员。字汝咨，号榕门，临桂（今广西桂林）人。官至东阁大学士兼工部尚书。②《从政遗规》：清陈弘谋所辑《五种遗规》之一，中国古代重要官箴著作。清代乾隆年间，陈宏谋对宋代至清初二十二位封建官吏的官箴著作加以辑录而成，是供清代官吏修齐治平的重要参考书。

译文：

当官时实行廉政，这是士人君子分内的事。做到清廉并不难，难以做到的是实行廉政而不四处张扬。不依恃自己为官清廉而苛求、欺压他人就更加难以做到。

71. 与其得罪于百姓，宁重罪于上官

龙图阁直学士吴芾，在考宗朝前后守六郡，尝言：视官物当如己物，视公事当如己事。与其得罪于百姓，宁重罪于上官。

——（清）陈弘谋《从政遗规·宋贤事汇》

译文：

龙图阁直学士吴芾，在宋孝宗朝前后担任过六个郡的太守，他曾经说：应该把公家的物品当做自己的物品那样爱惜，把公事当做自己的私事那样尽心办理。与其得罪老百姓，宁愿冒犯上司、得罪上司。

72. 居其实，不居其名

士大夫济人利物，宜居其实，不宜居其名，居其名则德损。

——（清）陈弘谋《从政遗规·居官格言》

译文：

士大夫从政为民谋利，应该着意事实及其效果，不应该留恋名声，留恋名声则会损坏自己的品德。

73. 察吏以安民

巡抚之所当为，莫如察吏以安民。而立功垂名不与焉，何也？一吏之不察，必有数十万人不安者；十吏之不察，必有数千万人之不安者。

——（清）袁枚[①]《与湖北巡抚庄公书》

注释：

①袁枚（1716—1797）：清代诗人、诗论家。字子才，号简斋，钱塘（今浙江杭州）人。袁枚的诗颇享盛名，他和蒋士铨、赵翼在乾隆时期并称为“江左三大家”。

译文：

巡抚应做的事情，以考察下级官吏、安抚百姓最为重要。这件事，与立功、垂名后世无关。为什么呢？因为一名官吏不受监督，必然会有数十万百姓得不到安宁；若有十名官吏没有人监督，必然就会有数千万人不得安宁了。

74. 不卑不亢

幕客以力自食，名为佣书，日夕区画，皆吏胥之事，而官声之美恶系焉，民生之利害资焉。非与官民俱有宿缘，必不可久居此席者，自视不可过高，高则气质用事；亦不可过卑，卑则休戚无关。

——（清）汪辉祖[①]《佐治药言·素位》[②]

注释：

①汪辉祖（1730—1807）：清学者、文学家。字焕曾，号龙庄、归庐，浙江萧山人。著有《学治臆说》、《学治续说》、《佐治药言》等。②《佐治药言》：一卷，续一卷。内容主要谈及待人处世、个人修养、刑律、狱案、理政等。

译文：

大概幕僚凭借自己的才能养活自己，名义上虽然说是受雇于主人，为他抄写文书，从早到晚都离不开文书，做的完全是下级官吏们才做的事情。然而这些事却是关系到一个官员在职时政治声誉好坏的大事情，也是与老百姓生计问题休戚相关的。一个当幕僚的人，若不是跟在职官员以及当地百姓有着割舍不断的深厚缘分的话，他在那里一定是待不长的。因此处在这个位置上的幕僚，千万不要把自己的才能看得太高，自视才高往往就会意气用事；当然也千万不要把自己看得过于卑微，自视太低，在思考问题和解决问题时，就往往会对所从事的事情缺乏信心。

75. 得失有数

或曰："寒士以砚为田。朝得一主人焉，以言而去；暮得一主人焉，又以言而去。将安所得为之主人者?"呜呼！是又见小者之论也。幕客因人为事，无功业可见，言行则道行，惟以主人之贤否为贤否。主人不贤，则受治者无不受累。夫官之禄，民之脂膏，而幕之脩出于官禄，吾恋一馆而坐视官之虐民，忍乎，不忍？且当世固不乏贤吏矣，诚能卓然自立，声望日著，不善者之所恶，正善者之所好也。故恋栈者或且穷途偃蹇，而守正者非不到处逢迎。

——（清）汪辉祖《佐治药言·得失有数》

译文：

有人说："贫穷的读书人把墨砚当成田地。清晨时得到了一个主人，由于言语不和就离开了他；傍晚又得到一个主人，因言语不和又离开了他。那么寒苦的读书人究竟要在什么地方才能找到自己合适共事的主人呢?"唉！可惜可叹呀，这是眼光短浅者的看法。做幕僚的人不得不依据不同的人来做不同的事，没有什么功名事业可以博取。他的话如果行得通，那么他的理想也就能行得通，只能是把所辅佐的人是否贤明来作为他自己是否贤明的标准。主人如不贤明，那么他治理下的人，也就没有不受牵累的。当官者领取的俸禄，是老百姓的民脂民膏，然而幕僚的收入，也是官方俸禄中的一部分。可是自己却留恋不舍于这个位置，坐视为官者虐待残害黎民百姓，良心上怎么过得去呢？何况当今之世，固然不缺乏贤明公正的官吏，他们也确实不同凡人，卓然独立，名声和威望也一天比一天突出。那些不善良的奸狡之辈所不喜欢的事，正是善良正直之士所喜爱做的。所以留恋自己当前所得的人，或许在未来人生道路上有许多境遇坎坷；而刚正不阿的人，也并非不到处受到欢迎。

76. 官之得民，要在清勤慈惠

官之得民与否，去官日见真。幕之自爱与否，去馆日毕露。官之得民，要在清、勤、慈、惠。幕之自爱，要在廉、慎、公、勤。

——（清）汪辉祖《佐治药言·去馆日勿使有指摘》

译文：

官员能不能够得到民众的爱戴拥护，离任那天才能看出真相；幕僚是否能爱惜自己的人格声誉，离职回家时就能完全表现出来。官员取得民众的拥戴，关键在于要做到清廉、勤恳、仁慈、宽厚；幕僚爱惜自己的声誉，关键在于做到廉洁、谨慎、公正、勤勉。

77. 立心要正

谚云："官断十条路。"幕之制事亦如之。操三寸管，臆揣官事，得失半焉，所争者公私之别而已。公则无心之过，终为舆论所宽；私则循理之狱，亦为天谴所及。故立心不可不正。

——（清）汪辉祖《佐治药言·立心要正》

译文：

民间有句谚语："官断十条路。"幕僚辅佐幕主治理一方也是这样。他们手握三寸之笔，心里想着各种公务，结果往往是得失各占一半，所争执的不过是公益和私利的区别而已。凡是出于公心的大意或过失，最终也会得到公众舆论的宽恕；出于私心的歪曲或坏事，也必然会遭到上天的惩罚。因此立心不可不正。

78. 治以亲民为要

长民者，不患民之不尊，而患民之不亲，尊由畏法，亲则感恩。欲民之服教，非亲不可。亲民之道，全在体恤民隐，惜民之力，节民之财，遇之以诚，示之以信，不觉官之可畏，而觉官之可亲，斯有官民一体之象矣。民有求于官，官无不应；官有劳于民，民自乐承。不然，事急而使之，必有不应者。往往壤地相连，同一公事，而彼能立济，此卒无成，曰民实无良，岂民之无良哉？亲与不亲之分殊也，官事缓急何常，故治以亲民为要。

——（清）汪辉祖《学治臆说·治以亲民为要》

译文：

做百姓首领的人，不担心百姓不尊敬他，而是担心百姓与他不亲近，尊敬他是因为惧怕法律条文，亲近他却是因为感恩。想让百姓服从教化，就必须亲近他们。亲近百姓的方法，就在于体贴、怜悯百姓疾苦，爱惜百姓的人力，节省百姓的财力，以诚相待，让百姓感觉到信任，让百姓不觉得可怕，而觉得官员很可亲，这就有了官民一体的征兆了。百姓如果有事情请求官员帮忙时，官员全都答应了；那么如果当官的有求于民，百姓也乐于接受。如果不这样的话，有事时才想起百姓，那么肯定有不服从的人。往往土地相连的两个地方，同一件公事，在这办不成，在那却顺利完成，就说是因为百姓不好，难道真的是百姓不好吗？与百姓亲近不亲近的区别是很大的，所以当官的应该分清轻重缓急，亲民才是治理国家最重要的问题。

79. 宜防左右壅蔽

给事左右之人，利在蒙官舞弊，最惧官之耳目四彻。凡余所云款接绅士，勤见吏役，皆非左右所乐，必有多其术以相挠制者。须将简号房不得阻宾，及吏役事应面禀之故，开诚布公，示贴大堂，俾人人共见闻，并于理事时随便谆谕，庶左右不敢弄权，耳目无虞壅蔽。

——（清）汪辉祖《学治续说·宜防左右壅蔽》

译文：

在官员身边工作的办事人员，都喜欢蒙骗官员而去徇私舞弊，最害怕官员耳聪目明把一切事情看得清楚透彻。大凡像我说的真诚地接待绅士，经常地去会见下面的胥吏差役，都是官员身边的办事人员不喜欢做的，所以他们会千方百计地去干扰和阻挠。因此为官之人应该规定接待室不得阻拦上访的宾客，胥吏差役做任何事情得当面报告情况，并开诚布公，贴在官府的大堂之上，使官衙内人人知晓，并在处理事情时很方便地告诉当事人，这样官员身边的办事人员大概就不敢随意弄权而为非作歹了，而官员也能目看四周、耳听四方并明察一切了。

80. 官声在初莅任时

官声贤否，去官方定，而实基于到官之初。盖新官初到，内而家人长随，外而吏役讼师，莫不随机尝试，一有罅漏，群起而乘之。近利以利来，近色以色至，事事投其性之所近，险窃其柄。后虽悔悟，已受牵持，官声大玷，不能箝民之口矣。故莅任时，必须振刷精神，勤力检饬，不可予人口实之端。

——（清）汪辉祖《学治续说·官声在初莅任时》

译文：

一位官员声誉的好坏，通常在其离任后才能论定，但实际上在其到任之初已为日后声誉的好坏奠定了基础。这是因为新官刚一到任，在内自身和家人需要供使唤的仆役，在外需要胥吏差役和协助办理诉讼的人员，因此一些人就借机尝试着做些讨好官员的事情，一旦有漏洞可钻，他们就群起而动进行钻营。假如这位官员好利他们便送上钱财，假如这位官员好色他们便送上美女，总之他们事事都投其官员的所好，以便抓住官员的把柄来进行操纵。即使官员本人后来也后悔了，但已深受他们的牵制，使声誉大受玷污，这就不可能不让百姓交口指责了。因此新官刚到任时，就必须振奋精神，尽力约束自身并整饬风气，不要一开始就给他人留下话柄。

81. 事未定勿向上官率陈

率陈之故有二：一则中无把握，姑餂上官意趣；一则好为夸张，冀博上官称誉。不知案情未定，尚待研求，上官一主先入之言，则更正不易。至驳诘之后，难以声说，势必护前迁就，所伤实多。

——（清）汪辉祖《学治续说·事未定勿向上官率陈》

译文：

下级官员事情尚未办完就向上司直率陈述的原因有两个：一是自己心中没有把握，姑且向上级报告以探取上司的意图和打算；一是为了炫耀自己的才干，希望借此博得上司的称赞和夸奖。殊不知这样做在案情尚未确定时，还有待进一步调查和研究，如果上司听了报告后而先入为主地发表意见，那再想更正就很难了。至于上司听了报告又提出反驳和责问，那就更难说清楚了，势必要瞻前顾后地迁就，如此遭到的伤害则会更大。

82. 官有信用，民方敬服

官能予人以信，人自帖服。吾辈佐官，须先要之于信。凡批发呈状，示审词讼，其日期早晚，俱有定准，则人可依期伺候，无废时失业之虑。期之速者，必致与人之诵，即克日稍缓，亦可不生怨言，第欲官能守信，必先幕不失信。盖官苟失信，幕可力尽。幕自失信，官或乐从。官之公事甚繁，偶尔偷安，便逾期刻，全在幕友随时劝勉。至于幕友不能克期，而官且援为口实，则官之不信，咎半在幕也。

——（清）汪辉祖《佐治药言·须示民以信》

译文：

当官者能够守信用，人们就会敬服他。我们这些做助手的人，必须首先做到讲信用。凡是批示发文呈状、审理诉讼案件，这些事的日期有一个确定了的原则，因此人们都可以按照日期办事情，不会担心浪费时间，荒废事情。日期定得早些的，一定会受到人们的普遍称赞。即使规定了严格的日期的，由于其他原因而稍微推迟了，也不会招致人们的埋怨和不满。但是想要当官者守信用，作幕宾的人首先就不要失信于人。因为如果当官者失了信，幕宾还可以尽力弥补。而幕宾自己先失了信，当官者有时就会乐于顺从。当官者公事繁忙，抽空休息一下，就可能会使事情超过原定日期，这就完全要靠作幕宾的人随时劝导和勉励。至于幕宾不能够严格地按既定日期办事，而当官者又把这作为拖延的一种借口，那么当官的人不讲信用，起码有一半的责任在幕宾身上。

83. 勿彰前官之短

人无全德，亦无全才。所治官事必不能一无过举，且好恶之口，不免异同。去官之后，瑕疵易见，全赖接任官弥缝其阙失。居心刻薄者，多好彰前官之短，自形其长。前官以迁擢去，尚可解嘲。若缘事候代寓舍，有所传闻，必置身无地。夫后之视今，犹今之视昔，不留余地以处人者，人亦不留余地以相处。徒伤厚德，为长者所鄙。

——（清）汪辉祖《学治续说·勿彰前官之短》

译文：

人的品德、才能不可能十全十美，因此居官处理政事，就可能有出错的地方。况且，人们善恶的标准不同，对问题的看法也不可能一模一样。当官者离任之后，他为官时的缺点和失误，很容易被发现。这样，就完全需要并依靠接任官员弥补缺陷，掩饰失误。只有那些居心叵测的接任官，才喜欢大肆张扬前任官员的缺陷和失误，从而显示自己的才干。假若前任官员是因升迁而离职，那么这样做，还可以认为是聊以自慰，求得心理平衡；若是前任因事而候补等缺，一旦有关他的传闻流行开了，肯定以后没有容身之地。以后的人看现在的人，就像现在的人看以前的人一样。如果和别人相处，而不给别人留一点余地，别人也不会给你留一点余地。这样做，伤害的只能是那些仁德忠厚之人，而正人君子是耻于这样做的。

84. 标新立异，切忌虚名

非万不得已，止宜率由旧章，与民休息。微特孽不可造，即福亦不易为。不然，如社仓、如书院，岂非地方盛举？而吾言不必创建，独非人情乎哉？社仓之弊前已言之，书院之名径始劝捐于民，总不无所费。及规模既定，或倚要人情而荐剡主讲，其能尽心督课者，什不得三四。师既公属空名，弟亦遂无实学。以闾阎培植子弟之资，供长吏应酬情面之用，已为可愧。其尤甚者，资不给用，则长吏不得不解橐以益之，而归咎于始谋之不臧，是何为乎？夫书院犹有遗累，况其他哉！故善为治得，切不可有好名喜事之念，冒昧创始。

——（清）汪辉祖《学治续说·事慎创始》

译文：

做地方官，除非万不得已，只应该按照旧有的典章制度办事，使老百姓得以休养生息。罪大恶极之事当然不可为，即使是造福于老百姓之事也不要贸然去干。就拿建社仓、创书院这类事来说吧，这难道不是造福地方的好事吗？但我却认为这种事不能做。建社仓的种种弊病，我在前面已经谈到。建书院这个想法从一产生，再经过劝老百姓捐资修建，总的说来并不是不需要花费的。等到书院一旦建成，规模已定，那就会邀请要人出任书院主讲。这类人能够尽心尽力劝学生学习的，十个之中没有三、四个。为师的既然只是个空名，那学生又怎会有真才实学呢？用一般乡村学生的学费，来作为地方基层应酬费用，已经让人感到非常惭愧了。如果办书院费用不足，当官的还得拿钱出来作补充，因此就会归罪于创建书院的人办事不完满。这样做有什么必要呢？建书院这种事尚且有如此的麻烦，其他的事更不用说了。所以懂得治理的人，千万不可为了虚名而贸然去创建某事。

85. 不矜才炫能

恃才敢作或以权术驭人者，有得亦不能无失。惟勤慎供职，事上接下，圆和坦白，不矜才炫能，方是颠扑不破。

——（清）万枫江《幕学举要·官方》

译文：

仗恃才能敢作敢为，或者以权术驾驭人的人，有得也常常有失。只有勤恳谨慎，忠于职守，对上对下都能做到圆和坦白，不矜持才能不炫耀本领，才能经受时间的考验，才能在大是大非面前不翻船。

86. 富贵必履危机

欧阳文忠公曰：贫贱常思富贵，富贵必履危机，此古人所以叹也。惟不思而得，即得而不患失者，其庶几乎？

——（清）张鉴[①]《浅近录·持身总》[②]

注释：

①张鉴（1768—1850）：清代诗文作家。字春冶，号秋水，乌程（浙江

吴兴）人。②《浅近录》：六卷。用“浅近”的语录体，揭示了深刻的人生哲理。

译文：

欧阳文忠说：贫贱时常想着富贵，但是富贵了就一定会遇到危险，这就是古人所以感叹的。只有不想而得到，得到了也不用担心它会失去，差不多就是这回事吧？

87. 为政须是先平其心

张南轩曰：为政须是先平其心，心苟私主，虽好事亦错，如晦翁告赵德庄御善良以宽，治强暴以严，此语善矣。若胸中先着一宽字，宽必有弊；着以猛字，猛必有弊，故处事常如持衡，高者下之，低者平之，惟圣人之秤则常平矣。

——（清）张鉴《浅近录·处世总》

译文：

张南轩说：管理政事应该先使心地公平，内心如果徇私，那么即使是好事也会造成错误。就像晦翁先生告诉赵德庄要用宽和来对待善良的人，而要用严厉来整治强暴，这句话说得好极了。如果心里先放了一个“宽”字，那这种宽容的策略中一定有害处；在心里先放一个“猛”字，那么这个威猛的策略中也有一定的害处，所以处事常常就像一杆秤，高了就往下拿一点，低了就使它平衡，只有圣贤的人的秤始终是公平的。

88. 以细行律身

以细行律身，不以细行取人。

——（清）魏源《魏源集·默觚下·治篇一》

译文：

在日常生活各种细节上严格要求自己，但在选拔人才时却要看他的大节。

89. 操守为居官根本

操守为居官根本。长随书役，未有不觊［覦］本官之苞苴以分肥者，始或藉无碍者以相偿，后则虽有碍者亦伺吾隙以相制。若于其事之可取不可取尚待犹豫，是仅有利害之见存，而非可以语品行也。且此中区别，在我虽存界限，在人岂尽周知，徒滋影射、招摇，为人中饱。迨欲翻然改辙，而一行败则百行可疑，何以示民之信？故慧剑立断，须定自始基。

——（清）徐栋原编①、丁日昌辑②《牧令书辑要·政略》③

注释：

①徐栋：清朝官员。字致初，直隶安肃（今河北徐水）人。著有《牧令书》三十卷。②丁日昌（1823—1882）：清朝大臣、洋务运动主要人物、藏书家。字禹生，广东丰顺人。③《牧令书辑要》：清徐栋原编，丁日昌重编。十卷。辑录清初以来有关地方吏治之奏疏、论说、函牍等而成，可作清政治制度史料。

译文：

平素的品行节操是官员们的根本大事。书吏、跟班等仆役都希望从官员收到的礼物或贿赂中分取一点油水。开始时，他们只借一些对品行节操没什么妨碍的事进行试探，后来就是有所妨碍，他们也会瞅准机会，胁迫官员就范。至于临事之时还在犹豫不决，想收下又怕受害，这只是考虑到其中的利害关系，还谈不上是品行高尚。况且只有自己心中有个可收、不可收的界限，并非所有人都清楚，以致张扬开后，自己受到影射而让他人从中得利。等到幡然悔悟，想改弦易辙时已经来不及了，一种不良行为败露后，百种行为都受到怀疑，再凭什么向人们显示自己的信用？因此官员要在执政之初就断然下定坚守节操的决心。

90. 严驭役，宽恤民

严以驭役而宽以恤民，亟于扬善而勇于去奸，缓于催科而勤于抚字。

——（清）金缨《格言联璧·从政类》①

注释：

①《格言联璧》：清金缨编。金缨，生于清末。字兰生，浙江山阴人。全书以儒家修身、齐家、治国的次第为经，以对所收格言的诠释为纬，涵盖了人生从读书修身到处世、理家、治国、平天下的各个方面，其内容包括学识、涵养、品格、训诫等十篇。

译文：

严格管束部属而宽厚体贴百姓，积极宣扬善行而勇于铲除奸邪，宽缓催缴赋税而勤于抚恤百姓。

91. 为官，志在济人

君子当官任职，不计难易，而志在济人，故动辄成功；小人苟禄营私，只任便安，而意在利己，故动多败事。

——（清）金缨《格言联璧·从政类》

译文：

君子当官任职，不考虑难易，而志在助人，所以处处成功；小人贪禄图利，只追求方便安逸，而意在利己，所以动辄失败。

92. 为官应公而忘私

大凡人臣事君之道，公尔忘私，乃为正理，且性理诸书中亦不过辨别公私二字。事君者果能以公胜私，于治天下何难。若挟其私心，则天下必不能治。今科道于内外官员，亦有明知其不善者，或其人有所倚仗，或其人素有声势，不可动摇，莫敢参劾，亦由学浅胆小故耳。为清官者惟洁己不要钱，犹是易事。若论公尔忘私，诚为难得。

——（清）章梫[①]《康熙政要·论公平》[②]

注释：

①章梫（1861—1949）：著名学者、教育家、书法家。名正辉，字立光，号一山，浙江三门县海游人。工草书，笔墨传世甚多。②《康熙政要》：清章梫编。二十四卷。记述清康熙朝政事。

译文：

一般说来，臣下公而忘私，才是事君的正理，性理诸书中讲的无非是如何辨别公私。如果官吏能够以公胜私，治理天下又有何难。如果官吏假公济私，那么，天下必定治理不好。现在，科道官监察京内外官员时，有时明知一些人不称职，或是因为某人有后台，或是因为某人有声望和权势，根深蒂固，不敢触动。这些人之所以如此，只是由于没有真正理解圣贤之道，胆小怕事罢了。当个清官做到廉洁自守并不难，如果能公而忘私，那才是十分难得的。

93. 行政人员的“道德精神”

一、克己复礼，天下归仁。古今中外能建大事业的人，全恃有高尚的道德。先总理说：元朝强盛为历史上所未有，而不能持久的原因，就在于道德关系。我们如想建立事业，必须注意道德。下工夫先要从克己上作起。

二、忠恕二字，终身行之，不惟可以寡过，可以为善，还可以成大事业，行政人员皆要了解此二字，实践此二字。

三、汤之盘铭曰："苟日新，日日新，又日新。"凡人日新其德，自能革故鼎新，猛进不已。更须知努力革命，实为现在无上之新道德。

四、先贤有言：吾日三省吾身。又曰：检身若不及。修省检束是我辈立身处世的唯一道路。

五、人非圣贤，孰能无过。闻过则喜，知过必改，斯为大勇。文过饰非是自杀之道。

六、仕优则学，学优则仕。事业无止境，学问亦无止境。勤学好问，日进无疆。故步自封，终于落后。

七、天下无不能学之事，亦无不可化之人。启迪诱导，自能振聩启聋。所谓以先知觉后知，以先觉觉后觉，若中也弃不中，材也弃不材，则贤不肖之相去，其间不能以寸。

八、处事接物，须持一诚字。禹敷文德而有苗格，郭公免胄而回纥服，全是至诚所感。推诚相与事无不济。诚之为德，颠扑不破，久而弥笃。奸巧伪诈，不攻自败。

九、尉缭子言："国必有慈孝廉耻之俗，则可以死易生。"慈孝廉耻，实为吾国固有之美德。发扬光大，责在我辈。

十、勤俭为人生之美德。昔贤有言：业广惟勤。又曰：业精于勤而荒于嬉。又曰：国奢则示之以俭。诸葛事必躬亲，陶侃朝夕运甓，勤也。大禹菲饮食、恶衣服，子路衣敝缊袍，晏子一狐裘三十年，俭也。况勤能补拙，俭可养廉，于政治之良窳有密切之关系。

十一、廉洁二字亦系美德。人格之优劣即于此判焉。行政人员尤当特别注意，稍有不慎即流于贪官污吏一途。语云：士君子砥砺廉隅。孟子曰："可以取，可以无取。取伤廉。”可见古代考究廉字极郑重。汉文不受千里马，晋武焚雉头裘，杨震暮夜却金，刘宠仅受一钱，皆能廉谨自持，以身作则。大法小廉，自足矫正贪污之恶习。

——冯玉祥《行政精神》

94. 行政人员应恪守之十大纪律

一、恪遵国民党纪。二、服从政府命令。三、革除官僚习气。四、实行接近民众。五、不准营私舞弊。六、不准积压案件。七、不准任用衙蠹。八、不准嫖赌吸烟。九、不准阳奉阴违。十、不准擅离职守。

——冯玉祥《行政精神》

道德修养

1. 满招损，谦受益

惟德动天，无远勿届。满招损，谦受益，时乃天道。

——《尚书·大禹谟》

译文：

只有修德能感动上天，那是没有远而不至的。骄傲自满必然招致损害，谦虚谨慎就能够获得益处，这是天的常道。

2. 三德

三德：一曰正直，二曰刚克，三曰柔克。平康正直；强弗友刚克；燮友柔克。沈潜刚克；高明柔克。

——《尚书·洪范》

译文：

三种德行：一是正直；二是刚毅；三是柔顺。对于平定安康的人，就用正直的态度任其自由。对于强横不友好的人，就用刚毅的态度制服他。对于温和友善的人，就用柔和的态度对待他；对于行为隐僻不服王法的人，要用刚毅制服他；对于性情高洁明于事理的人要用柔和来管理。

3. 学而时习之

子曰："学而时习之，不亦说乎？有朋自远方来，不亦乐乎？人不知而不愠，不亦君子乎？"

——《论语·学而》

译文：

孔子说："学习知识并按一定的时间去温习它，不也是很高兴的吗？有志同道合的人从远方来，不也是很快乐的吗？不被别人了解而不抱怨，不也是很有君子风度的吗？"

4. 巧言令色，鲜矣仁

子曰："巧言令色，鲜矣仁。"

——《论语·学而》

译文：

孔子说："花言巧语，伪善的面貌，这种人，'仁德'是不会多的。"

5. 吾日三省吾身

曾子① 曰："吾日三省吾身，为人谋而不忠乎？与朋友交而不信乎？传不习乎？"

——《论语·学而》

注释：

①曾子（前505—?）：孔子的学生。名参，字子舆，鲁国人。他是孔子的得意门生，以孝子出名。据说《孝经》就是他撰写的。

译文：

曾子说"我每天多次自己反省：替别人办事是否尽心竭力了呢？同朋友交往是否诚实呢？老师传授给我的学业是否复习了呢？"

6. 不重则不威

子曰："君子不重，则不威；学则不固。主忠信。无友不如己者。过，则勿惮改。"

——《论语·学而》

译文:

孔子说:“君子，如果不庄重，就没有威严;即使读书，所学的也不会巩固。要以忠和信两种道德为主。不要跟不如自己的人交朋友。有了过错，就不要怕改正。”

7. 信近于义

有子[①]曰:“信近于义，言可复也;恭近于礼，远耻辱也;因不失其亲，亦可宗也。”

——《论语·学而》

注释:

①有子:孔子的学生。姓有，名若。

译文:

有子说:“所守的约言符合义，说的话就能兑现;态度容貌的庄矜合于礼，就不致遭受侮辱;依靠关系深的人，也就可靠了。”

8. 敏于事而慎于言

子曰:“君子食无求饱，居无求安，敏于事而慎于言，就有道而正焉，可谓好学也已。”

——《论语·学而》

译文:

孔子说:“君子，吃食不要求饱足，居住不要求舒适，对工作勤劳敏捷，说话却谨慎，到有道的人那里去匡正自己，这样，可以说是好学了。”

9. 三十而立

子曰："吾十有五而志于学，三十而立，四十而不惑，五十而知天命，六十而耳顺，七十而从心所欲不逾矩。"

——《论语·为政》

译文：

孔子说："我十五岁有志于学问；三十岁（懂礼仪），说话做事都有把握；四十岁（掌握了各种知识），不至于迷惑；五十岁，得知天命；六十岁，一听别人言语，便可以分别真假，判明是非；到了七十岁，便随心所欲，任何念头不越出规矩。"

10. 温故而知新

子曰："温故而知新，可以为师矣。"

——《论语·为政》

译文：

孔子说："复习旧的知识也可以获得新的体验，就可以做别人的老师了。"

11. 学而不思则罔

子曰："学而不思则罔，思而不学则殆。"

——《论语·为政》

译文：

孔子说："只读书不思考就会迷惘，只空想不读书那就危险了。"

12. 先行其言而后从之

子贡[①]问君子。子曰："先行其言而后从之。"

——《论语·为政》

注释：

①子贡：孔子的学生。姓端木，名赐，子贡是他的字，春秋时卫国人。具有口才，料事如神；又善货殖，家累千金。曾任鲁、卫等国的丞相。

译文：

子贡问怎样才能做一个君子。孔子道："对于你要说的话，先实行了，再说出来（这就够说是一个君子了）。"

13. 周而不比

子曰："君子周而不比，小人比而不周。"

——《论语·为政》

译文：

孔子说："君子是团结，而不是勾结；小人是勾结，而不是团结。"

14. 人而无信，不知其可也

子曰："人而无信，不知其可也。大车无輗，小车无軏，其何以行之哉？"

——《论语·为政》

译文：

孔子说："作为一个人，却不讲信誉，不知那怎么可以。譬如大车子没有安横木的輗，小车子没有安横木的軏，如何能走呢？”

15. 君子无所争

子曰：“君子无所争。必也射乎！揖让而升，下而饮。其争也君子。”

——《论语·八佾》

译文：

孔子说：“君子没有什么可争的事情。如果有所争，一定是比箭吧！（但是当射箭的时候，）相互作揖然后登堂；（射箭完毕，）走下堂来，然后（作揖）喝酒。那一种竞赛是很有礼貌的。”

16. 里仁为美

子曰：“里仁为美，择不处仁，焉得知？”

——《论语·里仁》

译文：

孔子说：“住的地方，要有仁德这才好。选择住处，没有仁德，怎么能是聪明呢？”

17. 义之与比

子曰：“君子之于天下也，无适也，无莫也，义之与比。”

——《论语·里仁》

译文：

孔子说："君子对于天下的事情，没规定要怎样干，也没规定不要怎样干，只要怎样干合理恰当，便怎样干。"

18. 德不孤，必有邻

子曰："德不孤，必有邻。"

——《论语·里仁》

译文：

孔子说："有道德的人不会孤单，一定会有（志同道合的人来和他做）伙伴。"

19. 与朋友交，言而有信

子夏[①]曰："贤贤易色；事父母，能竭其力；事君，能致其身；与朋友交，言而有信。虽曰未学，吾必谓之学矣。"

——《论语·学而》

注释：

①子夏：孔子晚年弟子。姓卜名商，字子夏。春秋末晋国温（今河南温县西南）人。

译文：

子夏说："对妻子，重品德，不重容貌；侍奉爹娘，能尽心竭力；服侍君上，能豁出生命；同朋友交往，说话诚实守信。这种人，虽说没学习过，我一定说他已经学习过了。"

20. 言必信，行必果

子贡问曰："何如斯可谓之士矣？"子曰："行己有耻，

使于四方，不辱君命，可谓士矣。”

曰：“敢问其次。”曰：“宗族称孝焉，乡党称弟焉。”

曰：“敢问其次。”曰：“言必信，行必果，硁硁然小人哉！抑亦可以为次矣。”

——《论语·子路》

译文：

子贡问道：“怎样才可以叫做‘士’？”孔子道：“自己行为保持羞耻之心，出使外国，很好地完成君主的使命，可以叫做‘士’了。”

子贡道：“请问次一等的。”孔子道：“宗族称赞他孝顺父母，乡里称赞他恭敬尊长。”

子贡又道：“请问再次一等的。”孔子道：“言语一定信实，行为一定坚决，这是不问是非黑白而只管自己贯彻言行的小人呀！但也可以说是再次一等的‘士’了。”

21. 君子怀德

子曰：“君子怀德，小人怀土；君子怀刑，小人怀惠。”

——《论语·里仁》

译文：

孔子说：“君子怀念道德，小人怀念乡土；君子关心法度，小人关心恩惠。”

22. 君子喻于义

子曰：“君子喻于义，小人喻于利。”

——《论语·里仁》

译文：

孔子说："君子懂得的是义，小人懂得的是利。"

23. 见贤思齐

子曰："见贤思齐焉，见不贤而内自省也。"

——《论语·里仁》

译文：

孔子说："看见贤人，便应该想向他看齐；看见不贤的人，便应该自己反省（有没有同他一样的毛病）。"

24. 耻躬之不逮

子曰："古者言之不出，耻躬之不逮也。"

——《论语·里仁》

译文：

孔子说："古时候言语不轻易出口，就是怕自己的行动赶不上。"

25. 己所不欲，勿施于人

子贡问曰："有一言而可以终身行之者乎？"子曰："其恕乎！己所不欲，勿施于人。"

——《论语·卫灵公》

译文：

子贡问道："有没有一句可以终身奉行的话呢？"孔子道："大概是'恕'吧！自己所不想要的任何事物，就不要加给别人。"

26. 不耻下问

子贡问曰："孔文子[①]何以谓之'文'也？"子曰："敏而好学，不耻下问，是以谓之'文'也。"

——《论语·公冶长》

注释：

①孔文子：春秋时卫国大夫。孔氏，名圉（一作圄），谥文子。

译文：

子贡问道："孔文子为什么被谥为'文'呢？"孔子回答说："他聪明，又爱好学问，又谦虚，不以向不如自己的人请教为耻。因此，用'文'字来作为他的谥号。"

27. 文质彬彬

子曰："质胜文则野，文胜质则史。文质彬彬，然后君子。"

——《论语·雍也》

译文：

孔子说："如果一个人缺乏有教养的文饰，就将是粗野的。如果一个人只是极力讲求外表的文饰，缺少内在的道德品质，那么文饰也将是没有内容的虚饰。只有将文和质完满统一起来，才能成为一个完美的人。"

28. 人之生也直

子曰："人之生也直，罔之生也幸而免。"

——《论语·雍也》

译文：

孔子说："一个人的生存是由于正直，而不正直的人也能生存，那只他侥幸地避免了灾祸。"

29. 君子博学于文

子曰："君子博学于文，约之以礼，亦可以弗畔矣夫。"

——《论语·雍也》

译文：

孔子说："君子广泛地学习文献，再用礼节来加以约束，也就可以不至于离经叛道了。"

30. 学而不厌

子曰："默而识之，学而不厌，诲人不倦，何有于我哉？"

——《论语·述而》

译文：

孔子说："把所见所闻默记在心，学习努力而不满足，教导别人不知疲倦，这些事情我做到了吗？"

31. 三人行必有我师

子曰："三人行，必有我师焉。择其善者而从之，其不善者而改之。"

——《论语·述而》

译文：

孔子说："有三个人同行，我是其中的一个，其余两个人，或有善的，或有恶的，我只要择取他的善处而从学之，对其不善之处而改正之，便都可以作为我的老师。"

32. 君子坦荡荡

子曰："君子坦荡荡，小人长戚戚。"

——《论语·述而》

译文：

孔子说："君子心地平坦宽广，小人经常局促忧愁。"

33. 君子成人之美

子曰："君子成人之美，不成人之恶。小人反是。"

——《论语·颜渊》

译文：

孔子说："品德高尚的君子存爱人同情之心，故乐于成人之美，而不成人之恶。品德低下的小人则反其道而行之。"

34. 君子有三戒

孔子曰："君子有三戒：少之时，血气未定，戒之在色；及其壮也，血气方刚，戒之在斗；及其老也，血气既衰，戒之在得。"

——《论语·季氏》

译文：

孔子说："君子有三件事情应该警惕戒备：年轻的时候，血气未定，便要警戒，莫迷恋女色；等到壮大了，血气正旺盛，便要警戒，莫好胜喜斗；等到年老了，血气已经衰弱，便要警戒，莫贪求无厌。"

35. 君子有三畏

孔子曰："君子有三畏：畏天命，畏大人，畏圣人之言。小人不知天命而不畏也，狎大人，侮圣人之言。"

——《论语·季氏》

译文：

孔子说："君子害怕的有三件事情：怕天命，怕王公大人，怕圣人的言语。小人不懂得天命，因而他不怕；轻视王公大人，轻圣人的言语。"

36. 君子有九思

孔子曰："君子有九思：视思明，听思聪，色思温，貌思恭，言思忠，事思敬，疑思问，忿思难，见得思义。"

——《论语·季氏》

译文：

孔子说："君子有九种考虑：看的时候，考虑看明白了没有；听的时候，考虑听清楚了没有；脸上的颜色，考虑温和么；容貌态度，考虑庄矜么；说的言语，考虑忠诚老实么；对待工作，考虑严肃认真么；遇到疑问，考虑怎样向人家请教；将发怒了，考虑有什么后患；看见可得的，考虑我是否应该得。"

37. 勿道听途说

子曰："道听而涂说，德之弃也。"

——《论语·阳货》

译文：

孔子说："听到道路传言就四处传播，这是应该革除的作风。"

38. 君子有三变

子夏曰："君子有三变：望之俨然，即之也温，听其言也厉。"

——《论语·子张》

译文：

子夏说："君子有三变：远远望着，庄严可畏；向他靠拢，温和可亲；听他的话，严厉不苟。"

39. 博学笃志

子夏曰："博学而笃志，切问而近思，仁在其中矣。"

——《论语·子张》

译文：

子夏说："广泛地学习而且能坚守自己的志趣，恳切地询问而且能思考新近发生的问题，'仁'也就在这里面了。"

40. 君子之过

子贡曰："君子之过也，如日月之食焉：过也，人皆见之；更也，人皆仰之。"

——《论语·子张》

译文：

子贡说："君子的过错好比日食月食：错误的时候，每个人都看得见；更改的时候，每个人都仰望着。"

41. 人无远虑，必有近忧

子曰："人无远虑，必有近忧。"

——《论语·卫灵公》

译文：

孔子说："若没有深远的谋划，忧患就会很快出现。"

42. 从善如登，从恶如崩

谚曰："从善如登，从恶如崩。"昔孔甲乱夏，四世而陨；玄王勤商，十有四世而兴；帝甲乱之，七世而陨。

——《国语·周语下》

译文：

谚语说："走正道，学好上进，是很艰难的；走邪路，学坏堕落，是很容易的。"过去孔甲扰乱夏政，传了四代就灭亡了；玄王振兴商族，传了十四代才成功；帝甲扰乱殷政，传了七代就灭亡了。

43. 知足不辱

名与身，孰亲？身与货，孰多？得与亡，孰病？甚爱必大费，多藏必厚亡。故知足不辱，知止不殆，可以长久。

——《老子·第四十四章》

译文：

身体为自己之身，名誉为附属之物，哪一个于自己更为可亲可爱呢？身体为自我之体，金玉货财乃身外之物，哪一个于自己更为宝贵而应该珍重呢？得到名声与货财同失掉自己的生命与身体，哪一个对自己造成的危害更为严重呢？过分地贪爱女色一定会极大地耗费精力，过多地聚敛财货必然会招致更为严重的损失。所以，存有知足之心而不贪得无厌，就会与人为善而不被别人侮辱损害；懂得适可而止而不贪婪聚敛，就会与世无争而不会产生危殆。心适然而身安逸，当然也就可以长生久视、长治久安了。

44. 志不强者智不达

志不强者智不达，言不信者行不果。

——《墨子·修身》

译文：

意志不坚强的人不可能有高度的智慧，说话不算数的人做事不可能果断。

45. 能胜强敌者先自胜

能胜强敌者，先自胜者也。

——《商君书·画策》

译文：

能战胜强大敌人的军队，首先自己要具备战胜敌人的信心与力量。

46. 玉不琢，不成器

玉不琢，不成器。人不学，不知道。

——《礼记·学记》

译文：

玉石不经过雕琢就不能够成为玉器。人不经过学习就不会懂得世事道理。

47. 言有物而行有格

子曰："言有物而行有格也，是以生则不可夺志，死则不可夺名。故君子多闻，质而守之；多志，质而亲之；精知，略而行之。"

——《礼记·缁衣》

译文：

孔子说："说话有事实根据，行为有一定法则，因此活着不可剥夺志向，死了不可剥夺名声。因此君子多多听取意见，正确的就取来坚持；多多学习知识，正确的就学问不厌；精思所学的知识，取其中最精要的加以实行。"

48. 教学相长

虽有佳肴，弗食，不知其旨也。虽有至道，弗学，不知其善也。是故学然后知不足，教然后知困。知不足，然后能自反也。知困，然后能自强也。故曰“教学相长”也。《兑命》[①]曰：“学学半。”其此之谓乎？

——《礼记·学记》

注释：

①《兑命》：《尚书》篇名。

译文：

虽然有上好的菜肴，不吃就不知道它的美味；虽然有最好的道理，不学就不知道它好在哪里。因此，学习以后才知道自己的不足之处，教人以后才知道自己的困惑。知道不足，才能反省自己；知道困惑，才能够自我加强。所以说“教与学是相互促进的”。《兑命》上说：“教和学各是学问的一半。”说的就是这个意思吧？

49. 君子慎以辟祸

子曰：“君子慎以辟祸，笃以不掩，恭以远耻。”

——《礼记·表记》

译文：

孔子说：“君子用言行谨慎来避免祸患，用修养笃厚来解除困迫，用恭敬待人来远离耻辱。”

50. 贤者狎而敬之

贤者狎而敬之，畏而爱之。爱而知其恶，憎而知其善。积而能散，安安而能迁。

——《礼记·曲礼上》

译文：

贤德的人对亲近的人能做到尊重，对钦佩的人能做到爱慕。对于喜爱的人能了解他的缺点，对于憎恶的人能了解他的优点。聚的财富能发散赈济，当安居逸乐时能迁于为善。

51. 修身、齐家、治国、平天下

古之欲明明德于天下者，先治其国；欲治其国者，先齐其家；欲齐其家者，先修其身；欲修其身者，先正其心；欲正其心者，先诚其意；欲诚其意者，先致其知；致知在格物。物格而后知至，知至而后意诚，意诚而后心正，心正而后身修，身修而后家齐，家齐而后国治，国治而后天下平。

——《礼记·大学》

译文：

古时那些想在世间彰明正气品德的人，首先要治理好自己的国家；想要治理好国家，先要管理自己的家庭和家族；想要管理好自己的家庭和家族，首先要修养自己的品行；想要修养自己的品行，首先要端正自己的思想；想要端正自己的思想，首先要使自己意念真诚；想要使自己意念真诚，首先要使自己获得知识；而要获得知识，首先又要认识、研究世间万事万物。只有通过对万事万物加以认真分析研究，得到正确认识后才能获得知识；获得知识后个人的意念才能真诚；意念真诚后思想才能端正；思想端正后才能开始修养个人的品行；品行修养好才能管理好自己的家庭和家族；只有将自己的家庭和家族都管理好后才能进而治理好国家；治理好国家后天下才能太平。

52. 君子中庸

仲尼曰："君子中庸，小人反中庸。君子之中庸也，君子而时中。小人反之中庸也，小人而无忌惮也。"

——《礼记·中庸》

译文：

孔子说："君子的言行做到符合中庸的道德标准，小人的言行违背中庸的道德标准。君子之所以能够达到中庸的道德标准，是因为君子的言行时时处处符合中庸之道，小人之所以违背中庸的道德标准，是因为小人所作所为肆无忌惮。"

53. 人一能之，己百之

博学之，审问之，慎思之，明辨之，笃行之。有弗学，学之弗能弗措也；有弗问，问之弗知弗措也；有弗思，思之弗得弗措也；有弗辨，辨之弗明弗措也；有弗行，行之弗笃弗措也。人一能之，己百之；人十能之，己千之。果能此道矣，虽愚必明，虽柔必强。

——《礼记·中庸》

译文：

广泛学习，详细询问，周密思考，明确辨别，切实实行。要么不学，学了没有学会绝不罢休；要么不问，问了没有明白绝不罢休；要么不想，想了没有所得绝不罢休；要么不分辨，分辨了没有明确绝不罢休；要么不实行，实行了没有笃实绝不罢休。别人用一分的努力就能做到的，我用一百分的努力去做；别人用十分的努力做到的，我用一千分的努力去做。如果真能够做到这样，虽然愚笨也一定可以聪明起来，虽然柔弱也一定可以刚强起来。

54. 上不怨天，下不尤人

上不怨天，下不尤人。故君子居易以俟命，小人行险以侥幸。子曰："射有似乎君子，失诸正鹄，反求诸其身。"

——《礼记·中庸》

译文：

上不抱怨天，下不抱怨人。所以，君子安居现状来等待天命，小人却铤而走险妄图获得非分的东西。孔子说："君子立身处世就像射箭一样，射不中靶子，要回过头来寻找自身技艺的问题。"

55. 遁世不见知而不悔

子曰："素隐行怪，后世有述焉，吾弗为之矣。君子遵道而行，半途而废，吾弗能已矣。君子依乎中庸，遁世不见知而不悔，唯圣者能之。"

——《礼记·中庸》

译文：

孔子说："有些人探求隐僻的道理，做怪异的事情，后世对这些人有所记述称赞，但我不会这样做。君子应该遵循中庸的大道来行事，虽然有些人半途而废不能坚持到底，但我是永远不会停息的。君子按照中庸的大道来行事，即使终生不被了解也不悔恨。只有圣人能够做到。"

56. 君子必慎其独

小人闲居为不善，无所不至，见君子而后厌然，掩其不善，而著其善。人之视己，如见其肺肝然，则何益矣。此谓诚于中，形于外。故君子必慎其独也。

——《礼记·大学》

译文：

品德低下的人在私下里无恶不作，一见到品德高尚的人便躲躲闪闪，掩盖自己所做的坏事而自吹自擂。殊不知，别人看你，就像能看见你的心肺肝脏一样清楚，掩盖有什么用呢？这就叫做内心的真实一定会表现到外表上来。所以，品德高尚的人哪怕是在一个人独处的时候，也一定要谨慎。

57. 过而能改

人孰无过？过而能改，善莫大焉。

——《左传·宣公二年》

译文：

人怎么会不犯错误呢？犯了错误能够改正，就是最大的优点。

58. 穷则独善其身

穷则独善其身，达则兼善天下。

——《孟子·尽心上》

译文：

人不得志的时候要修身养性，自我完善；显达得志的时候要济世救民，以自己的才学为国效劳。

59. 尽信书，不如无书

孟子曰："尽信《书》，则不如无《书》。吾于《武成》[①]，取二三策而已矣。仁人无敌于天下，以至仁伐至不仁，而何其血之流杵也？"

——《孟子·尽心下》

注释：

①《武成》：《尚书》的篇名。

译文：

孟子说："完全相信《尚书》，不如没有《尚书》。我对于（《尚书》中的）《武成》篇，就只取其中二三处罢了。仁人无敌于天下，凭（武王那样）最仁的人去讨伐（商纣那样）最不仁的人，怎么会血流得把舂米的木棒都漂起来呢？"

60. 无规矩不成方圆

不以规矩，不能成方圆。

——《孟子·离娄上》

译文：

如果不借助于画方形和圆形的工具，就不能画出标准的方形和圆形。

61. 学不可以已

君子曰：学不可以已。青，取之于蓝，而青于蓝；冰，水为之，而寒于水。

——《荀子·劝学》

译文：

君子说：学习不能够因为任何缘故而停止。靛青的颜料是从蓼蓝草中提取出来的，但颜色比蓼蓝草更青。冰块是由水凝冻而成的，但要比水寒冷。

62. 博学而日参省乎己

故木受绳则直，金就砺则利，君子博学而日参省乎己，则知明而行无过矣。

——《荀子·劝学》

译文：

所以，经过墨线吊过后锯下的木料就变直了，金属刀剑经过磨刀石上磨过就锋利了。君子广博地学习，而且每天对自己检查反省，就会智慧聪敏，而行动也不会有过失了。

63. 君子生非异也，善假于物也

吾尝终日而思矣，不如须臾之所学也；吾尝跂而望矣，不如登高之博见也。登高而招，臂非加长也，而见者远；顺风而呼，声非加疾也，而闻者彰。假舆马者，非利足也，而致千里；假舟楫者，非能水也，而绝江河。君子生非异也，善假于物也。

——《荀子·劝学》

译文：

我曾经整天思索，却不如片刻学习得到的知识多；我曾经踮起脚远望，却不如登到高处看得广阔。登到高处招手，手臂并没有加长，远处的人却看得到；顺着风呼叫，声音并没有加大，闻者却听得很清楚。借助车马的人，并不是脚走得快，却可以到达千里之外；借助舟船的人，并不是水性特别好，却可以横渡江河。君子的天性跟一般人没什么不同，只是善于借助外物罢了。

64. 不积跬步，无以至千里

不积跬步，无以至千里；不积小流，无以成江海。

——《荀子·劝学》

译文：

不从小步积累，就不能行至千里远；不汇集细流，就不能形成长江大海。

65. 人之有德于我也，不可忘也

信陵君杀晋鄙，救邯郸，破秦人，存赵国，赵王自郊迎。唐且谓信陵君曰："臣闻之曰：'事有不可知者，有不可不知者；有不可忘者，有不可不忘者。'"信陵君曰："何谓也？"对曰："人之憎我也，不可不知也；吾憎人也，不可得而知也。人之有德于我也，不可忘也；吾有德于人也，不可不忘也。今君杀晋鄙，救邯郸，破秦人，存赵国，此大德也。今赵王自郊迎，卒然见赵王，臣愿君之忘之也。"信陵君曰："无忌谨受教。"

——《战国策·魏策四》

译文：

信陵君杀了魏将晋鄙，解救了邯郸，打败了秦军，保全了赵国，赵王亲自到郊外去迎接信陵君。唐且对信陵君说："我听人说，事情有不能知道的，有不能不知道的；有不能忘记的，有不能不忘记的。"信陵君说："这话什么意思？"唐且回答说："别人厌恶我，是不能不知道的；我厌恶别人，却不能让别人得知。别人对我有恩惠，不可忘记；我对人家有恩德，就不能不忘记。如今您杀了晋鄙，挽救了邯郸，打败了秦军，保全了赵国，这对赵国是很大的恩惠。现在赵王亲自到郊外来迎接你，忽然见到赵王，我希望您忘掉救赵的事情。"信陵君说："我谨遵您的教诲。"

66. 终生好学

少而好学，如日出之阳；壮而好学，如日中之光；老而好学，如炳烛之明。

——（西汉）刘向《说苑·建本》

译文：

青少年时代喜爱学习，如同刚出升的太阳；中年时代喜爱学习，如同中午时分的阳光；老年时代喜爱学习，如同夜晚点燃蜡烛那样明亮。

67. 人必其自爱

人必其自爱也，而后人爱诸；人必其自敬也，而后人敬诸。

——（西汉）扬雄《法言·君子》

译文：

人必须自爱，然后别人才爱他；人要自己敬重自己，然后别人才敬重他。

68. 百川学海

百川学海而至于海，丘陵学山不至于山。

——（西汉）扬雄《法言·学行》

译文：

所有的河流都向海奔流而终于投入到大海之中，丘陵想像山一样高大却始终不如大山高耸。

69. 忧人之忧

忧人之忧，乐人之乐。

——（东汉）马援[1]《诫兄子书》

注释：

①马援（前14—49年）：东汉初名将。字文渊，扶风茂陵（今陕西兴平东北）人。

译文：

为别人的忧虑而忧虑，为别人的快乐而快乐。

70. 论定于有证

事莫明于有效，论莫定于有证。

——（东汉）王充《论衡·薄葬》

译文：

有效验，最能说明事情的真相；有证据，最能肯定论点的正确。

71. 人有知学

人有知学，则有力矣。

——（东汉）王充《论衡·效力》

译文：

人有知识和学问，就会变得强大有力。

72. 道成于学而藏于书

道成于学而藏于书，学进于振而废于穷。

——（东汉）王符《潜夫论·赞学》

译文：

大道深藏于典籍之中，由勤奋苦学来完成；学问因懈怠而荒废，因发奋努力得到精进。

73. 少壮不努力，老大徒伤悲

百川东到海，何时复西归？少壮不努力，老大徒伤悲。

——《乐府诗集·长歌行》

译文：

江河奔涌啊东入大海，岁月流逝啊有去无回。人在年轻时不努力学习，年龄大了，那就只好悲伤、后悔。

74. 多见者博

多见者博，多闻者智，拒谏者塞，专己者孤。

——（西汉）桓宽《盐铁论·刺议》

译文：

看到事物多的人就见识广博，听到良言多的人就头脑聪明，拒绝规劝的人就闭塞愚昧，独断专行的人就孤立无援。

75. 精诚所加，金石为开

精诚所加，金石为开。

——（南朝宋）范晔《后汉书·广陵思王刘荆列传》

译文：

真心诚意所达到的地方，坚硬的金石也会被打开。

76. 澹泊明志，宁静致远

夫君子之行，静以修身，俭以养德，非澹泊无以明志，非宁静无以致远。

——（三国蜀汉）诸葛亮《诫子书》

译文：

一个人只要淡薄欲望，生活简朴，就能显示出自己的志趣；只要安下心来，冷静思考就能考虑周全、想到很远的事情。

77. 非学无以广才

夫学须静也，才须学也。非学无以广才，非志无以成学。

——（三国蜀汉）诸葛亮《诫子书》

译文：

要学习，就要静下心来；要有才能，就要认真学习。不学习就不能增长才能，不立志就不能成就学业。

78. 近朱者赤

故近朱者赤，近墨者黑；声和则响清，形正则影直。

——（西晋）傅玄《太子少傅箴》

译文：

靠近朱砂易染成红色，靠近墨就会变黑。声音和谐才能清亮纯正，身体正直影子才能挺拔。

79．渴不饮盗泉水

渴不饮盗泉水，热不息恶木荫。

——（西晋）陆机[1]《猛虎行》

注释：

①陆机（261—303）：西晋文学家、书法家，与其弟陆云合称“二陆”。字士衡，吴郡吴（今江苏苏州）人。他的《平复帖》是我国古代存世最早的名人书法真迹。

译文：

就算口渴了也不要去饮用被污染的泉水，就算酷热难耐也不要在不好的树木下乘凉。

80．操千曲而后晓声

凡操千曲而后晓声，观千剑而后识器。故圆照之象，务先博观。

——（南朝梁）刘勰[1]《文心雕龙·知音》[2]

注释：

①刘勰：（约465—约532）：南朝齐梁时期著名的文学理论批评家。字彦和，东莞莒（今山东莒县）人。②《文心雕龙》：共五十篇。是中国古代第一部文学理论批评著作。

译文：

演奏上千首曲子而后才能通晓音律，观察了上千把剑而后才会识别宝剑。要对艺术作品有全面准确的评价，应该首先进行广泛的阅读和全面的研究。

81. 岁月不待人

盛年不重来，一日难再晨。及时当勉励，岁月不待人。

——（东晋）陶渊明[1]《杂诗十二首》

注释：

①陶渊明（365—427）：东晋文学家、思想家。名潜，字渊明；又云名元亮，字深明，号五柳先生，世称靖节先生。浔阳柴桑（今江西九江）人。陶渊明现存诗歌共125首。

译文：

壮年过去就不会重来，一天没有两个早晨。应及时勤勉努力，岁月是不等人的。

82. 不入虎穴，焉得虎子

不入虎穴，焉得虎子。

——（南朝宋）范晔《后汉书·班超列传》

译文：

不进老虎洞，怎能捉到小老虎。（比喻不亲历险境，就得不到重大成果。）

83. 学若牛毛

学若牛毛，成若麟角。

——（北齐）颜之推[1]《颜氏家训·养生》

注释：

①颜之推（531—约 595）：北齐文学家。字介，琅琊临沂（今山东临沂）人。著有《颜氏家训》，是北朝后期重要散文作品，在封建家庭教育发展史上有重要的影响。

译文：

学习的人多如牛毛，真正成功者如同麒麟角一样稀少。

84. 居高声自远

居高声自远，非是藉秋风。

——（唐）虞世南[①]《蝉》

注释：

①虞世南（558—638）：唐初政治家、书法家、文学家。凌烟阁二十四功臣之一。字伯施，越州徐姚（今属浙江）人。隋炀帝时官起居舍人，唐时历任秘书监、弘文馆学士等。唐太宗称他德行、忠直、博学、文词、书翰为“五绝”。

译文：

蝉居于高树之上，不凭借风力，其鸣叫的声音亦可传得很远。（比喻那些具有高尚品格的人，虽不居于高位，却会在世上有很深远的影响。）

85. 老当益壮

老当益壮，宁移白首之心；穷且益坚，不坠青云之志。

——（唐）王勃[①]《滕王阁序》

注释：

①王勃（649 或 650—675 或 676）：唐著名文学家。初唐“四杰”之一。字子安，绛州龙门（今山西河津）人。

译文：

年老了，应当更加盛壮，哪能因为头发变白而改变心志，处境艰难，则须更加坚强，不要丢弃凌云之志。

86. 敬他还自敬

敬他还自敬，轻他还自轻。

——（唐）王梵志[1]《敬他还自敬》

注释：

①王梵志（？—约670）：唐初白话诗僧。卫州黎阳（今河南浚县）人。原名梵天，生平、家世均不详。

译文：

尊敬别人会使自己受到尊敬，轻视别人会使自己受到轻视。

87. 信之为功大矣

《吕氏春秋》曰："信之为功大矣。天行不信则不能成岁；地行不信则草木不大。春之德风，风不信则其花不成；夏之德暑，暑不信则其物不长；秋之德雨，雨不信则其谷不坚；冬之德寒，寒不信则其地不刚。夫以天地之大，四时之化，犹不能以不信成物，况于人乎！故君臣不信，则国政不安；父子不信，则家道不睦；兄弟不信，则其情不亲；朋友不信，则其交易绝。夫可与为始、可与为终者，其唯信乎！信而又信，重袭于身，则可以畅于神明，通于天地矣。"

——（唐）武则天《臣轨·诚信章》

译文：

《吕氏春秋》说："信用的功德很大。上天若不讲信用，那就不会有一年四季；大地若不讲信用，那就不会有草木生长。春季有春风，若春风不如期而至那花儿就不能开；夏季有暑热，若暑热不如期而至那万物就不会生长；秋季有雨水，若雨水不如期而至那果实就不饱满；冬季有寒气，若寒气不如期而至那大地就不坚硬。天地如此之大，四季依次变化，都不能不讲信用而怕因此使万物不能成就，更何况是人呢？因为君主和臣子不讲信用，那国家政治就不会稳定；父亲和儿子不讲信用，那治家之道就不会和睦；兄长和弟弟不讲信用，那兄弟之情就不会亲近；朋友之间不讲信用，那各种交往就容易断绝。和讲信用的人谋事不但有好的开始，而且还会有好的终结，这是因为相互都很信任的缘故。一个人若能坚守信义，并永远地保持不变，那就可以上通神明，下通天地。”

88. 今日读书是

早知今日读书是，悔作从前任侠非。

——（唐）李颀《缓歌行》

译文：

早知道今天读书的好处，对从前行侠仗义的错误感到非常后悔。

89. 读书破万卷

读书破万卷，下笔如有神。

——（唐）杜甫《奉赠韦左丞丈二十二韵》

译文：

读透了万卷书，提笔做文章就如有神助。

90. 不废江河万古流

王杨卢骆当时体，轻薄为文哂未休。尔曹身与名俱灭，不废江河万古流。

——（唐）杜甫《戏为六绝句》

译文：

王（勃）、杨（炯）、卢（照邻）、骆（宾王）四位诗人的文体是当时的风尚，某些轻薄的人写文章讥笑他们，喋喋不休。你们这些讥笑别人的人早已销声匿迹、湮没无闻了；而四位诗人的诗，却像长江大河万古长流一样，流传久远。

91. 文章千古事

文章千古事，得失寸心知。

——（唐）杜甫《偶题》

译文：

写文章是千古不朽的大事，文章究竟怎么样，自己心里最明白。

92. 不屈权贵

且放白鹿青崖间，须行即骑访名山。安能摧眉折腰事权贵，使我不得开心颜。

——（唐）李白《梦游天姥吟留别》

译文：

最好是到名山求仙，骑着白鹿遨游。我怎么能够低三下四地去侍奉那些有钱有权的“贵人”呢，让我自己的心里非常不痛快。

93. 长风破浪会有时

长风破浪会有时，直挂云帆济沧海。

——（唐）李白《行路难》

译文：

乘猛烈风势冲破万里巨浪的时机总会有的，到那时可以径直挂起云帆横渡大海。

94. 天生我材必有用

天生我材必有用，千金散尽还复来。

——（唐）李白《将进酒》

译文：

我天生就是栋梁之材，必然对国家有用，我即使把数千黄金挥散净尽也不足惜，还可以再得来。

95. 黑发不知勤学早，白首方悔读书迟

三更灯火五更鸡，正是男儿发愤时。黑发不知勤学早，白首方悔读书迟。

——（唐）颜真卿[①]《劝学》

注释：

①颜真卿（709—784 或 785）：唐代书法家。字清臣，唐京兆万年（今陕西西安）人，祖籍唐琅琊临沂（今山东临沂）。他创立的“颜体”楷书与赵孟頫、柳公权、欧阳询并称“楷书四大家”。和柳公权并称“颜筋柳骨”。

译文：

读书读到三更，五更鸡叫起来再读，这正是读书人发奋读书的时间。一个人年轻的时候，若是不知道早早努力，勤奋学习，到老来头发白了，你再后悔当初没抓紧时间好好读书，那就太晚了。

96. 青春须早为

青春须早为，岂能长少年。

——（唐）孟郊[1]《劝学》

注释：

①孟郊（751—814）：唐代诗人。字东野，湖州武康（今浙江德清）人。现存诗歌500多首，以短篇五言古诗最多。代表作有《游子吟》。有“诗囚”之称；又与贾岛齐名，人称“郊寒岛瘦”。

译文：

年轻时应当及早有所作为，因为人不可能永远年轻。

97. 勤奋进取

业精于勤而荒于嬉，行成于思而毁于随。

——（唐）韩愈《进学解》

注释：

①《进学解》：唐元和七、八年间韩愈任国子博士时所作，假托向学生训话，勉励他们在学业、德行方面取得进步。学生提出质问，他再进行解释，故名“进学解”。借以抒发自己怀才不遇、仕途蹭蹬的牢骚。

译文：

学业的精进由于勤奋，而荒废由于游荡玩乐；德行的成就由于思考，而败坏由于因循随便。

98. 道之所存，师之所存

是故无贵无贱，无长无少，道之所存，师之所存也。

——（唐）韩愈《师说》

译文：

所以人无论地位高还是地位低，又无论年长还是年少，道理在的地方，就是老师在的地方。

99. 不塞不流

不塞不流，不止不行。

——（唐）韩愈《原道》

译文：

不阻塞就不能流淌，没有静止就不能前行。

100. 吹尽狂沙始到金

千淘万漉虽辛苦，吹尽狂沙始到金。

——（唐）刘禹锡①《浪淘沙》

注释：

①刘禹锡（772—842）：唐代文学家、哲学家。字梦得，洛阳（今属河南）人，祖籍中山（今河北定县）。存诗约800余首，内容比较丰富。刘禹锡生前与白居易齐名，世称“刘白”。白居易则称他为“诗豪”，推崇备至。

译文：

千淘万滤，虽然备受辛苦，但吹尽了泥沙之后才会出现耀眼的真金。

101. 莫道桑榆晚

莫道桑榆晚，为霞尚满天。

——（唐）刘禹锡《酬乐天咏老见示》

译文：

不要说年纪已经老了，将落的太阳还可放出满天红霞。

102. 男儿当自强

眼前多少难甘事，自古男儿当自强。

——（唐）李咸用[①]《送人》

注释：

①李咸用（约公元873年前后在世）：字号、生卒年均不详。著有《披沙集》六卷，今编为三卷。

译文：

尽管目前的处境很不好，但志士自古以来就是自强不息，不为逆境所屈服。

103. 为谁辛苦为谁甜

采得百花成蜜后，为谁辛苦为谁甜。

——（唐）罗隐[①]《蜂》

注释：

①罗隐（833—909）：唐代文学家。原名横，字昭谏，号江东生。杭州新城（今浙江桐庐）人。其创作以杂文小品成就最高，诗歌多应酬赠答、登临写景之作。

译文：

蜜蜂采集得百花酿成蜂蜜以后，为谁的甘甜享受而辛苦呢？

104. 敬一人千万人悦

敬一人，则千万人悦；慢一人，则千万人怨。

——（唐）罗隐《两同书·敬慢》

译文：

礼遇一个人，就会使千万人喜悦；怠慢一个人，就会使千万人抱怨。

105. 身后何劳更立碑

平生德义人间诵，身后何劳更立碑。

——（唐）徐寅[①]《经故翰林杨左丞池亭》

注释：

①徐寅（733—802）：唐末至五代间文学家。字昭梦，莆田县（今属福建）人。博学多才，尤擅作赋。文集有《徐正字诗赋》二卷。

译文：

活着的时候自身的道德信义被人称颂，死后用不着再立碑。

106. 知不足者好学

知不足者好学，耻下问者自满。

——（北宋）林逋[①]《省心录》

注释：

①林逋（967—1028）：北宋初年著名隐逸诗人。字君复，钱塘（今浙江杭州）人。林逋的诗，除一些赠答之作外，主要描写西湖优美的自然景色，表现隐居生活的情趣。现存《林和靖诗集》四卷，《补遗》一卷。

译文：

能知道自己差距的人，虚心好学；以向人求教为耻的人，自满自足。

107. 心清志确

心不清则无以见道，志不确则无以立功。

——（北宋）林逋《省心录》

译文：

心里不清静就不能发现事理，志向不坚定就不能建功立业。

108. 贵以道义久可安

人生交分耻苟合，贵以道义久可安。

——（北宋）苏舜钦[①]《奉酬公素学士见招之作》

注释：

①苏舜钦（1008—1048）：北宋诗人。字子美，梓州铜山（今四川中江）人。是诗文革新运动中的重要作家，与欧阳修、梅尧臣友善并齐名，时称“欧苏”或“苏梅”。诗文集有《苏舜钦集》十六卷。

译文：

人生在世要交往，但怕随便打交道。长久才能被人信，因此最重道义交。

109. 得其大者可以兼其小

得其大者可以兼其小，未有学其小而能至其大者也。

——（北宋）欧阳修《易或问三首》

译文：

学到大学问可以包括小学问在内，没有学习了小的而能兼通大学问的道理。

110. 廉者憎贪

廉者憎贪，信者疾伪。

——（北宋）欧阳修、宋祁等《新唐书·陈子昂传》

译文：

清廉的人憎恨贪婪的行为，诚信的人痛恨虚伪欺诈的行为。

111. 出淤泥而不染

予独爱莲之出淤泥而不染，濯清涟而不妖，中通外直，不蔓不枝，香远益清，亭亭净植，可远观而不可亵玩焉。

——（北宋）周敦颐①《爱莲说》

注释：

①周敦颐（1017—1073）：宋代哲学家、理学的奠基者。字茂叔，原名敦实，因避宋英宗讳，改名敦颐。道州营道（今湖南道县）人。哲学著作主要有《太极图说》和《通书》，另外还有一些哲理诗文。周敦颐的哲学具有时代的特色，在宋、元、明、清的理学中占有较高的地位。

译文：

莲花出淤泥而不染，像刚刚从清水中洗过而不妖冶，它的茎中间上下贯通，外形挺直，不牵牵连连，也没有枝枝节节，香气远播，更加清香，笔直地站在那里，可以远远地观赏但不能靠近去玩弄。

112. 志小则易足

学者不宜志小，气轻志小则易足，易足则无由进。

——（北宋）张载《经学理窟·学大原下》

译文：

做学问的人不能没有大志，没有大志就容易满足，容易满足就不会再进步。

113. 侈则多欲

侈则多欲。君子多欲则念慕富贵，枉道速祸。

——（北宋）司马光《训俭示康》[①]

注释：

①《训俭示康》：是司马光写给儿子司马康的一篇家训。司马光在《训俭示康》一文中，紧紧围绕着“成由俭，败由奢”这个古训，结合自己的生活经历和切身体验，旁征博引许多典型事例，对儿子进行了耐心细致、深入浅出的教诲。司马光认为俭朴是一种美德，并大力提倡，反对奢侈腐化。

译文：

奢侈了，人的欲望就多。一个人欲望多就会贪图富贵，办事就不依正道，灾祸不久就会降临。

114. 由奢入俭难

由俭入奢易，由奢入俭难。

——（北宋）司马光《训俭示康》

译文：

不谨守俭朴而奢侈起来是很容易的；奢侈成了习惯，再想节俭起来就难了。

115. 取之有度

取之有度，用之有节，则常足。

——（北宋）司马光《资治通鉴·唐纪五十》[1]

注释：

①《资治通鉴》：简称“通鉴”，是北宋司马光主编的一部多卷本编年体史书，共二百九十四卷。它以时间为纲、事件为目，从周威烈王二十三年（前403）写起，到五代的后周世宗显德六年（959）征淮南停笔，涵盖16朝1362年的历史。是中国第一部编年体通史，在中国官修史书中占有极重要的地位。

译文：

索取有限度，使用有节制，就能永远富足。

116. 读书谓已多，抚事知不足

读书谓已多，抚事知不足。

——（北宋）王安石《寄吴冲卿》

译文：

自以为读了很多书，到办事的时候才知道读得还不够。

117. 问切思深

问之不切，则其听之不专；其思之不深，则其取之不固。

——（北宋）王安石《书洪范传后》

译文：

所提问题不切合题要，则其听讲时就一定不专心致志；思考的问题不深刻，则其获得知识就不能巩固。

118. 为文有三多

为文有三多：看多、做多、商量多。

——（北宋）陈师道①《后山诗话》

注释：

①陈师道（1053—1102）：北宋诗人。字履常，一字无己，号后山，彭城（今江苏徐州）人。陈师道的文学成就主要在诗歌创作上。江西诗派把黄庭坚、陈师道、陈与义列为“三宗”。

译文：

写好文章要做到三多：多看好文章，多练习写文章，多商讨、推敲文字。

119. 厚积薄发

博观而约取，厚积而薄发。

——（北宋）苏轼《稼说送张琥》

译文：

博览群书以吸收其精华，将学问积累得非常丰厚而不要轻易多发表。

120. 旧书不厌百回读

旧书不厌百回读，熟读深思子自知。

——（北宋）苏轼《送安惇秀才失解西归》

译文：

读过的书即使读上百遍，仍令人百读不厌；一边熟读一边深思，自然就能领悟其中的道理。

121. 坚忍不拔之志

古之立大事者，不惟有超世之才，亦必有坚忍不拔之志。

——（北宋）苏轼《晁错论》

译文：

古来凡是建功立业的人，不只是有超越世人的才华，而且还必有坚定不移的意志。

122. 学术正邪，视其为人

凡学术之邪正，视其为人。

——（北宋）苏轼《书篆髓后》

译文：

了解一个人学术风格邪正的原则，只需看他的为人即可。

123. 不一则不专

不一则不专，不专则不能。

——（北宋）苏轼《应制举上两制书》

译文：

如果学习不专一，学到的知识就不精深，没有精深的知识就没有才能。

124. 春宵一刻值千金

春宵一刻值千金。

——（北宋）苏轼《春夜》

译文：

春天的夜晚，即使是短短的一刻，也抵得上千金。

125. 扶危持颠

扶危持颠，皆出于学者。

——（北宋）苏辙《私试进士策问二十八首》

译文：

挺身而出扶持危险倾倒局面的人，都是强学博览、满腹经纶的学者。

126. 学而不知道，与不学同

学而不知道，与不学同；知而不能行，与不知同。

——（北宋）黄晞①《聱隅子·生学篇》

注释：

①黄晞（？—1057）：北宋学者。字景微，自号聱隅子，福建建安（今福建建瓯）人。博学多通，尤潜心于《春秋》与《周易》。为文效法扬雄与王通，卓然独见，自成一家。

译文：

学习而不懂得道理，与没有学习一样；学到了知识却不去实行，与没学到知识一样。

127. 忍之一事，众妙之门

忍之一事，众妙之门。当官处事，尤是先务。若能清、慎、勤之外，更行一忍，何事不办？《书》曰："必有忍，其乃有济。"此处事之本也。谚曰："忍事敌灾星。"少陵诗云："忍过事堪喜。"此皆切于事理，为世大法，非空言也。王沂公常说："吃得三斗酽醋，方做得宰相。"盖言忍受得事。

——（南宋）吕本中《官箴》

译文：

忍耐这种品质，是万物幽深微妙义理的大门。当官处理政事时，尤其要首先致力于培养忍耐力。如果能在清廉、审慎、勤谨之外更能做到忍耐，那还有什么事办不成？《尚书》说："必定要能有所忍耐，才能有所成功。"这是处理政事的根本。民谚说："处理事情时能够忍耐，可以对抗灾祸。"杜少陵有诗说："忍耐过后，事情就会出现可喜局面。"这些都是些切近于事理的格言，为人处世的重要原则，不是空泛的话。王沂公经常说："吃得下三斗浓醋，才能干好宰相这个职务。"这就是说事到临头时能忍耐得住。

128. 立志欲坚不欲锐

立志欲坚不欲锐，成功在久不在速。

——（南宋）张孝祥[1]《论治体札子（甲申二月九日）》

注释：

①张孝祥（1132—1169）：南宋词人。字安国，号于湖居士，历阳乌江（今安徽和县）人。张孝祥的词现存220余首，其中尤以表现爱国思想、反映社会现实的作品成就最为突出。

译文：

立志重要的是要坚定而不是要激进，成功期求经过长期努力去获得而不是一挥而就。

129. 差之毫厘，缪以千里

差之毫厘，缪[1]以千里。

——（南宋）陆九渊[2]《与包详道书》

注释：

①缪：通“谬”。②陆九渊（1139—1193）：宋代哲学家。字子静，号存斋，抚州金溪（今属江西）人。他的论学书札、讲学语录和诗文，在他死后由其子陆持之编为《象山先生全集》三十四卷。陆九渊治学途径，与其兄陆九韶、陆九龄有共同的倾向，人称“三陆”。他的心学唯心主义，在宋明理学中一直与以朱熹为代表的理学相抗衡。

译文：

开始相差一点点，结果就会造成极大的错误。

130. 君子义以为质

君子义以为质，得义则重，失义则轻；由义为荣，背义为辱。

——（南宋）陆九渊《与郭拜逸书》

译文：

君子以道义为重，得到道义的人就会受到尊重，丧失道义的人就不值一提；遵循道义是光荣的，背离道义则是耻辱的。

131. 读书之法，笃志虚心，反复详玩

读书之法无他，惟是笃志虚心，反复详玩，为有功耳。

——（南宋）朱熹《学规类编·诸儒读书法一》

译文：

读书的方法没有别的，只是专心诚意不自满，反复地仔细研究，这就算有功夫了。

132. 学而不化，非学也

学而不化，非学也。

——（南宋）杨万里《诚斋集·庸言九》

译文：

学习了但不能活用，这还不是真学问。

133. 见人之过，得己之过

己有过焉，何必人告也？见人之过，得己之过；闻人之过，得己之过。

——（南宋）杨万里《诚斋集·庸言七》

译文：

自己的过错，何必一定要别人来告诉呢？见到别人的过错，就可以知道自己的过错；听到别人的过错，就可以知道自己的过错。

134. 绝知此事要躬行

纸上得来终觉浅，绝知此事要躬行。

——（南宋）陆游《冬夜读书示子聿》

译文：

从书本上学来的东西终究是肤浅的，要深刻、透彻地了解某件事，必须亲身实践。

135. 古人学问无遗力

古人学问无遗力，少壮功夫老始成。

——（南宋）陆游《冬夜读书示子聿》

译文：

古人年轻时在学习中不遗余力，到了老年才能有所成就。

136. 君子言忧不言乐

君子言忧不言乐，然而乐在其中也；小人知乐不知忧，故忧常及之。

——（南宋）叶适《习学论言·齐魏唐秦》

译文：

君子讲忧虑而不追求享乐，然而快乐却常在其中；小人只知享乐而不知忧愁，所以就常常有苦恼。

137. 水滴石穿

绳锯木断，水滴石穿。

——（南宋）罗大经①《鹤林玉露·一钱斩吏》

注释：

①罗大经（1196—1252 后）：南宋文学家。字景纶，号儒林，又号鹤

林，南宋庐陵（今江西吉安）人。对先秦、两汉、六朝、唐、宋文学评论有精辟的见解。著有《鹤林玉露》一书，分甲、乙、丙三编，共十八卷。

译文：

拉绳子当锯子，也能把木头锯断；水不住地滴下来，也能把石头滴穿。

138. 宁可枝头抱香死

宁可枝头抱香死，何曾吹落北风中！

——（南宋）郑思肖①《画菊》

注释：

①郑思肖（1241—1318）：宋末诗人、画家。连江（今属福建）人。原名不详，宋亡后改名思肖，表示思念赵宋，取“肖”从“趙”之意。字忆翁，表示不忘故国；号所南，表示以“南”为“所”。著有《郑所南先生文集》一卷，《所南翁一百二十图诗集》一卷、《锦钱余笑》一卷；存世之画有《国香图卷》、《竹卷》等。

译文：

（菊花）宁可保持香气枯死在花枝上，又何曾被北风吹落在尘埃之中！

139. 雪梅

梅须逊雪三分白，雪却输梅一段香。

——（宋）卢梅坡①《雪梅》

注释：

①卢梅坡：宋代诗人。生卒年及生平事迹不详。

译文：

梅花与雪花相比，在颜色上至少要差三分白；但雪花比起梅花来，却也输上一大段的芳香。

140. 与端方人处

与邪佞人交，如雪入墨池，虽融为水，其色愈污；与端方人处，如炭入薰炉，虽化为灰，其香不灭。

——（宋）许棐[①]《樵谈》

注释：

①许棐：生卒年不详。字忱夫，海盐（今属浙江）人。著《梅屋集》、《梅屋诗稿》、《融春小缀》等。

译文：

与邪恶奸佞之辈交往，就像雪投入墨池，虽融化为水，颜色却更加污黑。和品行端正的人相处，就如炭放进薰炉，虽化成灰，香气却不会消失。

141. 休教无德，人轻慢

无官何患？无钱何惮？休教无德，人轻慢！

——（元）张养浩《中吕·山坡羊·述怀》

译文：

没有官爵有什么疑虑呢？没有钱有什么可畏惧的呢？却不可“无德”，而让人轻慢。

142. 自古瓜儿苦后甜

从来好事天生俭［险］，自古瓜儿苦后甜。

——（元）白朴[①]《中吕·阳春曲·题情》

注释：

①白朴（1226—1306后）：元代戏曲作家、词人。字太素，号兰谷，初名恒，字仁甫，隩州（今山西河曲县附近）人。白朴的词流传至今100余首，大致为怀古、闲适、咏物与应酬之作；著有杂剧《绝缨会》、《东墙记》、《梁山伯》等。

译文：

自古以来，好事总是多磨，瓜儿总是先苦后甜。

143. 善誉人者，人誉之

善誉人者，人誉之；善毁人者，人毁之。

——（元）邓牧[①]《伯牙琴·名说》

注释：

①邓牧（1246—1306）：元代思想家。字牧心，晚年别号九锁山人，钱塘（今浙江杭州）人。著有《伯牙琴》一书。

译文：

善于称赞别人的人，被别人称赞；善于诋毁别人的人，被别人诋毁。

144. 苦下死功夫

欲赋生来惊人语，必须苦下死功夫。

——（元）顾德润[①]《南吕·骂玉郎过感皇恩采茶歌·述怀》

注释：

①顾德润（约公元1320年前后在世）：元曲名家。字均泽（一作君泽），号九山，松江（今属上海）人。

译文：

要想语出惊人，必须得苦下工夫。

145. 只留清气满乾坤

不要人夸颜色好，只留清气满乾坤。

——（元）王冕①《墨梅》

注释：

①王冕（？—1359）：元代诗人、画家。字元章。有相当多的诗歌表现不甘随俗浮沉、追求清高的思想。经常以梅花自比，早年曾经借梅花自喻不接受吏职，晚年还以梅花显示自己的清白本色。

译文：

不求人们称赞颜色多么好，只希望在天地之间保留清香之气。

146. 贫，气不改

贫，气不改；达，志不改。

——（元）宋方壶①《中吕·山坡羊·道情》

注释：

①宋方壶：生卒年不详。名子正，华亭（今上海松江县）人。曾筑室于华亭莺湖，名之曰“方壶”，遂以为号。约生活在元末明初。工散曲，现存套数五套、小令十三首。

译文：

处境艰难，正直的气节坚守不移；地位显达，旧有的志向也不改变。

147. 人无钢骨，安身不牢

人无钢骨，安身不牢。

——（明）施耐庵①《水浒传》②第二十四回

注释：

①施耐庵（1296—1371）：元末明初文学家。本名彦端。与拜他为师的罗贯中一起研究《三国演义》、《三遂平妖传》的创作，搜集整理关于梁山泊宋江等英雄人物的故事，最终写成“四大名著”之一的《水浒传》。②《水浒传》：又名《忠义水浒传》，一般简称《水浒》，由著名文学家施耐庵作于元末明初，是中国历史上第一部用白话文写成的章回小说。

译文：

如果没有钢铁般的骨气，就不能牢固地安身。

148. 德不广不能使人来

德不广不能使人来，量不宏不能使人安。

——（明）刘基[①]《郁离子·德量》

注释：

①刘基（1311—1375）：元末明初军事家、政治家及诗人。字伯温，谥文成。青田县南田乡（今属浙江文成）人。通经史、晓天文、精兵法。朱元璋多次称刘基为“吾之子房也”。在文学史上，刘基与宋濂、高启并称“明初诗文三大家”。刘基的文学创作，以诗歌最为突出。诗歌之中，又以乐府、古体诗为优。他在诗歌写作中，贯彻自己的文学思想，写了相当数量的讽喻诗。

译文：

道德不崇高广大就不能招揽人才，气量不宏大就不能使人安定。

149. 名节重泰山

名节重泰山，利欲轻鸿毛。

——（明）于谦《无题》

译文：

名誉和节操比泰山还要重，私利和物欲比鸿毛还要轻。

150. 一动之妄即改之

一念之非即遏之，一动之妄即改之。

——（明）薛瑄《薛文清公读书录》卷一

译文：

一个念头的差错也要马上阻止它，一个举动的错误也应立刻改正它。

151. 贵于能改

不贵于无过，而贵于能改。

——（明）王守仁《王文成公全书·改过》

译文：

做人重要的不是不犯错，重要的是知道自己的不足而改过。

152. 我生待明日，万事成蹉跎

明日复明日，明日何其多！我生待明日，万事成蹉跎。

——（明）文嘉[①]《明日歌》

注释：

①文嘉（1501—1583）：明代吴门派代表画家。字休承，号文水。明人王世贞评："其书不能如兄，而画得待诏（文徵明）一体。"

译文：

明日又是明日，明日是何等的多啊！如果天天等待明天，那么只会虚度年华，永远一事无成。

153．好读书，不好读书

好（hǎo）读书，不好（hào）读书；好（hào）读书，不好（hǎo）读书。

——（明）徐渭[1]题联

注释：

①徐渭（1521—1593)：明代文学家、书画家。初字文清，改字文长，山阴（今浙江绍兴）人。

译文：

正在适合读书时，不爱读书；喜爱读书时，却已时光蹉跎，不适宜读书了。

154．不轻誉人

不轻誉人者，善誉人者也；不轻毁人者，善毁人者也。

——（明）庄元臣《叔苴子·内篇》卷四

译文：

不轻易称赞别人的人，是善于称赞人的人；不轻易批评别人的人，是善于批评人的人。

155．德者才之主

德者才之主，才者德之奴。

——（明）洪应明《菜根谭·闲适》

译文：

道德是才能的主人，才能是道德的奴仆。

156. 善处身者

善处身者，必善处世；不善处世，贼身者也。善处世者，必严修身；不严修身，媚世者也。

——（明）邹元标[①]《南皋邹先生会语合编》卷上

注释：

①邹元标（1551—1624）：明代哲学家。字尔瞻，号南皋，吉永（今属江西）人。明代东林党首领之一，与赵南星、顾宪成号为“三君”。工诗文，善书法。著有《愿学集》八卷行于世。

译文：

修养好的人，必定善于待人处世；而不善于处世的人，是在害自己。善于待人处世的人，一定严于律己；如果不能做到严于律己，一定是个随波逐流的人。

157. 忠厚不折本

刻薄不赚钱，忠厚不折本。

——（明）冯梦龙[①]《醒世恒言·卖油郎独占花魁》

注释：

①冯梦龙（1574—1646）：明代通俗文学家、戏曲家。字犹龙，又字子犹，别号龙子犹、墨憨斋主人、顾曲散人、词奴等，长洲（今江苏苏州）人。他最有名的作品为《古今小说》（《喻世明言》）、《警世通言》、《醒世恒言》，合称“三言”。三言与凌蒙初的《初刻拍案惊奇》、《二刻拍案惊奇》合称“三言二拍”，是中国白话短篇小说的经典代表。

译文：

刻薄待人不赚钱，老少无欺不亏本。

158. 学问之道

学问之道，以各人自用得著者为真。

——（明末清初）黄宗羲《明儒学案·发凡》[1]

注释：

①《明儒学案》：中国第一部严格意义上的学术史专著。系统记载、总结明代学术思想的发展演变和流派，是明代思想史、哲学史、学术史专著。

译文：

何谓学问，就是自己用得上的学问方是真学问。

159. 学贵得师

学贵得师，亦贵得友。

——（明末清初）唐甄[1]《潜书·讲学》

注释：

①唐甄（1630—1704）：明末清初的思想家和政论家。初名大陶，字铸万，四川省达州（今达县）人。著作主要有《潜书》。

译文：

学习重要的是要有好的老师讲授，朋友间的切磋也很重要。

160. 改身之过

改身之过，迁身之善，谓之修身。

——（清）钟錂《颜习斋[1]先生言行录·学须》

注释：

①颜习斋：即颜元（1635—1704），清初哲学家，颜李学派创始人。原字易直，后改浑然，号习斋，河北博野人。其主要著述为《四存编》、《习斋记余》。

译文：

改正自身的错误，使自身向善，称为“修身”。

161. 人之为学

人之为学，不可自小，又不可自大。

——（明）顾炎武《日知录·自视欿然》

译文：

人学习的时候，不可以自卑，但又不可骄傲自大。

162. 勿谓寸阴短

勿谓寸阴短，既过难再获；勿谓一丝微，既缁难再白。

——（清）朱经①《责己》

注释：

①朱经：生卒年不详。字恭亭，宝应（今江苏宝应）人。贡生。工诗，著有《燕堂诗钞》等。

译文：

不要说一寸光阴短暂，已经过去了便再也难以获得了；不要说一根丝线微小，一旦染黑便难以再变白了。

163. 人必有不安于近小之心

人必有不安于近小之心，而后可期以远大；人必有不安于凡庸之心，而后可期以圣贤。不期于远大，不期于圣贤，皆是志不立。

——（清）张伯行[①]《困学录集粹》卷二

注释：

①张伯行（1651—1725）：字孝先，晚号敬庵，河南仪封（今兰考）人。学宗程、朱，及门受学者数千人。谥清恪。康熙称他为“天下清官第一”。

译文：

人一定要有不安于眼前小事的思想，然后才可以期望他有远大志向；人必定有不安于平平常常的思想，然后才可以期望他成圣贤。如果不期望远大志向，不期望成为圣贤之人，便都是没有立志。

164. 世事洞明皆学问

世事洞明皆学问，人情练达即文章。

——（清）曹雪芹[①]《红楼梦》第五回

注释：

①曹雪芹（1715—1763）：清代小说家，著名满族文学家。名霑（音zhān），字梦阮，号雪芹，又号芹溪、芹圃。在人生的最后阶段，他以坚韧不拔的毅力，历经十年创作了《红楼梦》并专心致志地做着修订工作，死后遗留《红楼梦》前八十回稿。

译文：

透彻地了解世事，熟练地通达人情，学问、文章即在其中。

165. 天下事有难易乎

天下事有难易乎？为之，则难者亦易矣；不为，则易者亦难矣。

——（清）彭端淑[①]《为学》

注释：

①彭端淑：生卒年不详。清代著名文学家。字仪一，又字乐斋，四川省丹棱县（今洪雅县）人。彭端淑一生好治古文，为文清新雄健、气势不凡；晚年肆力于诗歌创作，踪武陶潜、杜甫等人，提倡有为而作。著有《白鹤堂诗文集》。

译文：

天下的事有难与易的区分吗？你去做了，那么难的也变成容易了；不去做，那么容易的也变成难的了。

166. 学如弓弩，才如箭镞

学如弓弩，才如箭镞。识以领之，方能中鹄。

——（清）袁牧[①]《续诗品·尚识》

注释：

①袁牧（1716—1798）：清朝诗人。字子才，号存斋，又号简斋，世称随园先生，浙江钱塘（今杭州）人。他的诗作，清新灵巧，别具风格，与蒋士诠、赵翼并称“灵右三大家”。著有《小仓山房诗文集》、《随园诗话》等。

译文：

学问的根基好比弓弩，才能好比箭头。依靠见识来引导，才能击中目标。

167. 顾名而不计利

信而后谏，惟友亦然。欲主人之必用吾言，必先使主人之不疑吾行。为主人忠谋，大要顾名，而不计利。凡与主人相依及效用于主人者，率惟利是视，不得遂其所欲，往往易为媒药。其势既孤，其闲易生，稍不自检，毁谤从之，故欲行吾志者，不可不立品。

——（清）汪辉祖《佐治药言·立品》

译文：

劝谏是建立在信任的基础上，交朋友也是如此。要想主人采用自己的建议，必须先要主人相信自己的品行。幕僚为幕主忠心耿耿地出谋划策，最重要的是顾全名节，而不计较个人的利害得失。凡是与主人相随相依，并为主人卖命之人，大多数是唯利是图的小人，一旦他们的欲望得不到满足，又往往变成祸害。品行端正的幕僚常常比较孤立，也容易与他人产生隔阂，若自身稍不检点，小人的污蔑诽谤就会接踵而来。因此要想施展自己的才智，实现自己的理想，不可不树立端正的品行。

168. 身之不俭，不能范家

身之不俭，断不能范家；家之不俭，必至于累身。

——（清）汪辉祖《佐治药言·范家》

译文：

官员自己做不到俭朴，肯定不能带动全家俭朴；家中之人做不到俭朴，必然连累官员自身。

169. 海纳百川

海纳百川，有容乃大；壁立千仞，无欲则刚。

——（清）林则徐自题联

译文：

海洋胸怀广阔，汇聚和容纳众多的河流，所以能深沉阔大。悬崖峭壁高摩云天，没有邪欲妄念，所以岿然刚强。

170. 学之言觉

学之言觉也，以先觉觉后觉；学之言效也，以后人师前人。

——（清）魏源《魏源集·默觚上·学篇一》

译文：

学习中所谓觉悟、明白，都是先觉悟者促使后来的人觉悟；学习中所谓摹仿，也是后人学习前人的一种方式。

171. 志士惜年

志士惜年，贤人惜日，圣人惜时。

——（清）魏源《魏源集·默觚上·学篇三》

译文：

有志之士珍惜每一年的时光，贤明的人珍惜每一天的时间，圣人珍惜每一时辰的光阴。

172. 日月既往，不可复追

天可补，海可填，南山可移。日月既往，不可复追。

——（清）曾国藩《朱玉声先生七十三寿序》

译文：

天可补，海可填，南山可移。时间过去了，就再也无法弥补了。

173. 巧语悦人，自扰其身

巧语悦人，自扰其身；闲言送日，迹搅女神。

——（清）曾国藩《五箴》

译文：

花言巧语取悦别人，只会自己扰乱自己的身心，闲言碎语打发日子，也会扰乱你的精神。

174. 永矢弗谖

荷道以躬，与之以言；一息尚存，永矢弗谖。

——（清）曾国藩《五箴》

译文：

心中想着“道”而去身体力行，始终记住自己的誓言；一息尚存，永不食言。

175. 恭敬不如从命

恭敬不如从命，受训莫如从顺。

——（清）杜文澜[①]《古谣谚》卷四十二

注释：

①杜文澜（1815—1881）：晚清著名词人。字小舫，浙江秀水（今浙江嘉兴）人。著有《宋香词》、《曼陀罗华阁琐记》、《古谣谚》、《平定粤寇记略》及《词律校勘记》并传于世。

译文：

一味谦恭礼让，还不如遵从吩咐；一味地听取教训，还不如灵活地去办。

176. 有志不在年高

有志不在年高，无志空长百岁。

——（清）石成金《传家宝·俗谚牧民》

译文：

有志气的不在于岁数大，没有志气的白白活一百岁。

177. 青天白日以应事

青天白日以应事，霁月光风以待人。

——（清）金缨《格言联璧·惠吉类》

译文：

做事如青天白日一样光明磊落，待人如霁月光风一样诚恳。

178. 自责自强

自责之外，无胜人之术；自强之外，无上人之术。

——（清）金缨《格言联璧·持躬类》

译文：

除自己责备自己之外，没有战胜别人的办法；除了自己坚持自强不息之外，没有超越别人的办法。

179. 人生三境界

古今之成大事业、大学问者，罔不经过三种境界：“昨夜西风凋碧树，独上高楼，望尽天涯路。”此第一境界也。“衣带渐宽终不悔，为伊消得人憔悴。”此第二境界也。“众里寻他千百度，蓦然回首，那人正在灯火阑珊处。”此第三境界也。

——王国维[①]《人间词话》卷上

注释：

①王国维（1877—1927）：近代学者、词人。字静安，一字伯隅，号观堂，浙江海宁人。我国近代在文学、美学、史学、哲学、古文字、考古学等各方面成就卓著的学术巨子，国学大师。王国维在文学方面的重要著作有《红楼梦评论》、《文学小言》、《屈子文学之精神》、《人间词话》等。

译文：

古往今来，凡成就大事业、具有大学问的人，都必须经过这样三种境界：一夜秋风，碧树零落，一人独自登上高楼，眺望尽纵横交错的道路。这是第一种境界；被思念所折磨，人瘦衣宽，面容憔悴，而终不后悔。这是第二种境界；在人群中四处寻找那个人，都找不见，突然一回头，却发现那人就在不远的灯光昏暗处。这就是第三种境界。

180. 教育之事

完全之人物不可不备其真美善之三德，欲达此理想，于是教育之事起。教育之事亦可分为三部：智育、德育（即意志）、美育（即情育）是也。

——王国维《论教育之宗旨》

181. 人之能力

人之能力分为内外二者：一曰身体之能力，一曰精神之能力。发达其身体而萎缩其精神，或发达其精神而罢敝其身体，皆非所谓完全者也。完全之人物，精神与身体必不可不为调和之发达。

——王国维《论教育之宗旨》

182. 史学者，国民之明镜

史学者，学问之最博大而切要者也，国民之明镜也，爱国心之源泉也。

——梁启超《中国之旧史》

183. 大学者

大学者，囊括大典、网罗众家之学府也。

——蔡元培《〈北京大学月刊〉发刊词》

译文：

所谓大学，就是收藏有重要典籍、容纳有诸家学派的高等学府。

哲理规律

1. 仁者见仁，智者见智

一阴一阳之谓道，继之者善也，成之者性也。仁者见之谓之仁，知者见之谓之知，百姓日用而不知，故君子之道鲜矣。显诸仁，藏诸用，鼓万物而不与圣人同忧，盛德大业至矣哉！

——《周易·系辞上》

译文：

一阴一阳相互交替作用就叫做道，继承此道就叫做善，成就此道就称作性。仁人见到它就称之为仁，智者见到它就称之为智，百姓每天都在运用它却不知晓，所以君子之道就很少有人能懂得。阴阳之道显现在它的仁德上，隐藏在它的功用中，它能催生万物而不与圣人同忧，它的盛德大业真是达到了极致啊！

2. 终则有始，天行也

《彖》曰：蛊，刚上而柔下，巽而止，蛊。蛊“元亨”，而天下治也。“利涉大川”，往有事也。“先甲三日，后甲三日”，终则有始，天行也。

——《周易·蛊卦》

译文：

《彖传》说：蛊卦，阳刚在上而阴柔在下，顺行而止息，所以称作“蛊”。蛊卦说“元亨”，那是天下有治理。“利涉大川”，前往要做事。“先甲三日，后甲三日”，是说终而复始，是本天道而运行啊。

3．日进无疆

益动而巽，日进无疆；天施地生，其益无方。凡益之道，与时偕行。

——《周易·益卦》

译文：

益卦动而谦逊，日日上进没有尽头；上天施予大地生养，它的增益没有局限。凡增益的理路，都要与四季时候和谐行动。

4．损益盈虚，与时偕行

二簋应有时，损刚益柔有时。损益盈虚，与时偕行。

——《周易·损卦》

译文：

如何使用两簋要随时，损减刚强、增益柔弱也要随时。损减或增益、盈满或空虚，都要与时俱进。

5．日中则昃，月盈则食

日中则昃，月盈则食，天地盈虚，与时消息，而况于人乎？况于鬼神乎？

——《周易·丰卦》

译文：

太阳到了天的正中就要偏斜，月亮圆了就要亏蚀，天地间万物有盈满有亏虚，都随着时序消长更替，何况是人呢？何况是鬼神呢？

6. 皇天无亲，惟德是辅；民心无常，惟惠之怀

皇天无亲，惟德是辅；民心无常，惟惠之怀。为善不同，同归于治；为恶不同，同归于乱。

——《尚书·蔡仲之命》

译文：

老天没有特别的亲疏之见，只是辅佑有德的人。民众的忠心也不是固定不变的，只是归附爱护他们的君王。行善的方式各不相同，但都能够达到安定治理；作恶的方式各不相同，但都能够造成动乱。

7. 天之所助，虽小必大

万物之于人也，无私近也，无私远也。巧者有余而拙者不足。其功顺天者天助之，其功逆天者天违之。天之所助，虽小必大；天之所违，虽成必败。

——《管子·形势》

译文：

一切事物对于人，不偏爱近的，不偏爱远的。高明的人（用起来）有余，而笨拙的人（用起来）不足。他的事业顺应天道，天就帮助他；他的事业违反天道，天就背离他。天道所帮助的事，即使弱小的也必定会变得强大；天道所背离的事，即使成功的也必定变为失败。

8. 海不辞水，故能成其大

海不辞水，故能成其大；山不辞土石，故能成其高；明主不厌人，故能成其众；士不厌学，故能成其圣。

——《管子·形势解》

译文：

海不排斥水，所以能够成为大海；山不排斥土石，所以能成为高山；明君不厌恶人民，所以能实现人口众多；士不厌学，所以能成为圣人。

9. 大道可安而不可说

大道可安而不可说。真人之言，不义不顾，不出于口，不见于色，四海之人，又孰知其则？

——《管子·心术上》

译文：

大道只可安然处之而不可言说。合道之言既不固执也不偏颇，道说不出口，也不表现在形色上，四海之内有谁知道它的规律呢？

10. 物虽甚多，皆有均焉

根天地之气，寒暑之和，水土之性，百姓、鸟兽、草木之生，物虽甚多，皆有均焉，而未尝变也，谓之则。

——《管子·七法》

译文：

源本于天地的气，寒暑的协调，水土的性质以及人类、鸟兽、草木的生长，事物虽多，却共同拥有的，而且未尝改变的，就是所谓的“则”。

11. 毋先物动，以观其则

毋代马走，使尽其力；毋代鸟飞，使弊其羽翼；毋先物动，以观其则。动则失位，静乃自得。

——《管子·心术》

译文：

不要代马行走，而要让其使用力气；不要替鸟飞翔，而要让它施展羽翼；不要先物而动，要观察其规律。躁动就会失掉本位，沉静才能得其规律。

12. 法者不可恒也

故曰：法者不可恒也，存亡治乱之所从出，圣君所以为天下大仪也。

——《管子·任法》

译文：

所以说：法律虽然难以长久恒定，但是它是存亡治乱的根源，是圣明君主用来作为天下最高标准的。

13. 事末作而民兴之，是以下名而上实也

问曰："古之时与今之时同乎？"曰："同。""其人同乎，不同乎？"曰："不同。可与政其诛。尝尧之时，混吾之美在下。其道非独出人也，山不童而用赡，泽不弊而养足；耕以自养，以其余应良天子，故平。牛马之牧不相及，人民之俗不相知，不出百里而求足。故卿而不理，静也。其狱一踦腓一踦屦而当死。今周公断指满稽，断首满稽，断足满稽，而死民不服。非人性也，敝也。地重人载，毁敝而养不足，事末作而民兴之，是以下名而上实也。圣人者，省诸

本而游诸乐，大昏也，博夜也。”

——《管子·侈靡》

译文：

问道：“古今的天时一样么？”回答说：“一样。”“人事是否相同呢？”回答说：“不同。表现在政与刑两个方面。帝喾、帝尧之时，昆吾山的宝物就埋藏在地下而无人开采。这并非用了什么独特的办法（管理），而是因为山上的木材不用砍光就已够用，河中水产不用打捞完就已够吃；民众耕种以自给自足，并用剩余的奉养天子，所以天下太平。民众放牧牛马不用相遇，习俗也互不了解，不出百里就可以满足各种需要。因而有公卿而无需忙于政事，天下是平静的。那时的罪刑，使犯罪者一脚穿草鞋一脚穿常履就可以充当死刑。然而到了周公的时代，断指、断头和断足积满台阶，被处死的人们还是不畏惧。这并不是人性不怕死，而是极度贫困的缘故。土地贵重，人口增多，生活贫困而食养不足，发展工商末业，民众生活才能振兴起来，这是不重虚名而注重实际的措施。圣明君主省心力于农耕之事而纵情于游乐事业，以致日夜忙碌。”

14. 天有常象，地有常形，人有常礼

天有常象，地有常形，人有常礼，一设而不更，此谓三常。

——《管子·君臣上》

译文：

天有一定的气象，地有一定的形状，人有一定的礼制，一旦设立就不更改，这是所谓三常。

15. 为者常成，行者常至

晏子曰：“婴闻之，为者常成，行者常至。婴非有异人

也，常为而不置，常往而不休者，故难及也？”

——《晏子春秋·内篇·杂下》

译文：

晏子说：“我听说过，做事情的人常常能做成功，行走的人常常能到达目的地。我与别人没有什么不同，我只是个经常做事情而不放下、经常行走而不停止的人，怎么会难以赶上呢？”

16. 十世可知

子张问：“十世可知也？”子曰：“殷因于夏礼，所损益可知也；周因于殷礼，所损益可知也；其或继周者，虽百世可知也。”

——《论语·为政》

译文：

子张问道：“今后十代的情况可以知道吗？”孔子说：“殷代承袭夏代的礼仪制度，废除的和增加的是可以知道的。周代承袭殷代的礼仪制度，废除和增加的是可以知道的。如果有继承周代统治的政权，即使有百代也是可以知道的。”

17. 欲速则不达

子夏为莒父宰，问政。子曰：“无欲速，无见小利。欲速则不达，见小利则大事不成。”

——《论语·子路》

译文：

子夏做莒父的长官，询问治政之事，孔子说：“不要图快，不要只看见小利。图快，反而不能达到目的；只看见小利，那么大事就不能成功。”

18. 盈而不溢，盛而不骄，劳而不矜其功

天道盈而不溢，盛而不骄，劳而不矜其功。夫圣人随时以行，是谓守时，天时不作，弗为人客。人事不起，弗为之始。今君王未盈而溢，未盛而骄，不劳而矜其功，天时不作，而先为人客，人事不起，而创为之始，此逆于天而不和于人，王若行之，将妨于国家，靡王躬身。

——《国语·越语下》

译文：

天之道，是盈满而不溢出，强盛而不骄傲，有功劳也不矜夸其功。圣人都是随着时机而行动的，这被称作为“守时”。天时不兴，不要人为地客犯；人事没有起来，不要先发事。今君王未满就溢，未强盛就骄傲，没有功劳就矜夸其功；天时未兴，就先自人为地进行客犯；人事还未兴起，就先自人为地勉强推进它的起始，这都是违逆天时而不利于人和的事。国君要伐吴，不仅妨害国家，而且损及到国王您的自身。

19. 故经之以五事，校之以计，而索其情

故经之以五事，校之以计，而索其情。一曰道，二曰天，三曰地，四曰将，五曰法。

——《孙子兵法·计篇》①

注释：

①《孙子兵法》：又称《孙子》、《吴孙子兵法》。春秋末期著名军事家孙武撰，共十三篇。是中国兵学名著。书中广泛地论述了战争观、战略战术、军队建设、军事地理与地形、军事预测、军事后勤、军事哲学等基本

问题。

译文：

所以，要通过以下五个方面来研究，比较分析双方的各种条件，考察双方的实际情况，来预测战争胜负的可能性。一是道义，二是天时，三是地理，四是将帅，五是法规。

20. 知彼知己者，百战不殆

故曰：知彼知己者，百战不殆；不知彼而知己，一胜一负；不知彼不知己，每战必殆。

——《孙子兵法·谋攻篇》

译文：

所以说：了解对方也了解自己，每次战斗都不会失败；不了解对方只了解自己，就可能胜负各占一半；既不了解对方又不了解自己，那就会每战必败。

21. 见胜不过众人之所知，非善之善者也

见胜不过众人之所知，非善之善者也；战胜而天下曰善，非善之善者也。故举秋毫不为多力，见日月不为明目，闻雷霆不为聪耳。

——《孙子兵法·形篇》

译文：

能预见胜利但没有超过大家的见识，就不能算是好中最好的；打了胜仗而天下人都称赞，也不能算是高明中最高明的。正如举得起秋毫之重的东西称不上是力大，能看见日月算不上是眼明，听见雷鸣算不上是耳聪。

22. 善战者，其势险，其节短

激水之疾，至于漂石者，势也；鸷鸟之疾，至于毁折者，节也。是故善战者，其势险，其节短。势如彍弩，节如发机。

——《孙子兵法·势篇》

译文：

湍急的流水飞快地奔泻，以至于能漂动大石，这是借助了强大的水势；鸷鸟飞速凶猛，以致能迅速捕杀鸟兽，是因为它掌握了急促的节奏。所以善于作战的指挥者，他所造成的态势是险峻的，进攻的节奏是短促的。所造成的“势险”就如同拉满弓弩一样险峻，进攻的“节奏”就如同猝发弩机那样突然。

23. 任势者，其战人也如转木石

任势者，其战人也如转木石。木石之性，安则静，危则动，方则止，圆则行。故善战人之势，如转圆石于千仞之山者，势也。

——《孙子兵法·势篇》

译文：

善于利用“势”的将领，其指挥部队作战就像转动木头和石头。木头石头的特性是处于平坦地势上就静止不动，处于地势倾斜的地方就滚动，方形的就容易静止，圆形的就容易滚动。所以，善于指挥作战的人所造就的“势”，就像从很高的山上把圆石滚下来一样，来势凶猛，不可阻挡。这就是军事上所谓的“势”。

24. 道可道，非常道

道可道，非常道；名可名，非常名。

——《老子·第一章》

译文：

可以用言词表达的道，就不是常道；可以说得出来的名，就不是常名。

25. 有无相生，难易相成

天下皆知美之为美，斯恶已；皆知善之为善，斯不善已。

有无相生，难易相成，长短相形，高下相盈，音声相和，前后相随。

——《老子·第二章》

译文：

天下都知道美之所以为美，丑的观念也就产生了；都知道善之所以为善，不善的观念也就产生了。

有和无互相生成，难和易互相促就，长和短互为显示，高和下互为呈现，音和声彼此应和，前和后连接相随。

26. 善结无绳约而不可解

善行无辙迹；善言无瑕谪；善数不用筹策；善闭无关楗而不可开；善结无绳约而不可解。

是以圣人常善救人，故无弃人；常善救物，故无弃物。

是谓袭明。

故善人者，不善人之师；不善人者，善人之资。不贵其师，不爱其资，虽智大迷，是谓要妙。

——《老子·第二十七章》

译文：

善于行走的，不留痕迹；善于言谈的，没有过失；善于计算的，不用筹码；善于关闭的，不用栓销却使人不能开；善于捆缚的，不用绳索却使人不能解。

因此，有道的人善于做到人尽其才，所以没有被遗弃的人；经常善于做到物尽其用，所以没有被废弃的物。这就叫做保持明境。

所以善人可以作为不善人的老师，不善人可以作为善人的借镜。不尊重他的老师，不珍惜他的借镜，虽然自以为聪明，其实是大迷糊。这真是个精要深奥的道理。

27. 知人者智，自知者明

知人者智，自知者明。胜人者有力，自胜者强。知足者富。强行者有志。不失其所者久。死而不亡者寿。

——《老子·第三十三章》

译文：

能认识别人，是才智；能认识自己，才算大明白。战胜别人，是有力量；战胜自己，才是强大。知道满足的人，自然富有。竭力去行动的人，有志气。不丧失合理的行为规范，就得以长久。身虽死，而精神不灭者，可称为长寿。

28. 将欲歙之，必固张之

将欲歙之，必固张之；将欲弱之，必固强之；将欲废之，必固举之；将欲取之，必故与之，是谓微明。

——《老子·第三十六章》

译文：

将要收合的，必先张开；将要削弱的，必先强盛；将要废弃的，必先兴举；将要取去的，必先给予。这就是几先的征兆。

29. 反者道之动，弱者道之用

反者，道之动；弱者，道之用。天下万物生于有，有生于无。

——《老子·第四十章》

译文：

向反面转化或循环往复，是道的运动规律；持守柔弱，是道的运作方式。天下万物生于有，有生于无。

30. 大成若缺，其用不弊

大成若缺，其用不弊。大盈若冲，其用不穷。大直若屈，大巧若拙，大辩若讷。

——《老子·第四十五章》

译文：

最完满的东西好像有欠缺一样，但是它的作用是不会衰竭的。最充盈的东西好像是空虚一样，但是它的作用是不会穷尽的。最正直的东西好像是弯曲一样，最灵巧的东西好像是笨拙一样，最卓越的辩才好像是口讷一样。

31. 祸兮福所倚，福兮祸所伏

祸兮，福之所倚；福兮，祸之所伏。孰知其极？其无正。正复为奇，善复为妖。人之迷，其日固久。

——《老子·第五十八章》

译文：

灾祸啊，幸福倚傍在它里面；幸福啊，灾祸藏伏在它之中。谁知道它们的究竟？它们并没有一个定准！正忽而转变为邪，善忽而转变为恶。人们的迷惑，已经有长久的时日了。

32. 难事必作于易，大事必作于细

为无事，事无事，味无味。

大小多少，报怨以德。图难于其易，为大于其细；天下难事，必作于易，天下大事，必作于细。是以圣人终不为大，故能成其大。

夫轻诺必寡信，多易必多难。是以圣人犹难之，故终无难矣。

——《老子·第六十三章》

译文：

以无为的态度去作为，以不搅扰的方式去做事，以恬淡无味当做有味。

大生于小，多起于少，用德来报答怨恨。处理困难要从容易的入手，实现远大要从细微的入手；天下的难事，必定从容易的做起；天下的大事，必定从细微的做起。所以有道的人始终不自以为大，因此能成就大的事情。

轻易允诺的一定会失信；把事情看得太容易一定会遭遇更多的困难。所以圣人总把事情看得艰难，因此终究没有困难。

33. 千里之行，始于足下

合抱之木，生于毫末；九层之台，起于累土；千里之

行，始于足下。

——《老子·第六十四章》

译文：

合抱的大木，是从细小的萌芽生长起来的；九层的高台，是从一筐筐泥土建筑起来的；千里的远行，是从脚下举步走出来的。

34. 兵强则灭，木强则折

人之生也柔弱，其死也坚强。草木之生也柔脆，其死也枯槁。故坚强者死之徒，柔弱者生之徒。是以兵强则灭，木强则折。强大处下，柔弱处上。

——《老子·第七十六章》

译文：

人活着的时候身体是柔软的，死了的时候就变成僵硬了。草木生长的时候形质是柔脆的，死了的时候就变成干枯了。所以坚强的东西属于死亡的一类，柔弱的东西属于生存的一类。因此用兵逞强就会走向灭亡，树木强大就会遭受砍伐。凡是强大的，反而居于下位，凡是柔弱的，反而占在上位。

35. 天之道，损有余而补不足

天之道，其犹张弓欤？高者抑之，下者举之，有余者损之，不足者补之。天之道损有余而补不足，人之道则不然，损不足以奉有余。孰能损有余奉天下？唯有道者。

——《老子·第七十七章》

译文：

自然的规律，它不是很像拉弓射箭吗？高了就把它压低一些，低了就把它抬高一些，劲过大的就减少些，劲不足的就增加些。自然的规律，就是减少有余的，用来补充不足的。而社会的法则就不是这样，却要损害不足的，用来供养有余的。谁能够把有余的拿来奉献给天下不足的人呢？这只有有道的人才能做到。

36. 利而不害，为而不争

信言不美，美言不信。
善者不辩，辩者不善。
知者不博，博者不知。
圣人不积，既以为人己愈有，既以与人己愈多。
天之道，利而不害；圣人之道，为而不争。

——《老子·第八十一章》

译文：

真实的言词不华美，华美的言词不真实。

行为良善的人不巧辩，巧辩的人不良善。

真正了解的人不广博，广博的人不能深入了解。

有道的圣人不私自积藏，他尽量帮助别人，自己反而更充足；他尽量给予别人，自己反而更丰富。

自然的规律，利物而无害；人间的行事，施为而不争夺。

37. 水无源无归

以盆为沼，以石为岛。鱼环游之，不知几千万里而不穷也。夫何故？水无源无归。

——《关尹子·一宇》[①]

注释：

①《关尹子》：道家著作。旧题周尹喜撰。今传本为唐末五代间的方士所作，共九篇，一宇、二柱、三极、四符、五鉴、六匕、七釜、八筹、九药。其书杂采道、儒、释三家及神仙方技之言。

译文：

利用水盆作为池沼，利用石头作为岛屿。小鱼环绕岛屿游行，真不知道究竟有几千万里而不可穷尽啊。这是什么缘故？其水没有源头没有归宿。

38. 人不明于急务，穷困灾厄及之

人不明于急务，而从事于多务、他务、奇务者，穷困灾厄及之。

——《关尹子·九药》

译文：

对于当务之急不明了，而去做那些繁杂事务、其他无关紧要的事务、好奇的事务，这样的人，会遇上穷困和灾难。

39. 勿以拙陋曰道之质，当乐敏捷

勿以拙陋曰道之质，当乐敏捷；勿以愚暗曰道之晦，当乐轻明；勿以傲易曰道之高，当乐和同；勿以汗漫曰道之广，当乐要急；勿以幽忧曰道之寂，当乐悦豫。

——《关尹子·九药》

译文：

不要把拙陋说成是道的质朴，（而）应当喜爱敏捷；不要把愚暗说成是道的隐晦，（而）应当喜爱轻灵明快；不要把高傲而轻视他人说成是道的高深，（而）应当喜爱和平同俗；不要把漫无边际说成是道的广大，（而）应当喜爱扼要紧急；不要把忧伤说成是道的岑寂，（而）应当喜爱愉悦。

40. 天不能春莲冬菊

天不能春莲冬菊，是以圣人不违时；地不能洛橘汶貉，是以圣人不违俗；圣人不能使手步足握，是以圣人不违我所长；圣人不能使鱼飞禽驰，是以圣人不违人所长。

——《关尹子·九药》

译文：

天不能在春季使莲开花、在冬季使菊开花，因此圣人不违背天时；地不能使橘到淮河以北洛水一带生长、使貉渡过汶水生长，因此圣人不违背世俗；圣人不能使手步行、使脚握拳，因此圣人不违背自己的长处；圣人不能使鱼飞翔、使禽奔驰，因此圣人不违背别人的长处。

41. 利之中取大，非不得已也

利之中取大，非不得已也；害之中取小，不得已也。于所未有而取焉，是利之中取大也；于所既有而弃焉，是害之中取小也。

——《墨子·大取》

译文：

在利益之中选取大的，不是不得已；在害处之中选取小的，是不得已。在本来所没有的地方去争取，就是在利益中选取大的；在已经有的当中舍弃，就是在害处当中选取小的。

42. 工不兼事，士不兼官

古者工不兼事，士不兼官。工不兼事则事省，事省则易胜；士不兼官则职寡，职寡则易守。故士位可世，工事可常。

——《慎子·威德》[①]

注释：

①《慎子》：战国时期法家的重要代表人物慎到的著作。书中从“贵势”出发，提出了法治主张，认为“法虽不善，犹愈于无法”。

译文：

古时候，工人不兼两行业务，士人不兼两种官职。工人不兼两行业务，事情就简单；事情简单就容易胜任。士人不兼两种官职，职事就少；职事少就容易完成职守。因此，士人的职位可以世代相传、工人的职业可以长久相守。

43. 圣人知必然之理，必为之时势

圣人知必然之理，必为之时势。故为必治之政，战必勇之民，行必听之令。是以兵出而无敌，令行而天下服从。

——《商君书·画策》

译文：

圣明的人懂得社会发展的道理，一定要顺应时代发展的形势。因此制定一定能把国家治理好的政策，打仗用必定勇敢的民众，下达民众一定能听从的命令。所以军队出发打仗便会无敌于天下，君主的命令下达天下便会服从。

44. 故托其势者，虽远必至

今夫飞蓬遇飘风而行千里，乘风之势也；探渊者知千仞之深，县绳之数也。故托其势者，虽远必至；守其数者，虽

深必得。

——《商君书·禁使》

译文：

就像飞蓬遭遇旋风而飘越千里，是因为凭借风势啊；测量深潭的人能够知道八千尺的深度，是因为运用了悬绳测量的方法。所以，依凭客观形势的，即使道路遥远也一定能到达；掌握了方法，即使非常深也一定能测出来。

45. 水清无鱼，人察无徒

水至清则无鱼，人至察则无徒。

——《大戴礼记·子张问入官》

译文：

水太清澈了，鱼就不能藏身。人太精明就没有伙伴。

46. 天之生物，必因其材而笃焉

天之生物，必因其材而笃焉。故栽者培之，倾者覆之。

——《礼记·中庸》

译文：

上天生育万物，一定按照各自的材质而加强它们。所以能够栽种的就培植它，要颓败倾倒的就让它倒伏。

47. 木受绳则直，人受谏则圣

御狂马不释策，操弓不反檠。木受绳则直，人受谏则圣。

——《孔子家语·子路初见》

译文：

驾驭正在狂奔的马不能放下马鞭，已经拉开的弓不能用檠来匡正。木料用墨绳来矫正就能笔直，人接受劝谏就能成为圣人。

48. 不以规矩，不能成方圆

孟子曰："离娄之明，公输子之巧，不以规矩，不能成方圆；师旷之聪，不以六律，不能正五音；尧舜之道，不以仁政，不能平治天下。……"

——《孟子·离娄上》

译文：

孟子说："就是有离娄的目力，公输般的技巧，如果不用圆规和曲尺，也不能正确地画出方形和圆形；就是有师旷审音的耳力，如果不用六律，也不能校正五音；就是有尧舜之道，如果不行仁政，也不能管理好天下……"

49. 先立乎其大者，则其小者不能夺也

耳目之官不思，而蔽于物。物交物，则引之而已矣。心之官则思，思则得之，不思则不得也。此天之所与我者。先立乎其大者，则其小者不能夺也。此为大人而已矣。

——《孟子·告子上》

译文：

耳朵眼睛这类的器官不会思考，故为外物所蒙蔽。（因此，耳目不过是一物罢了。）一与外物相接触，便被引向迷途了。心这个器官职在思考，

（人的善性，）一思考便得着，不思考便得不着。这个器官是天特意给我们人类的。因此，这是重要器官，要先把它树立起来，那么，次要的器官便不能把这善性夺去了。这样便成了君子了。

50. 得道者多助，失道者寡助

孟子曰：“天时不如地利，地利不如人和。三里之城，七里之郭，环而攻之而不胜。夫环而攻之，必有得天时者矣；然而不胜者，是天时不如地利也。城非不高也，池非不深也，兵革非不坚利也，米粟非不多也；委而去之，是地利不如人和也。故曰：域民不以封疆之界，固国不以山溪之险，威天下不以兵革之利。得道者多助，失道者寡助。寡助之至，亲戚畔之。多助之至，天下顺之。以天下之所顺，攻亲戚之所畔，故君子有不战，战必胜矣。”

——《孟子·公孙丑下》

译文：

孟子说：“天时不及地利，地利不及人和。譬如有一座小城，每边长仅三里，它的外郭也仅七里。敌人围攻它，而不能取胜。在长期围攻中，一定有合乎天时的战机，却不能取胜，这就是说得天时的不及占地利的。（又譬如，另一守城者，）城墙不是不高，护城河不是不深，兵器和甲胄不是不锐利和坚固，粮食不是不多；（然而敌人一来，）便弃城逃走，这就是说占地利的不及得人和的。所以我说，限制人民不必用国家的疆界，保护国家不必靠山川的险阻，威行天下不必凭兵器的锐利。行仁政的帮助他的人就多，不行仁政的帮助他的人就少。帮助的人少到极点时，连亲戚都反对他；帮助他的人多到极点时，全天下都顺从他。拿全天下顺从的力量来攻打亲戚都反对的人，那么，仁君圣主或者不用战争，若用战争，是必然胜利的了。”

51. 生者，理之必终者也

生者，理之必终者也。终者不得不终，亦如生者之不得不生。而欲恒其生，画其终，惑于数也。

——《列子·天瑞》[①]

注释：

①《列子》：道家经典著作。相传战国时列御寇（生卒年不详）撰。《汉书·艺文志》著录《列子》八篇，已佚。今书出于晋人的搜集，张湛曾为之作注。多为寓言，往往引喻明浅，说理入玄。

译文：

有生命的事物，按照自然法则必定要终结。终结的不能不终结，正如诞生的不能不诞生一样。如果想让生命永远存在，不让生命终结，那是对自然法则的不理解。

52. 天地无全功，圣人无全能，万物无全用

子列子曰：“天地无全功，圣人无全能，万物无全用。故天职生覆，地职形载，圣职教化，物职所宜。然则，天有所短，地有所长，圣有所否，物有所通。何则？生覆者不能形载，形载者不能教化，教化者不能违所宜，宜定者不出所位。故天地之道，非阴则阳；圣人之教，非仁则义；万物之宜，非柔则刚。此皆随所宜而不能出所位者也。”

——《列子·天瑞》

译文：

列子说：“天地没有万全的功能，圣人没有全能的本领，万物没有万能的用处。所以天的职能是覆育众生，地的职能是承载万物，圣人的职责是施

行教化，万物的职能是各有所适。既然如此，天就有所不足的地方，地就有所特长的地方，圣人就有行不通的地方，万物就有顺通的地方。为什么会这样呢？因为覆育众生的就不能承载万物，承载万物的不能去施行教化，施行教化的不能违背事物的本性，事物的本性一旦确定后又不能超越自身。所以天地自然的规律，不是阴就是阳；圣人的教化，不是仁就是义；万物的性质，不是柔就是刚。这些都是根据自己的固有的适宜，而不能超出自己的品位啊！”

53. 物损于彼者盈于此，成于此者亏于彼

运转亡已，天地密移，畴觉之哉？故物损于彼者盈于此，成于此者亏于彼。损盈成亏，随世随死。往来相接，间不可省，畴觉之哉？

——《列子·天瑞》

译文：

万物运转不停止，天地暗暗在移动，谁能察觉得到呢？因此事物在那里亏损但在这里增盈，在这里得以成就但在那里却亏耗。亏损，增盈，成就，消耗，随时生长，随时消亡。来来往往相互承接，运动转接的间隙搞不清楚，谁能感觉到呢？

54. 一尺之捶，日取其半，万世不竭

一尺之捶，日取其半，万世不竭。

——《庄子·天下》

译文：

一尺长的棍子，每天取一半，永远也取不完。

55. 水之积也不厚，则其负大舟也无力

水之积也不厚，则其负大舟也无力。覆杯水于坳堂之上，则芥为之舟；置杯焉则胶，水浅而舟大也。

——《庄子·逍遥游》

译文：

水汇积不深，那它浮载大船就没有力量。倒杯水在厅堂的低洼处，那么小草可以给它当船；放上杯子就粘住不动了，这是因为水浅而船大的缘故。

56. 安危相易，祸福相生

安危相易，祸福相生，缓急相摩，聚散以成。

——《庄子·则阳》

译文：

安危互相更易，祸福互相产生，缓急互相交替，聚散因以形成。

57. 消息盈虚，终则有始

年不可举，时不可止；消息盈虚，终则有始。是所以语大义之方，论万物之理也。

——《庄子·秋水》

译文：

年岁不能存留，时光不能挽住；消灭、生长、充实、空虚，终结了再开始。这就是讲大道的方向，谈万物的道理。

58. 天地一指也，万物一马也

以指喻指之非指，不若以非指喻指之非指也；以马喻马之非马，不若以非马喻马之非马也。

天地一指也，万物一马也。

——《庄子·齐物论》

译文：

以大拇指来说明大拇指不是手指，不如以非大拇指来说明大拇指不是手指；以白马来说明白马不是马，不如以非白马来说明白马不是马。

（其实从事理相同的观点来看）天地就是“一指”，万物就是“一马”。

59. 彼出于是，是亦因彼

故曰彼出于是，是亦因彼。彼是方生之说也，虽然，方生方死，方死方生；方可方不可，方不可方可。因是因非，因非因是。是以圣人不由，而照之于天，亦因是也。

——《庄子·齐物论》

译文：

所以说彼方是出于此方对待而来的，此方也因着彼方对待而成的。彼和此是相对而生的，虽然这样，但是任何事物随起就随灭，随灭就随起，刚说可就转向不可，刚说不可就转向可了。有因而认为是的就有因而认为非的，有因而认为非的就有因而认为是的。所以圣人不走这条路子，而观照于事物的本然，这也是因任自然的道理。

60. 是虽常是，有时而不用；非虽常非，有时而必行

凡天下万里，皆有是非，吾所不敢诬。是者常是，非者常非，亦吾所信。然是虽常是，有时而不用；非虽常非，有时而必行。故用是而失有矣，行非而得有矣。是非之理不同，而更兴废，翻为我用，则是非焉在哉！

——《尹文子·大道上》①

注释：

①《尹文子》：一卷，战国时名家著作，尹文撰。今本分“大道上”、“大道下”两篇。其思想以名家为主，综合道、法，而又不排斥儒、墨。

译文：

普天之下万里之内，都有是是非非，我不敢随意虚造。对的，常常就是对；错的，常常是错；这些是我所相信的。然而，对的虽然常对，有时却不被起用；错的常错，有时却一定实行。所以，用对的有时却有差失；行错的有时却有所得。是非的道理不同。但交换使用，翻为我用，那么是非之理又在何处呢？

61. 气故相利相害也，类故相成相败也

气故相利相害也，类故相成相败也。

——《鹖冠子·环流》①

注释：

①《鹖冠子》：传为战国时楚国隐士鹖冠子所作。《汉书·艺文志》著录《鹖冠子》一篇。今存三卷十九篇，本道家，兼及儒、法、阴阳、名、墨、兵各家。现存唐写本《鹖冠子》残卷。

译文：

气是互相有利又互相伤害的，同类之物是互相促成又互相败坏的。

62. 贵贱无常，时使物然

不提生于弗器，贱生于无所用。中河失船，一壶千金。贵贱无常，时使物然。

——《鹖冠子·学问》

译文：

不能提起是因为不成器，卑贱是因为没有用途。在河当中船沉了，一个葫芦可值千金。贵贱是变化不定的，是时机使它们如此。

63. 虚无者道之舍也，平易者道之素也

虚无者道之舍也，平易者道之素也，清静者道之鉴也，柔弱者道之用也。反者道之常也，柔者道之刚也，弱者道之强也，纯粹朴素者道之干也。

——《文子·道原》①

注释：

①《文子》：道家著作。先秦时期文子著。共十二卷，各卷均冠以“老子曰”，内容也都是以老子“道”的思想为指归，但有所发挥。此外又杂取儒、墨、名、法诸家论说，阐发道原、无为、自然、微明等思想。

译文：

虚无是道的归宿，平易是道的本色，清静是道的镜子，柔弱是道的应用。相反是道的正常，柔是道的刚，弱是道的强，纯粹朴素是道的主干。

64. 不登高山，不知天之高

故不登高山，不知天之高也；不临深谿，不知地之厚

也；不闻先王之遗言，不知学问之大也。

——《荀子·劝学》

译文：

所以，不登上高山，就不知道天有多高；不亲临深涧，就不知道地有多厚；不懂得先代帝王的遗教，就不知道学问有多么博大。

65. 物类之起，必有所始

物类之起，必有所始。荣辱之来，必象其德。肉腐出虫，鱼枯生蠹。怠慢忘身，祸灾乃作。强自取柱，柔自取束。邪秽在身，怨之所构。

——《荀子·劝学》

译文：

凡一种事物的兴起，一定有它的根源。荣耀和屈辱的到来，一定同一个人的思想品德有对应的关系。肉腐烂后就会生蛆，鱼枯死后就会生蛀。懈怠散漫，忘乎所以，灾祸就要发生了。刚强自取摧折，柔弱自取束缚。自己身上有邪恶污秽的东西.必然会招致怨恨。

66. 不积跬步，无以至千里

积土成山，风雨兴焉；积水成渊，蛟龙生焉；积善成德，而神明自得，圣心备焉。故不积跬步，无以至千里；不积小流，无以成江海。骐骥一跃，不能十步；驽马十驾，功在不舍。

——《荀子·劝学》

译文：

土堆积起来成了高山，风雨就从这里兴起；水流汇积成为深渊，蛟龙就从这儿诞生；积累善行养成高尚的品德，自然就会达到最高的智慧，具备圣人的精神境界。所以不积累一步半步的行程，就没有办法到达千里之远；不积累细小的流水，就没有办法汇成江河大海。千里马再快，一跃也不超过十步；劣马十天却能走得很远，它的功劳就在于不停地走。

67. 无冥冥之志者无昭昭之明

是故无冥冥之志者无昭昭之明，无惛惛之事者无赫赫之功。行衢道者不至，事两君者不容。目不能两视而明，耳不能两听而聪。

——《荀子·劝学》

译文：

因此没有专一精诚的精神，就没有清明的智慧；没有坚定不移的行为，就不会有巨大的成就。彷徨于歧路的人到达不了目的地，同时事奉两个君主的人，会被两者不容。眼睛不能同时看清楚两样东西，耳朵不能同时听清楚两种声音。

68. 治气养心之术

治气养心之术：血气刚强，则柔之以调和；知虑渐深，则一之以易良；勇胆猛戾，则辅之以道顺；齐给便利，则节之以动止；狭隘褊小，则廓之以广大；卑湿、重迟、贪利，则抗之以高志；庸众驽散，则劫之以师友；怠慢僄弃，则炤之以祸灾；愚款端悫，则合之以礼乐。

——《荀子·修身》

译文：

血气刚强的人，就用心平气和来调和他；思虑过于深沉复杂的人，就用平易温良来和谐他；性情勇猛暴躁的人，就开导他，使其驯顺；行动快捷急遽的人，就用恰当的举止节制他；气量狭隘的人，就用开阔的思想扩大他；志向卑下、思想迟钝、贪图小利的人，就用高远的志向提升他；低劣平庸不成材的人，就用良师益友帮助他；懒散轻浮、自暴自弃的人，就用祸福之事来告诫他；过分朴实单纯的人，就用礼乐来润色他。

69. 事虽小，不为不成

故跬步而不休，跛鳖千里；累土而不辍，丘山崇成。厌其源，开其渎，江河可竭；一进一退，一左一右，六骥不致。彼人之才性之相县也，岂若跛鳖之与六骥足哉？然而跛鳖致之，六骥不致，是无它故焉，或为之，或不为尔！道虽迩，不行不至；事虽小，不为不成。

——《荀子·修身》

译文：

所以一步一步不停地走，即使是跛足的鳖，也可以抵达千里；一层一层积累不停，平地最终也能变成山丘。堵塞住源头，开通沟渠，江河也会枯竭。一会儿前进，一会儿后退，一会儿左一会儿右，六骥也到达不了远处。人和人之间才性的差异，哪里会有跛鳖和六骥的差异那么大！然而跛鳖能够到达，六骥不能到达，这并没有其他的原因，只是因为有的做，有的不做啊！道路虽近，不走就不可能到达；事情虽小，不做就不会成功。

70. 天行有常

天行有常，不为尧存，不为桀亡。应之以治则吉，应之以乱则凶。

——《荀子·天论》

译文：

自然界的运行有自己的规律，不会因为尧之仁而存在，也不会因为桀之暴而消亡。用合理的措施来承接它就吉利，用不合理的措施来承接它就不吉利。

71. 天有其时，地有其财

天有其时，地有其财，人有其治，夫是之谓能参。舍其所以参，而愿其所参，则惑矣！

——《荀子·天论》

译文：

天有四季寒暑，地有自然资源，人有治理能力，这就叫与天地参与配合。放弃自己配合参与的能力，而羡慕天时地财的功能，这就是糊涂了。

72. 万物为道一偏

万物为道一偏，一物为万物一偏，愚者为一物一偏，而自以为知道，无知也。

——《荀子·天论》

译文：

世界上的各种事物都只是道的一部分，每一样事物也只是万物的一部分，愚昧的人只认识一种事物的一部分，就自以为认识了整个道，这实在是太无知了。

73. 以近知远，以一知万，以微知明

故曰：欲观千岁则数今日，欲知亿万则审一二，欲知上

世则审周道，欲知周道则审其人所贵君子。故曰：以近知远，以一知万，以微知明，此之谓也。

——《荀子·非相》

译文：

所以说：想知道千年之远的事，就要看现在，想知道亿万，要先从一二数起，想知道上古的事，就要考察周代的治国制度，想知道周代的治国制度，就要考察它重视哪些君子。所以说：从近代的可以推知远古的，从一可以知道万，从细微之处可以知道事情的广大，说的就是这个意思。

74. 庶人安政，君子安位

马骇舆则君子不安舆；庶人骇政则君子不安位。马骇舆则莫若静之；庶人骇政则莫若惠之。选贤良，举笃敬，兴孝弟，收孤寡，补贫穷，如是，则庶人安政矣。庶人安政，然后君子安位。传曰："君者，舟也；庶人者，水也。水则载舟，水则覆舟。"此之谓也。

——《荀子·王制》

译文：

驾车的马受惊狂奔，那么君子就不能稳坐车上；百姓被苛政惊扰，那么君子就不能稳坐江山。驾车的马受惊，最好的办法就是让它安静下来；百姓被苛政惊扰，最好的办法就是给他们恩惠。选用贤良之人，提拔忠厚恭谨之人，提倡孝顺父母、敬爱兄长，收养孤儿寡妇，资助贫穷的人，像这样，百姓就服从统治了。百姓服从统治，然后君子的统治地位才能稳固。古书上说："君主好比船；百姓好比水。水能浮起船，也能掀翻船。"说的就是这个道理。

75. 善言古者必有节于今

故善言古者必有节于今，善言天者必有征于人。凡论者，贵其有辨合，有符验。

——《荀子·性恶》

译文：

善于谈论古代的人，一定能在当今得到验证，善于谈论天道的人，一定能在人间得到验证。大凡建言立说，重要的是要有证明、有根据。

76. 尺有所短，寸有所长

夫尺有所短，寸有所长，物有所不足，智有所不明，数有所不逮，神有所不通。

——（战国）屈原《楚辞·卜居》①

注释：

①《卜居》:《楚辞》篇名。篇中写屈原被放逐，心烦意乱，不知所从，就前去见太卜郑詹尹，请他决疑。显然，《卜居》是以问答的形式，来宣泄作者愤世嫉俗的情绪。

译文：

一尺有嫌它太短之处，一寸有觉其太长之时，万物都有不足之处，智者也有不懂的地方，卦数有时会推算不到，神灵的法力也有所不至。

77. 万物必有盛衰，万事必有弛张

周公曰：“冬日之闭冻也不固，则春夏之长草木也不茂。”天地不能常侈常费，而况于人乎？故万物必有盛衰，

万事必有弛张，国家必有文武，官治必有赏罚。

——《韩非子[①]·解老》

注释：

①韩非子（前281—前233）：古代著名哲学家、思想家，法家思想的集大成者。战国末期韩国（今河南新郑）人。

译文：

周公说："冬天里冰冻得如果不坚固，那么春夏时节草木的生长就不茂盛。"大自然不能总是浪费与消耗，更何况是人呢？所以万物一定有盛也有衰，万事一定有弛也有张，国家一定有文也有武，官府办事一定有赏也有罚。

78. 木之折也必通蠹，墙之坏也必通隙

夫两尧不能相王，两桀不能相亡；亡、王之机，必其治乱、其强弱相踦者也。木之折也必通蠹，墙之坏也必通隙。然木虽蠹，无疾风不折；墙虽隙，无大雨不坏。

——《韩非子·亡征》

译文：

两个尧不能相互统治对方，两个桀不能相互灭亡对方；灭亡或统治的关键，一定是出现了双方的国家治理得好或坏、两国的强和弱相差得很远的情况。树木折断一定是有虫蛀，土墙倒塌一定由于有了裂缝。但是树木虽然生了蛀虫，没有大风是不会折断的；土墙虽然出现了裂缝，没有大雨是不会倒塌的。

79. 听其言而求其当，任其身而责其功

人皆寐，则盲者不知；皆嘿，则喑者不知。觉而使之

视，问而使之对，则暗盲者穷矣。不听其言也，则无术者不知；不任其身也，则不肖者不知。听其言而求其当，任其身而责其功，则无术不肖者穷矣。

——《韩非子·六反》

译文：

人都睡着了，就分不清谁是瞎子；人都不说话，就分不清谁是哑巴。睡醒了让他们看东西，提问题要他们回答，那么哑巴、瞎子就原形毕露了。不听他们讲话，就不知道谁是无术的人；不任用他们做事，就不知道谁是无才的人。听他们讲话而要求他们言行相符，任用他们做事而责求他们办事的功效，那么无术和无才的人也就原形毕露了。

80. 无参验而必之者，愚也

无参验而必之者，愚也；弗能必而据之者，诬也。故明据先王，必定尧、舜者，非愚则诬也。愚诬之学，杂反之行，明主弗受也。

——《韩非子·显学》

译文：

不用事实加以检验就对事物做出绝对判断，那是愚蠢；不能判定正确与否就引为依据，那是欺骗。所以，那种公然宣称依据先王之道，绝对地肯定尧、舜的一切，不是愚蠢，就是欺骗。愚蠢骗人的学说，杂乱矛盾的行为，英明的君主是不接受的。

81. 因可势，求易道

因可势，求易道，故用力寡而功名立。时有满虚，事有利害，物有生死，人主为三者发喜怒之色，则金石之士离心焉。

——《韩非子·观行》

译文：

凭借可以成功的形势，寻求能够成功的法则，就可以用很少的力而获得成功，时运有盛衰，事情有利弊，万物有生死，如果君主因为这三种情况表现出喜怒的情绪，那么如金石般忠贞的人士也会离心离德。

82. 镜无见疵之罪，道无明过之怨

古之人目短于自见，故以镜观面；智短于自知，故以道正己。故镜无见疵之罪，道无明过之怨。目失镜，则无以正须眉；身失道，则无以知迷惑。

——《韩非子·观行》

译文：

古代的人因为眼睛缺少自见的能力，所以用镜子观察面容；因为智慧缺少自知的能力，所以用道来端正品德。所以镜子不会因为显现出瑕疵遭到责备，道不会因为显现出过失而遭到怨恨。眼前没有了镜子，就无法修饰胡须和眉毛；人离开了道，就不知自己的行为是否正确。

83. 势有不可得，事有不可成

故虽有尧之智而无众人之助，大功不立；有乌获之劲而不得人助，不能自举；有贲、育之强而无法术，不得长胜。故势有不可得，事有不可成。故乌获轻千钧而重其身，非其身重于千钧也，势不便也。离朱易百步而难眉睫，非百步近而眉睫远也，道不可也。

——《韩非子·观行》

译文：

所以，即使有尧那样高的智慧，如果没有众人的帮助，也不能建立大功；有乌获那样大的力气，如果得不到别人的帮助，也不能把自己举起来；有孟贲、夏育那样的勇猛，如果没有法术，也不能永远取胜。所以有必定不能得到的东西，有必定不能成功的事情。乌获可以举起千钧重的东西却不能举起自己的身体，并不是因为他的身体比千钧还重，而是形势不允许。离朱可以看清百步以外的东西却看不见自己眉睫，并不是因为百步近而眉睫远，而是从道理上行不通。

84. 人民众而货财寡，事力劳而供养薄

今人有五子不为多，子又有五子，大父未死而有二十五孙。是以人民众而货财寡，事力劳而供养薄，故民争，虽倍赏累罚而不免于乱。

——《韩非子·五蠹》

译文：

现在的人一个人有五个孩子不算多，每个孩子又分别有五个孩子，祖父还没死就有二十五个孙子。因此，人民数量增多而财物缺少，费力劳动而供养微薄，所以人民互相争夺，即使加倍地奖赏和多次地惩罚，也难免祸乱。

85. 事多似倒而顺，多似顺而倒

事多似倒而顺，多似顺而倒。有知顺之为倒、倒之为顺者，则可与言化矣。至长反短，至短反长，天之道也。

——《吕氏春秋·似顺》

译文：

事情有很多好像悖理其实是合理的，有很多好像合理其实是悖理的。如果有人知道表面合理其实悖理、表面悖理其实合理的道理，就可以与他谈论事物的发展变化了。白天达到最长的时候就要反过来变短，达到最短的时候就要反过来变长，这是天气变化的自然规律。

86. 事之难易，务在知时

事之难易，不在小大，务在知时。

——《吕氏春秋·首时》

译文：

做事情的难易，不在于事情的大小，关键在于掌握好时机。

87. 全则必缺，极则必反，盈则必亏

冬与夏不能两刑，草与稼不能两成，新谷熟而陈谷亏，凡有角者无上齿，果实繁者木必庳，用智褊者无遂功，天之数也。故天子不处全，不处极，不处盈。全则必缺，极则必反，盈则必亏。先王知物之不可两大，故择务，当而处之。

——《吕氏春秋·博志》

译文：

冬夏两季不能同时形成，野草与庄稼不能一起长大，新粮成熟陈粮就必已亏缺，凡是长角的动物就没有上齿，果实繁多的树木一定长得低矮，思想偏狭的人做事就不会成功，这些都是自然的定则。所以天子做事情，不做得很完美，不做得很极端，不做得很圆满。完美就会转向缺损，极端就会转向反面，满盈就会转向亏失。先王知道事物不能两方面同时发展壮大，所以对于事务要加以选择，适宜做的才做。

88. 世易时移，变法宜矣

世易时移，变法宜矣。譬之若良医，病万变，药亦万变。病变而药不变，向之寿民，今为殇子矣。

——《吕氏春秋·察今》

译文：

社会变化了，时代发展了，变法是应该的了。这就像高明的医生一样，病万变，药也应该万变。病变了药却不变，原来可以长寿的人，如今就会成为短命的人了。

89. 前事不忘，后事之师

前事之不忘，后事之师。

——《战国策·赵策一》

译文：

不要忘记以前的经验教训，它们可以作为以后做事的借鉴。

90. 行百里者半九十

诗云："行百里者，半于九十。"此言末路之难。

——《战国策·秦策五》

译文：

古语说："百里的路程，九十里只算到了一半。"这是说走完最后一程的困难。

91. 泰山不让土壤，故能成其大

臣闻地广者粟多，国大者人众，兵强则士勇。是以泰山不让土壤，故能成其大；河海不择细流，故能就其深；王者不却众庶，故能明其德。是以地无四方，民无异国，四时充美，鬼神降福，此五帝三王之所以无敌也。

——（秦）李斯[①]《谏逐客书》[②]

注释：

①李斯（？—前208）：秦代政治家。楚国上蔡（今河南上蔡西南）人。年轻时做过小官，后向荀卿学“帝王之术”。战国末年，西去秦国，得到丞相吕不韦的帮助，受到秦王器重，拜为客卿。后来在秦王朝统一全国和统一后制订国策的过程中起了重要作用。②《谏逐客书》：李斯写给秦王嬴政的一个奏章。秦王政十年（前237），由于韩国水工郑国事件，宗室贵族建议驱逐秦国之外的一切客卿。李斯闻讯便毅然上书秦王，反对逐客。在这封上书中，李斯力排众议，从各方面阐述客卿对秦国的利害，终于说服秦王收回逐客令。

译文：

我听说，土地广阔粮食充足，国家大人口众多，武器精良士兵勇敢。所以，泰山不舍弃任何土壤，才能那样高大；河海不排斥任何细流，才能那样深广；帝王不拒绝任何臣民，才能显示他的恩德。因此，地不分东西南北，民不论本籍外籍，四季和谐美好，鬼神都会来降福，这就是五帝三王之所以无敌于天下的原因。

92. 智者千虑，必有一失；愚者千虑，必有一得

广武君曰：“臣闻智者千虑，必有一失；愚者千虑，必有一得。故曰‘狂夫之言，圣人择焉’。顾恐臣计未必

足用，愿效愚忠。”

——（西汉）司马迁《史记·淮阴侯列传》

译文：

李左车说：“俗话说得好：再聪明的人考虑问题，也有失误的时候；再傻的人考虑问题，也有偶尔考虑对的时候。所以古人又说：‘即使是狂夫们的胡言乱语，圣人们也可以从中挑出对自己有用的东西。’我是怕我的想法对您未必有用。现在您既然这么问，我就把我的想法说说。”

93. 制事者因其则，服药者因其良

故制事者因其则，服药者因其良。书不必起仲尼之门，药不必出扁鹊之方，合之者善，可以为法，因世而权行。

——（西汉）陆贾《新语·术事》[①]

注释：

①《新语》：也称《陆子》，西汉初年陆贾撰，中国古代论述君臣政治得失的政论性著作。

译文：

所以制订事务的制度要根据规则，服药要依据药的好坏。书籍不一定出自孔子之门，药不一定出自扁鹊的药方，只要符合事理就好，可以定为法规，根据世事的实际而灵活实行。

94. 五指之更弹，不若卷手之一挃

夫五指之更弹，不若卷手之一挃；万人之更进，不如百人之俱至也。

——（西汉）刘安《淮南子·兵略训》

译文：

五个指头更替击打，不如握紧拳头的一击；一万人更替进攻，不如一百人一起进攻。

95. 乞火不若取燧，寄汲不若凿井

譬若羿请不死之药于西王母，姮娥窃以奔月，怅然有丧，无以续之。何则？不知不死之药所由生也。是故乞火不若取燧，寄汲不若凿井。

——（西汉）刘安《淮南子·览冥训》

译文：

就像后羿从西王母那里求来不死之药，嫦娥偷吃后奔上月亮，后羿怅然失落，却没有办法跟上去。为什么？因为他不知道不死之药如何制成。所以啊，与其借火，不如自己钻燧；与其在别人井里打水，不如自己挖一口井。

96. 窥面于盘水则员，于杯则隋

从城上视牛如羊，视羊如豕，所居高也。窥面于盘水则员，于杯则隋。面形不变其故，有所员有所隋者，所自窥之异也。

——（西汉）刘安《淮南子·齐俗训》

译文：

从城楼上向下看牛像羊一样，看羊如小猪，是因为所站位置高的原因。从盆中看面容则是圆形的，从杯水中看到则是椭圆形的。人的面部形体没有变化，有的圆形，有的椭圆形，是自己所看的用具不同而造成的。

97. 天下之事不可为也，因其自然而推之

是故天下之事不可为也，因其自然而推之；万物之变不可究也，秉其要归之趣。夫镜、水之与形接也，不设智故，而方、圆、曲、直弗能逃也。是故响不肆应，而景不一设；叫呼仿佛，默然自得。

——（西汉）刘安《淮南子·原道训》

译文：

所以天下的事不能刻意去办，只能随顺事物的自然之性去推动；万物的变化不能凭人的智慧去探究，而只能按其发展趋势来把握。镜子和水能映照物形，没有任何巧妙的设置，却使方、圆、曲、直等形状如实反映。回音也不是声音特意要它回应，影子也不是物体有意安排，回声呼响、影子恍惚，都是自然而然出现的。

98. 圣人法天顺情

是故精神，天之有也；而骨骸者，地之有也。精神入其门，而骨骸反其根，我尚何存？是故圣人法天顺情，不拘于俗，不诱于人，以天为父，以地为母。阴阳为纲，四时为纪。天静以清，地定以宁，万物失之者死，法之者生。夫静漠者，神明之宅也；虚无者，道之所居也。是故或求之于外者，失之于内；有守之于内者，失之与外。譬犹本与末也，从本引之，千枝万叶莫不随也。

——（西汉）刘安《淮南子·精神训》

译文：

因此，人的精神归上天，形骸属于大地。人死以后，精神回归上天、形骸归属大地，人还有什么剩下的呢？所以圣人遵循天地的运行规律，不为世俗拘束、不被人欲诱惑，以天为父，以地为母，以阴阳、四时运行为准则。天清澈明静，地平静安宁，万物离开它就死亡，依附它就生存。静漠，是神明所居之处；虚无，是大道所居之处。因此，只追求外形的人，会丧失内在精神的修养；专注于内心修养的人，又会失去外形的健康。好比大树本根与末梢的关系，抓住树根来牵拉，千枝万叶都会随之而动的。

99. 人生而静，天之性也；感而后动，性之容也

人生而静，天之性也；感而后动，性之容也。物至而神应，知之动也。知与物接，而好憎生焉。好憎成形，而知诱于外，不能反己，而天理灭矣。故达于道者，不以人易天。

——（西汉）刘安《淮南子·原道训》

译文：

人生下来是安静的，这是天然的本性。感触到外界的事物以后，而引起变化，这是人性所具有的功能。事物临前而精神作出反应，这是人的智力在起作用，智力与外物接触，便产生了喜欢或憎恶的不同思想感情。好憎逐渐成为固定的情形，而智力被外物所诱惑，不能返归自身的清静之性，那么天性就会泯灭。所以通达道的人，不因人欲而改变天性。

100. 道犹金石，一调不更；事犹琴瑟，每弦改调

故圣人所由曰道，所为曰事。道犹金石，一调不更；事犹琴瑟，每弦改调。故法制礼义者，治人之具也，而非所以为治也。故仁以为经，义以为纪，此万世不更者也。若乃人考其才，而时省其用，虽日变可也。天下岂有常法哉？

——（西汉）刘安《淮南子·氾论训》

译文：

所以圣人所根据的叫“道”，所行的叫“事”。“道”就像金钟石磬一样，其声调是不变如一的；“事”就像琴瑟，每弦都可以改变声调。所以法制礼仪，是统治人民的工具，而不是能达到治平的根本原因。所以把仁作为经，把义作为纪，这是万代不变的东西。至于像用人考核他的才能，而时时考察他们的作为，即使天天变化也是可以的。天下哪有固定不变的常规呀！

101. 仓廪实而知礼节，衣食足而知荣辱

故曰：“仓廪实而知礼节，衣食足而知荣辱。”礼生于有而废于无。故君子富好行其德，小人富以适其力。渊深而鱼生之，山深而兽往之，人富而仁义附焉。富者得势益彰，失势则客无所之。……谚曰：“千金之子，不死于市。”此非空言也。故曰：“天下熙熙，皆为利来；天下壤壤，皆为利往。”夫千乘之王，万家之侯，百室之君，尚犹患贫，而况匹夫编户之民乎！

——（西汉）司马迁《史记·货殖列传》

译文：

所以有人说：“仓库里东西多，人们才懂得礼节；吃饱穿暖后，人们才会知道什么叫耻辱。”礼节须人富了才能讲究。好人富了就会做好事，坏人富了就会逞凶。水越深的地方鱼越多，山越深的地方兽越多，人要富了就会有仁义之名。富有的人有了势力，名声就会越来越大；失去了权势的人，门前来客也就不多了。……俗话说：“家有千金的人，绝不会被处死在街头上。”这是有根据的。所以说：“天下人纷纷扰扰，一切活动都是为了利。”具有千辆战车的国王，具有万户领地的诸侯，具有百家领地的封君，还都害怕受穷，更何况是一般的平民百姓呢。

102. 人皆知取之为取也，不知与之为取之

人皆知取之为取也，不知与之为取之。

——（西汉）刘向《说苑·谈丛》

译文：

人们都知道夺取是夺取，（却）不知道给予也是夺取。

103. 扬汤止沸，不如去薪

欲汤之冷，令一人炊之，百人扬之，无益也，不如绝薪止火而已。不绝之于彼，而救之于此，譬犹抱薪救火也。

——（西汉）刘向《说苑·正谏》

译文：

想要开水冷却，却叫一个人去烧火，那样就是叫一百人去扇也不能使水冷却了；倒不如将柴火断绝，那么火就熄灭了，水也自然冷却了。如果不将那柴火断绝，却想在锅面上把水扇凉，这就好比抱着柴火去救火啊。

104. 能行之者未必能言，能言之者未必能行

语曰："能行之者未必能言，能言之者未必能行。"孙子筹策庞涓明矣，然不能蚤救患于被刑；吴起说武侯以形势不如德，然行之于楚，以刻暴少恩亡其躯。悲夫！

——（西汉）司马迁《史记·孙子吴起列传》

译文：

俗话说："能做的人未必能说，能说的人又未必能做。"孙膑在筹谋划

策破杀庞涓时是多么英明啊，可是他却不能及早地使自己避免断足的灾难。吴起劝说武侯治理国家不能靠天险，而要靠施仁政，这多么中肯呀，可是他在楚国执政时，却是推行了一套苛刻残暴的政策，结果连自己的性命也赔进去了。这不是很可悲吗？

105．夫道无成效于人，成效者须道而成

夫道无成效于人，成效者须道而成。然足蹈路而行，所蹈之路，须不蹈者；身须手足而动，待不动者。故事或无益而益者须之，无效而效者待之。

——（东汉）王充《论衡·非韩》

译文：

礼义对于人不产生直接的具体效果，但有具体效果的事情都要依靠礼义来完成。就像脚踩着路行走，踩着的路，要靠没有被脚踩的地方才能存在；人的身体要靠手脚才能行动，然而行动要靠不动的身躯才能活动。所以一件事或许看来没有好处而好事却要靠它，一件事或许看来没有直接效果而有直接具体效果的事却要依靠它。

106．猎者获禽，观者乐猎

猎者获禽，观者乐猎，不见渔者，之心不顾也。

——（东汉）王充《论衡·宣汉》

译文：

打猎的人捕获了禽兽，旁观的人（就）对打猎感兴趣，（由于）没有见到捕鱼的人，他的心里就不向往（捕鱼）。

107．贫生于富，弱生于强

夫贫生于富，弱生于强，乱生于治，危生于安。是故明

王之养民也，忧之劳之，教之诲之，慎微防萌，以断其邪。

——（东汉）王符《潜夫论·浮侈》

译文：

贫困产生于富裕，衰弱产生于强盛，变乱产生于治理，危难产生于安定。因此，英明的君王教养人民的办法，是关心他们的忧愁劳苦，启发教导他们，并谨慎地防止坏事的萌芽，以便杜绝邪恶的事情发生。

108. 木秀于林，风必摧之

譬如水也，通之斯为川焉，塞之斯为渊焉，升之于云则雨施，沈之于地则土润。体清以洗物，不乱于浊；受浊以济物，不伤于清。是以圣人处穷达如一也。

夫忠直之迕于主，独立之负于俗，理势然也。故木秀于林，风必摧之；堆出于岸，流必湍之；行高于人，众必非之。前鉴不远，覆车继轨，然而志士仁人，犹蹈之而弗悔，操之而弗失，何哉？将以遂志而成名也。

——（三国魏）李康《运命论》①

注释：

①《运命论》：古代哲学著作。三国魏李康著。发挥了王充《论衡》中的偶然论思想，主张国家的兴衰治乱、个人的贫富贵贱均由机遇、时命所决定。

译文：

就像那水流，疏通它成为江河，堵塞它成为深渊，上升入云变雨降下，下沉入地把土滋润。身体清纯可以洗涤万物，而不会被污浊所乱；能救助受污浊包围的物体，而清纯不会受到伤害。所以圣人处于穷困和处于显达，都显得一样，并没有什么区别。

忠直的言行往往触犯君王，特立独行的节操往往和世俗相背，事理的大势就是这样。所以，有树木高出整个林子，大风肯定把它吹断；有土推高出河岸，急流肯定将它冲走；有德行比别人高尚的人，众人肯定非议他。前鉴并不远，而后面颠覆的车子还是继续颠覆在那条路上，可是有志之士和讲求仁义道德的人，还是沿着那条路走而不后悔，矢志不移，这是为什么？是为了实现自己的理想而成就自己的声名。为了求得实现自己的志愿，而在险恶之途经受风波；为了求得成就自己的声名，而面对时人的诽谤议论。

109. 智者藏其器以有待，隐其身而有为

时之得也，则飘乎犹应龙之览景云；时之失也，则荡然若巨鱼之枯崇陆。是以智者藏其器以有待也，隐其身而有为也。

——（东晋）葛洪《抱朴子·良规》

译文：

得到了时机，就会青云直上如同应龙游览祥云一样；失去了时机，就会空荡荡的如同大鱼到了干枯的陆地上。因此聪明的人隐藏起自己的才能而有所等待，隐居自身而有所作为。

110. 神农不九疾，则《四经》之道不垂

神农不九疾，则《四经》之道不垂；大禹不胼胝，则玄珪之庆不集。

——（东晋）葛洪《抱朴子·广譬》

译文：

神农（如果）不是（为尝百草而）多次生病，那么《四经》的药学就不能流传下来，大禹（如果）不是手脚磨出了老茧，那么赏赐玄圭的吉庆

就不能降到（他的身上）。

111. 涓流虽寡，浸成江河

夫涓流虽寡，浸成江河；爝火虽微，卒能燎野。

——（南朝宋）范晔《后汉书·酷吏列传》

译文：

涓流水量虽小，渐可汇成江河；火星儿虽微弱，终能焚烧原野。

112. 苟利于人，不必法古

苟利于人，不必法古；必害于事，不可循旧。

——（北齐）刘昼《新论·法术》[①]

注释：

①《新论》：亦称《刘子》，共十卷。对于研究南北朝时期的哲学、伦理、政治、经济思想和社会情况有一定的参考价值。

译文：

只要对现在的人有好处，就不必效法古人；如果对事业必定有害，就不可因循守旧。

113. 以人为镜，可以明得失

夫以铜为镜，可以正衣冠，以古为镜，可以知兴替，以人为镜，可以明得失。

——（唐）吴兢《贞观政要·任贤》

译文：

用铜作镜子，可以端正衣服和帽子；用历史作镜子，可以了解朝代的兴亡和更替；用人作镜子，可以知道自己的得失。

114. 势与生人之意

天地果无初乎？吾不得而知之也。生人果有初乎？吾不得而知之也。然则孰为近？曰：有初为近。孰明之？由封建而明之也。彼封建者，更古圣王尧、舜、禹、汤、文、武而莫能去之。盖非不欲去之也，势不可也。势之来，其生人之初乎？不初，无以有封建。封建非圣人意也。

——（唐）柳宗元《封建论》

译文：

自然界果真没有初始形态吗？我无法知道。人类果真有初始形态吗？我也无法知道。那么有还是没有初始形态，哪种情况更接近事实呢？我认为，有初始形态这种情况比较接近事实。怎么知道这一点呢？从分封国土、建立诸侯的封建制就可以看出。封建制经历了古代贤明的帝王唐尧、虞舜、夏禹、商汤、周文王和周武王，而没有人废除它。这大概不是不想废除它，而是形势不允许。这种形势的产生，大概是在人类的初始阶段吧？不是初始阶段的特殊形势，就不可能产生封建制。封建制的产生并不是出于圣人的本意。

115. 物极则反，数穷则变

夫物极则反，数穷则变，此理之常也。

——（北宋）欧阳修《本论下》

译文：

事物发展到极点，就会走向反面；命运走到尽头，就要发生改变。这是通常的道理。

116. 有因则成，无因则败

妾闻天地之生万物，圣王之治天下，皆因其自然而顺之，故功无不成。是以黄帝服牛乘马，因其性也；禹浚九川，障九泽，因其势也；后稷播殖百谷，因其时也；汤、武帅天下而攻桀、纣，因其心也；皆有因则成，无因则败。

——（北宋）司马光《资治通鉴·晋纪二十六》

译文：

我听说天地之间所生的万物，圣王的治理天下，都是根据自然的法则而顺应的，所以没有不成功的。因此，黄帝驯服牛马使之为人所用，是根据牛马的本性；大禹疏通河流，修筑堤坝，是根据各地的地势；后稷播种各种谷物，是根据谷物生长的季节；汤、武统帅天下的人征讨桀、纣，是根据民心所向。这些都说明了有根据的行动就会成功，没有根据的行动就要失败。

117. 力弱者，勿任其厚负

力弱者，勿任其厚负；才卑者，勿尸其隆位。今虽稍安，其后也必悔。

——（北宋）黄晞《聱隅子·三王篇》

译文：

力量弱小的人，不要给他加上沉重的负荷；才能低下的人，不要让他居于高位。（否则）现在即使稍微安定，到后来必定懊悔。

118. 不进则退

抑不知天下之势，不盛则衰。天下之治，不进则退。强而止于强，必不能保其强也；霸而止于霸，必不能保其霸。驱骏马而驰峻坂，中间岂有驻足之地乎。

——（南宋）吕祖谦《左氏博议·葵邱之会》[①]

注释：

①《左氏博议》：又名《东莱左氏博议》或《东莱博议》，南宋吕祖谦撰。此书是吕祖谦居东阳之武川时，与从学者议论《左传》之语及课试之文，属范文性质。全书二十五卷，收录论议一百六十八篇，因为是范文，故后世常以此书为教授生徒习作史论之课本。

译文：

殊不知天下发展的趋势是，不兴盛就要衰败。治理天下不前进就要倒退。强盛到极限，就无法保持住这个极点；霸业到极限，就无法保持住霸主的地位。驱骏马到高而陡的山坡，就无法找到立足的地方。

119. 知行常相须

知行常相须，如目无足不行，足无目不见。论先后，知为先；论轻重，行为重。

——（南宋）朱熹《朱子语类·论知行》

译文：

理论和实践常常是相互依赖的，如同（光有）眼睛没有脚（就）不能行走，（只有）脚没有眼睛（就）看不见（路）。（如果）论（二者的）先后，理论为先；（如果）论（二者的）轻重，实践为重。

120. 久卧者思起

久卧者思起，久蛰者思启，久懑者思嚏。吾闻之畜极则泄，闷极则达，热极则风，壅极则通。一冬一春，靡屈不伸，一起一伏，无往不复。

——（明）刘基《司马季主论卜》

译文：

一个人久卧在床，就想要起来；长期地关闭在室内，就想要开启门窗；气闷在胸，时间长了就会打喷嚏。我还听人说，水蓄积过分，就会溢泄；郁闷到极点，就会通达；热到极点，就要刮风；壅塞到极点，就会开通。事物冬去春来，没有只屈不伸的；有起有伏，不会总去不回的。

121. 一指之寒弗燠，则及于其手足

一指之寒弗燠，则及于其手足；一手足之寒弗燠，则周于其四体。

——（明）刘基《郁离子·乱几》

译文：

一个指寒冷，（如果）不使它暖和，就会影响到他的整个手脚；一只手脚寒冷，（如果）不使它暖和，就会影响到他的四肢。

122. 居上贵宽，太宽则弛

居上贵宽，太宽则弛；临事贵简，太简则漏。故曰宽而栗，又曰居敬而行简。

——（明）李梦阳《空同子·治道篇》①

注释：

①《空同子》：全书一卷，六目八篇。仿扬雄《法言》之体，对于义理的发明，多有可取之处。属杂家类。

译文：

居上位贵在宽和，（但）太宽了就会废弛；处理事情贵在简易，（但）太简易了就会疏漏。所以（古人）说（应该）宽和而严肃，又说（应该）持身恭敬而行事简易。

123. 决其壅，疏其窒，而法行矣

车之不前也，马不力也，不策马而策车，何益？法之不行也，人不力也，不议人而议法，何益？下流壅则上溢，上源窒则下枯；决其壅，疏其窒，而法行矣。

——（明）张居正《辛未会试程策》

译文：

车子不向前走，是马不使劲啊！不去鞭打马而去鞭打车，有什么用处呢？法制不能推行，是人不努力啊！不去批评人而去批评法，有什么用处呢？水道的下流被堵塞，上流就会泛滥，上流被封闭，那么下流就会干枯。排除堵塞，开通封闭，法制就可以推行了。

124. 天下事取其适当而已

人鉴于渴也，饮水而盈石焉，乃反困于饮矣；鉴于寒也，过裘而重袭焉，乃反汗于衣矣。天下事取其适当而已。有鉴而矫之太过，则一弊革而一弊复生，徒使后之人相鉴于无已也。

——（明）庄元臣《叔苴子·外编》卷一

译文：

人鉴于口渴，便喝了一石水，反倒被饮水所困扰了；鉴于寒冷，便穿上一层又一层的皮袄，反倒被衣服捂得出汗了。天下的事情不过是选取那恰当的而已。有所借鉴而矫正得太过分，就会革除了这一种弊病而又产生了另一

种弊病，徒然使后人递相不停地借鉴。

125. 息风莫如止扇，去事必先绝意

虚室之中本无风也，扇动而风生；寂寞之宇本无事也，意动而事起。故息风莫如止扇，去事必先绝意。

——（明）庄元臣《叔苴子·内篇》卷一

译文：

空虚的室中本来没有风，扇子一动就会产生风；寂寞的宇内本来无事，意念一动就会引起事端。所以止息风莫如停止扇子，除去事端必须先断绝意念。

126. 大害必有小利为之媒，大利必有小害为之倪

大害必有小利为之媒，大利必有小害为之倪。小利能掩大害，故避之者寡；小害能隐大利，故知趋者希。

——（明）庄元臣《叔苴子·内篇》卷一

译文：

大的祸害必定有小的利益作为它的媒介，大的利益必定有小的害处作为它的端倪。小利能掩盖大害，所以躲避它的人少；小害能隐蔽大利，所以懂得追求它的人少。

127. 此心贵虚

目中有花，则视万物皆妄见也；耳中有声，则听万物皆妄闻也；心中有物，则处万物皆妄意也。是故此心贵虚。

——（明）吕坤《呻吟语·存心篇》[①]

注释：

①《呻吟语》：明代吕坤（字叔简）撰。旨在宣扬程朱理学，但在论述省心察物等修身之道的同时，认为气无终尽之时，形无不毁之理，肯定世界本体是物质的。自言省察其身，好像常在病中，不能自已，故其书取名《呻吟语》。共六卷，分内外两篇。

译文：

眼睛昏眩，看到的任何东西都是虚幻的；有耳鸣病的人，听到的任何声音都是不真实的；心中有事情牵挂，做什么事都会受到影响。因此，保持心灵的虚静是非常必要的。

128. 君子主静而慎动

动时只见发挥不尽，那里觉错？故君子主静而慎动。主静，则动者静之枝叶也；慎动，则动者静之约束也。又何过焉？

——（明）吕坤《呻吟语·存心篇》

译文：

做事的时候，只是觉得精力用不完，哪里肯去想自己还有什么过失？所以君子主张保持虚静而谨慎行事。保持虚静，动便是静的枝叶；谨慎行事，动便会受到静的制约。这样的话哪里还会出现失误呢？

129. 公理有固然

上下千岁，无时不变，无事不变。公理有固然，非夫人之为也。

——梁启超《变法通议》

译文：

上下数千年，无时不在变化，无事不在变化。变的客观规律，是不以人的主观意志为转移的。

参考文献

1.《詹天佑和中国铁路》，徐启恒、李希泌著，上海人民出版社，1957 年。
2.《史记故事选译》，中华书局上海编辑所编辑，中华书局，1959 年。
3.《辛亥革命烈士诗文选》，萧平编，吴小如注，中华书局，1962 年。
4.《〈管子〉经济篇文注译》，中国人民大学、北京经济学院《管子》经济思想研究组编，江西人民出版社，1980 年。
5.《魏源诗文选注》，（清）魏源著，湖南省魏源诗文注释组选注，湖南人民出版社，1980 年。
6.《通鉴故事选译》，徐文选译，上海古籍出版社，1981 年。
7.《左传译文》，沈玉成译，中华书局，1982 年。
8.《杜甫草堂诗注》，（唐）杜甫著，李谊注译，四川人民出版社，1982 年。
9.《蔡锷集》，蔡锷著，毛注青、李鳌、陈新宪编，湖南人民出版社，1983 年。
10.《古诗名句荟萃》，何宝民编，河南人民出版社，1983 年。
11.《唐诗今译》，徐放选译，人民日报出版社，1983 年。
12.《陈独秀文章选编》，陈独秀著，三联书店编辑，三联书店，1984 年。
13.《高适岑参诗译释》，（唐）高适、岑参著，高光复编著，黑龙江人民出版社，1984 年。
14.《曹植诗解译》，（三国魏）曹植著，聂文郁注译，青海人民出版社，1985 年。
15.《孟浩然韦应物诗选》，（唐）孟浩然、韦应物著，李小松选注，广东人民出版社，1985 年。
16.《说苑选》（注译本），（西汉）刘向著，范能船选译，福建教育出版社，1986 年。
17.《宋诗今译》，徐放译注，人民日报出版社，1986 年。
18.《古代名句手册》，祝鸿杰、柳枫编著，陕西人民出版社，1987 年。

19.《管子注译》，赵守正撰，广西人民出版社，1987 年。
20.《唐诗今译集》，人民文学出版社编辑部编，人民文学出版社，1987 年。
21.《贞观政要注译》，（唐）吴兢编著，王吉祥、王英志译注，河北人民出版社，1987 年。
22.《古诗文名句录·续编》，张冠湘等编注，湖南人民出版社，1988 年。
23.《陆游诗今译》，（南宋）陆游著，徐放译，宝文堂书店，1988 年。
24.《诗词曲名句辞典》，赵传仁主编，山东教育出版社，1988 年。
25.《宋词三百首今译》，弓保安编著，陕西人民出版社，1988 年。
26.《治国之道：中国历代治国思想精华》，余胜椿主编，求实出版社，1988 年。
27.《中国古代格言小辞典》，任关华等编，陕西人民出版社，1988 年。
28.《中国经济思想史资料选辑·两汉部分》，巫宝三主编，中国社会科学出版社，1988 年。
29.《中国儒学辞典》，赵吉惠、郭厚安主编，辽宁人民出版社，1988 年。
30.《古代散文名篇今译》，施代仁等编，学林出版社，1989 年。
31.《古汉语成语典故词典》，余清逸主编，黑龙江人民出版社，1989 年。
32.《古今俗语集成》，宋玉岫等辑，山西人民出版社，1989 年。
33.《齐鲁文化大辞典》，车吉心等主编，山东教育出版社，1989 年。
34.《唐诗宋词分类描写辞典》，关滢等主编，辽宁人民出版社，1989 年。
35.《饮冰室合集》，梁启超著，中华书局，1989 年。
36.《中国古代文学词典》，王育颐等编撰，广西教育出版社，1989 年。
37.《中国军事名言辞典》，熊武一等主编，田清波等编著，云南科技出版社，1989 年。
38.《中国伦理大辞典》，陈瑛、许启贤主编，辽宁人民出版社，1989 年。
39.《淮南子译注》，（西汉）刘安著，陈广忠译注，吉林文史出版社，1990 年。
40.《乐府诗鉴赏辞典》，李春祥主编，中州古籍出版社，1990 年。
41.《三曹诗文选译》，（三国魏）曹操等著，殷义祥译注，巴蜀书社，1990 年。
42.《诗词曲赋名作今译》，王辉民译注，三环出版社，1990 年。
43.《贞观政要选译》，（唐）吴兢编著，裴汝诚、王义耀译注，巴蜀书社，

1990 年。
44.《中国历代文献精粹大典》，门岿主编，学苑出版社，1990 年。
45.《古代散文百科大辞典》，王洪主编，学苑出版社，1991 年。
46.《顾炎武诗文选译》，（清）顾炎武著，李永祐、郭成韬译注，巴蜀书社，1991 年。
47.《广注语译两汉书精华》，（东汉）班固、（南朝宋）范晔撰，秦同培注译，宋晶如增订，中州古籍出版社，1991 年。
48.《书法题词用语辞典》，董文、徐彻主编，辽宁人民出版社，1991 年。
49.《说话·演讲·写作·处世妙语辞典》，陈绪万、晓晴编，陕西人民出版社，1991 年。
50.《治国古鉴》，田广清主编，四川大学出版社，1991 年。
51.《中国俗语典》，曹聪孙编著，四川教育出版社，1991 年。
52.《中华谚语大辞典》，耿文辉编著，辽宁人民出版社，1991 年。
53.《周易译注》，周振甫译注，中华书局，1991 年。
54.《爱国古诗百首译析》，万明华编著，广西师范大学出版社，1992 年。
55.《评析本白话韩非子》，王宁主编，北京广播学院出版社，1992 年。
56.《中国古兵书名著精华》（白话本），王贵元等主编，警官教育出版社，1992 年。
57.《中国历代爱国豪言大观》，汪东仁、洪景寿主编，文汇出版社，1992 年。
58.《中华爱国主义新辞书》，商言等主编，吉林人民出版社，1992 年。
59.《中华文明大辞典》（普及本），卢德平主编，海洋出版社，1992 年。
60.《资政类纂》，张长法主编，北京燕山出版社，1992 年。
61.《蔡元培选集》，蔡元培著，沈善洪主编，浙江教育出版社，1993 年。
62.《古代诗词名篇注评译》，陈瑞衡主编，岳麓书社，1993 年。
63.《鲁迅诗歌译注》，鲁迅著，葛新译注，学林出版社，1993 年。
64.《论衡全译》，（东汉）王充著，袁华忠、方家常译注，贵州人民出版社，1993 年。
65.《名家精译古文观止》，中华书局编辑部编，中华书局，1993 年。
66.《商君书全译》，张觉译注，贵州人民出版社，1993 年。
67.《世界文化精华分类大辞典》，史仲文、胡晓林主编，中国国际广播出版社，1993 年。
68.《宋诗绝句选译》，徐放译注，人民日报出版社，1993 年。
69.《中国古代从政精华》，李爱荪主编，江西高校出版社，1993 年。
70.《中国古代教育名言辞典》，胡相峰主编，湖南教育出版社，1993 年。
71.《中国古代治国为官百句精言》，黄立平主编，中国华侨出版社，1993 年。
72.《中国伦理学百科全书·职业伦理学卷》，罗国杰、魏英敏主编，吉林人民出版社，1993 年。
73.《中国名人名言荟萃》，冯中一主编，山东教育出版社，1993 年。
74.《中外典故引用辞典》，范培松等主编，江苏教育出版社，1993 年。
75.《诸子精粹今译》，孙通海、王颂民主编，人民日报出版社，1993 年。
76.《陈子昂诗文选译》，（唐）陈子昂著，王岚译注，巴蜀书社，1994 年。
77.《帝范·臣轨》，（唐）李世民撰，（唐）武则天撰，伊力、王健注译，中州古籍出版社，1994 年。
78.《汉书纪传选译》，李孔怀、沈重译注，上海古籍出版社，1994 年。
79.《淮南子校注译》，（西汉）刘安著，陈一平译注，广东人民出版社，1994 年。
80.《今古通鉴》，《今古通鉴》编委会编，团结出版社，1994 年。
81.《全唐诗精品译注汇典》，杨佐义主编，长春出版社，1994 年。
82.《文白对照诸子文粹》，《文白对照诸子文粹》编写组编译，北方文艺出版社，1994 年。
83.《写作名言辞典》，苑广才主编，长春出版社，1994 年。
84.《晏子春秋选译》，王世征、谭宝善译注，人民文学出版社，1994 年。
85.《中华家训大观》，陆林主编，安徽人民出版社，1994 年。
86.《东方管理名著提要》，孙耀君主编，江西人民出版社，1995 年。
87.《官经：施政权谋经典》，唐汉编译，三秦出版社，1995 年。
88.《历代爱国诗歌选译》，陶文鹏主编，北京工业大学出版社，1995 年。
89.《荀子译注》，张觉撰，上海古籍出版社，1995 年。
90.《中国名传大观》，方伯荣主编，语文出版社，1995 年。
91.《潜书》，（清）唐甄著，李忠实译注，新疆青少年出版社，1995 年。
92.《帝王圣论》，盛季主编，河北教育出版社，1996 年。

93.《革故鼎新的哲理：章太炎文选》，姜玢编选，上海远东出版社，1996年。
94.《辜鸿铭文集》，辜鸿铭著，黄兴涛等译，海南出版社，1996年。
95.《世界名言大辞典》，曲彦斌主编，辽宁人民出版社，1996年。
96.《四书五经》（现代版），杨晓明主编，巴蜀书社，1996年。
97.《中国历代治国思想要览》，梁振中、张锦城主编，中共中央党校出版社，1996年。
98.《中国名言佳句大辞典》，陈进南、柯富雄校订，黑龙江人民出版社，1996年。
99.《诸子百家大辞典》，冯克正、傅庆升主编，辽宁人民出版社，1996年。
100.《抱朴子外篇全译》，（东晋）葛洪著，庞月光译注，贵州人民出版社，1997年。
101.《黄遵宪邱逢甲诗文选译》，（清）黄遵宪、邱逢甲著，杨胜勇译注，巴蜀书社，1997年。
102.《梁启超诗文选译》，梁启超著，马金科译注，巴蜀书社，1997年。
103.《全注全译经史百家杂钞》，（清）曾国藩编纂，余兴安注译，昆仑出版社，1997年。
104.《人生处世名言辞典》，崔富章主编，中州古籍出版社，1997年。
105.《唐人七绝诗浅释》，沈祖芬著，上海古籍出版社，1997年。
106.《新资治通鉴》，王为国主编，光明日报出版社，1997年。
107.《中国韬略大典》，高潮、甘华鸣总编，徐兆仁主编，中国国际广播出版社，1997年。
108.《冯玉祥选集》，冯玉祥著，人民出版社，1998年。
109.《官戒》，迟双明主编，蓝天出版社，1998年。
110.《经典名言：经传诸子语选》，张舜徽选编，周国林译注，岳麓书社，1997年。
111.《群经百子名言类典》，张立华编撰，中国青年出版社，1998年。
112.《四书五经辞典》，李修生、朱安群主编，中国文联出版公司，1998年。
113.《文白菜根谭大系》，张鸣、李东亮主编，北京燕山出版社，1998年。
114.《新书全译》，（西汉）贾谊著，李尔钢译注，贵州人民出版社，

1998 年。
115.《中国典故》，陆尊梧编著，东方出版中心，1998 年。
116.《中国对联大典》，谷向阳主编，学苑出版社，1998 年。
117.《资政史鉴》，邢贲思、戴逸总主编，人民出版社，1998 年。
118.《〈汉书〉精言妙语》，陈抗生主编，中州古籍出版社，1999 年。
119.《传世箴言》，陈子樵选编，大众文艺出版社，1999 年。
120.《帝范》（全译评点本），（唐）唐太宗李世民撰，宋钢、修远校释，内蒙古人民出版社，1999 年。
121.《清诗一百首》，王英志注译，上海古籍出版社，1999 年。
122.《唐宋八大家集》（文白对照），（唐）韩愈等著，郑晞涛等译，天津古籍出版社，1999 年。
123.《文始经》，李安纲、赵晓鹏译注，中国社会出版社，1999 年。
124.《军事大辞海》，熊武一、周家法总编，卓名言等主编，长城出版社，2000 年。
125.《唐贤三昧集译注》，（清）王士禛辑，张明非撰，上海古籍出版社，2000 年。
126.《通用谚语词典》，施宝义、李云飞主编，湖南人民出版社，2000 年。
127.《礼记译解》，王文锦译解，中华书局，2001 年。
128.《易经》，徐奇堂译注，广州出版社，2001 年。
129.《中国古代名句精选》，吴明等编著，巴蜀书社，2001 年。
130.《官箴智慧》，常万里主编，中国华侨出版社，2002 年。
131.《四书集注全译》，（南宋）朱熹撰，李申译注，巴蜀书社，2002 年。
132.《文白对照唐宋八大家文钞》，郭预衡主编，广东教育出版社，2002 年。
133.《成语辞海》，李科第编著，陕西人民出版社，2003 年。
134.《古训今鉴》，邓加荣编注，中国经济出版社，2003 年。
135.《老子今注今译》，陈鼓应注译，商务印书馆，2003 年。
136.《列子译注》，王力波译注，黑龙江人民出版社，2003 年。
137.《文中子中说译注》，郑春颖译注，黑龙江人民出版社，2003 年。
138.《元曲精品鉴赏辞典》，贺新辉、李德身主编，中国社会科学出版社，2003 年。

139.《政鉴易知录》，吴云主编，河北教育出版社，2003 年。
140.《资政通鉴》，徐颂陶主编，中国社会出版社，2003 年。
141.《二十四史全译》，许嘉璐主编，汉语大词典出版社，2004 年。
142.《礼记译注》，杨天宇撰，上海古籍出版社，2004 年。
143.《尚书》，徐奇堂译注，广州出版社，2004 年。
144.《尚书译注》，李民、王健撰，上海古籍出版社，2004 年。
145.《通用格言词典》，温端政、沈慧云主编，范瑞婷、王海静编写，语文出版社，2004 年。
146.《中华传统美德小辞书》，杜文玉主编，世界图书出版西安公司，2004 年。
147.《古今廉文》，吴光、祝鸿杰注译，浙江人民出版社，2005 年。
148.《鲁迅全集》，鲁迅著，人民文学出版社，2005 年。
149.《鲁迅诗释读》，鲁迅著，吴传玖编著，昆仑出版社，2005 年。
150.《四书解读辞典》，蔡希勤编著，中华书局，2005 年。
151.《为官思想录》，裴传永主编，中共中央党校出版社，2005 年。
152.《中华诗词名句鉴赏辞典》，傅德岷主编，湖北辞书出版社，2005 年。
153.《古文观止鉴赏辞典》，傅德岷、赖云琪主编，长江出版社，2006 年。
154.《大学·中庸》，王国轩译注，中华书局，2006 年。
155.《孙中山全集：1890—1925. 3》，孙中山著，广东省社会科学院历史研究室、中国社会科学院近代史研究所中华民国史研究室、中山大学历史系孙中山研究室合编，中华书局，2006 年。
156.《孙子兵法·孙膑兵法》，骈宇骞等译注，中华书局，2006 年。
157.《晏子春秋译注》，卢守助撰，上海古籍出版社，2006 年。
158.《战国策》，缪文远、罗永莲、缪伟译注，中华书局，2006 年。
159.《中国诗词佳句》，陈秋枫、王志宏主编.，内蒙古人民出版社，2006 年。
160.《中华句典》（经典珍藏版），李屹之主编，新世界出版社，2006 年。
161.《中华名言警句大词典》，《中华名言警句大词典》编写组编，熊建等编写，中国对外翻译出版公司，2006 年。
162.《周易》，郭彧译注，中华书局，2006 年。
163.《格言联璧》，（清）金缨著，张琪编，内蒙古人民出版社，2007 年。

164.《官箴要语》，彭忠德、赵骞编著，武汉大学出版社，2007 年。
165.《国学句典》，王少毅编著，中央编译出版社，2007 年。
166.《韩非子》，陈秉才译注，中华书局，2007 年。
167.《康有为全集》，康有为著，姜义华、张荣华编校，中国人民大学出版社，2007 年。
168.《呻吟语》，（明）吕坤著，叶玉泉注译，崇文书局，2007 年。
169.《孙子兵法》，王健民等译注，北方文艺出版社，2007 年。
170.《荀子》，安小兰译注，中华书局，2007 年。
171.《晏子春秋》，陈涛译注，中华书局，2007 年。
172.《战国策》，王华宝注译，中州古籍出版社，2007 年。
173.《贞观政要译注》，（唐）吴兢编著，裴汝诚等译注，上海古籍出版社，2007 年。
174.《中华多用成语大辞典》，林玉山主编，湖南人民出版社，2007 年。
175.《忠经·孝经》，（东汉）马融著，（春秋）孔子著，卢付林注译，崇文书局，2007 年。
176.《庄子》，孙通海译注，中华书局，2007 年。
177.《吕氏春秋》，张双棣等译注，中华书局，2007 年。
178.《黄兴集》，黄兴著，刘泱泱编，湖南人民出版社，2008 年。
179.《老子译解》，张玉良著，中国社会科学出版社，2008 年。
180.《老子译注》，辛战军译注，中华书局，2008 年。
181.《孟子译注》，杨伯峻译注，中华书局，2008 年。
182.《明夷待访录译注》，（明末清初）黄宗羲原著，李伟译注，岳麓书社，2008 年。
183.《图解老子详解：成就盛世的执政治国之道》，杨鹏著，陕西师范大学出版社，2008 年。
184.《白话二十五史精选》，李解民等合译，新世界出版社，2009 年。
185.《王阳明全集》，（明）王守仁著，杨光主编，北京燕山出版社，2009 年。
186.《楚辞》，林家骊译注，中华书局，2009 年。
187.《春秋左传注》，杨伯峻编著，中华书局，2009 年。
188.《古诗词名篇评注》，张宝林、陈德新、李成军编著，黑龙江教育出版社，2009 年。
189.《古文观止》，（清）吴楚材著，钟基、李先银、王身刚译注，中华书局，2009 年。
190.《管子》，李山译注，中华书局，2009 年。
191.《淮南子》，顾迁译注，中华书局，2009 年。
192.《谨身要法：解读中国历代为官之术》，（清）石成金原著，赵新平译注，中国长安出版社，2009 年。
193.《老子注释及评介》，陈鼓应著，中华书局，2009 年。
194.《论语译注》，杨伯峻译注，中华书局，2009 年。
195.《商君书》，石磊译注，中华书局，2009 年。
196.《尚书》，慕平译注，中华书局，2009 年。
197.《为官镜鉴：解读中国历代为官之道》，（明）薛瑄原著，赵新平译注，中国长安出版社，2009 年。
198.《文白对照全译史记》，（西汉）司马迁著，吴树平主编，李零等译，新世界出版社，2009 年。
199.《庄子今注今译》，陈鼓应注译，中华书局，2009 年。
200.《春秋公羊传译注》，刘尚慈译注，中华书局，2010 年。
201.《韩非子》，高华平、王齐洲、张三夕译注，中华书局，2010 年。
202.《淮南子》，（西汉）刘安著，陈静注释，中州古籍出版社，2010 年。
203.《论语·大学·中庸》，王国轩、张燕婴译注，中华书局，2010 年。
204.《诗经译注》，周振甫译注，中华书局，2010 年。
205.《史记》，（西汉）司马迁著，韩兆琦译注，中华书局，2010 年。
206.《唐宋名家文集·柳宗元集》，（唐）柳宗元，卫绍生注译，中州古籍出版社，2010 年。
207.《温文尔雅》，汪龙麟、何长江主编，中国画报出版社，2010 年。
208.《孔子家语》，王国轩、王秀梅译注，中华书局，2011 年。
209.《论语通译》，张帆编，北京燕山出版社，2011 年。
210.《四书五经》（译文注释版），曹金洪主编，北京燕山出版社，2011 年。
211.《宋元明清诗词曲佳偶》，傅德生著，华夏出版社，2011 年。